제2판

A LECTURE ON CORPORATE LAW

회사법 강의

신현탁

박영사

제2판 서문

본서의 초판을 발간한 이후 주목할 만한 판례들이 많이 나왔을 뿐만 아니라 2025. 7.경 중요한 상법개정이 있었기 때문에 이를 반영하여 제2판을 발간하게 되었다. 이번 기회에 초판에서 발견하지 못했던 여러 오탈자를 수정하고 매끄럽지 못했던 문장들을 다듬을 수 있었다. 반면에 꼭 필요하다고 여겨지지 않는 도표는 수정·삭제하여 내용이 산만해지지 않게 하였다. 본서를 교재로 삼아 열심히 공부하고 있는 수강생들을 보면 기특한 마음과 함께 책을 더 잘 만들어야겠다는 책임감을 느낀다. 학문적 조언을 아끼지 않으시는 고려대학교의 김태진 교수님과 이승환 교수님께 특별히 감사의 말씀을 전하고 싶다.

2025. 8.

저자 신현탁

서 문

지난 10년간 로스쿨에서 회사법을 강의하면서 실용적인 교재의 필요성을 느꼈다. 회사법을 체계적으로 설명하다 보면 분량이 너무 늘어났고, 문장을 간결하게 작성하다 보면 내용을 쉽고 정확하게 전달하기가 곤란했다. 시행착오 끝에 결국 체계적 일관성을 어느 정도 포기하였다. 이 책의 특징은 다음과 같다.

① <법조문>을 발췌하여 본문 중에서 필요할 때 제시하였다. 법적 근거를 정확히 파악하는 것이 중요한데 일일이 확인하기는 번거롭다. 이에 주요 규정만 추렸고, 문구도 이해하기 쉽게 고쳐 썼다. 법조문을 그대로 옮겨 적은 것이 아니라는 점은 유의할 필요가 있다.

② 판례를 최대한 많이 소개하였다. 많은 쟁점들이 상거래의 반복적 특성 때문에 판례에 기반하여 기계적으로 해결되고 있기 때문이다. 판례 번호는 책 말미의 <판례색인>에 기재함으로써 본문의 분량을 줄였다.

③ 실무적 중요성이 있는 이론적 쟁점은 <참고자료>를 추가하였다. 이사의 의무와 같이 소송에서 치열하게 다투는 쟁점에서는 이론적으로도 깊이 있는 논쟁이 필요하다. 통설·다수설이 판례를 비판하거나 판례가 없는 경우에는 학설도 비중 있게 다루었다.

④ 판례가 별로 없는 절차적 쟁점은 <흐름도>를 추가하였다. 글로만 읽으면 작동방식을 상상하기 어렵기 때문에 절차가 진행되는 순서를 파악할 수 있도록 구조화하였다. 절차가 작동하는 메커니즘은 사안에서 기계적으로 대응시켜서 적용할 수 있으면 충분하다.

⑤ 중요한 내용이나 복잡한 부분은 <정리자료> 및 <비교자료>를 추가하였다. 회사법을 입체적으로 파악하고, 각각의 상황에서 어떻게 다르게 작동하는지 메

타학습을 하는 데 도움이 될 것으로 생각한다.

이제 감사의 말을 전하고 싶다. 대학원에서 지도해 주신 채이식 교수님께서는 아둔한 저자를 믿음과 사랑으로 지지해 주셨다. 무한한 감사를 드린다. 또한 나의 제자들은 고마운 존재이다. 학생들과 머리를 맞대고 함께 생각할 때에는 보람을 느끼고 영감을 얻는다. 고준우 학생은 다른 학생들에게도 도움이 되면 좋겠다며 고맙게도 내가 판서한 도표들을 깔끔하게 정리해 주었다. 가족들에 대한 감사를 빼놓을 수 없다. 그동안 부모님의 도움과 아내의 정성스런 내조가 있었기에 심신의 안정을 얻고 연구에 전념할 수 있었다. 끝으로 항상 함께하시는 하나님의 사랑에 감사드린다. 하나님의 은총이 모두에게 임하길 바란다.

2023. 7.

저자 신현탁

차 례

Chapter 1

회사법 통칙 • 4

Chapter 2
주식회사의 설립 • 22

Chapter 11
이사의 책임 등 • 182

Chapter 12
신주발행 • 204

Chapter 15

기업구조조정 • 236

도표목차

네덜란드 동인도회사의 수석 상인이 무역선을 가리키는 그림

CHAPTER

1

회사법 통칙

1. 회사의 의의
2. 영리성
3. 법인성
4. 사단성
5. 회사의 종류
6. 회사의 능력

Chapter 1

회사법 통칙

1 회사의 의의

모험사업을 수행하려는 사람들은 회사를 설립하여 자신들과 구별되는 새로운 법인격을 탄생시킬 수 있다. 회사가 법인격을 부여받는다는 것은 '**회사가 독자적인 권리의무의 주체**가 된다'는 의미이다.

기업가는 모험사업을 수행하는 과정에서 발생할 수 있는 다양한 리스크를 직접 부담하지 않아도 된다. 회사가 모든 책임을 이행하지 못하고 도산할 경우에는 회사의 사업과 관련되었던 채권자가 손해를 입을 수 있다. 이러한 현상을 '회사가 사회에 책임을 전가한다'고 표현한다.

그럼에도 불구하고 회사 설립과 관련하여 이러한 특혜를 인정하는 것은 국가 정책적으로 '기업가의 모험사업을 독려하여 경제혁신을 지향하려는 것'이다. 회사제도는 경제발전과의 상호관계에 근거하여 설계되어야 하며, 이러한 목적에 부합하도록 운영되어야 한다.

§169(회사의 의의) 이 법에서 "회사"란 상행위나 그 밖의 영리를 목적으로 하여 설립한 법인을 말한다.

* 이 책에 인용된 법조문은 독자의 이해를 돕기 위하여 저자가 요약하거나 풀어쓴 것이어서 실제 법률문구와 약간 다를 수 있음.

통상적으로 (i) 영리성, (ii) 법인성, (iii) 사단성을 회사의 속성으로 제시하는바, 아래에서 자세히 검토한다. 다만 이러한 개념요소들은 회사를 이해하기 위한 도구적 개념으로 파악하면 충분하다.

회사제도가 성립된 초창기에는 회사가 무엇인지 사람들이 익숙치 않고 어색하였기 때문에 위와 같은 속성을 통하여 회사를 이해하려 노력한 것이다. 당연히 위 속성들이 작용하는 범주는 제한적이며 나름의 한계를 가지고 있다. 이러한 속성을 고정불변의 절대적 가치로 파악하는 것은 지양될 필요가 있다.

2 영리성

(1) 개념

회사란 영리를 목적으로 설립한 법인이다. 따라서 영리성이 없는 법인격은 민법상의 법인에 해당할 수는 있으나 상법상의 회사라 할 수는 없다. 이때 회사의 영리성이란 ① **외부적 영리성**과 ② **내부적 영리성**을 포괄한다. 외부적 영리성이란 수익을 목적으로 대외적인 경제활동을 영위하는 것을 의미하며, 내부적 영리성이란 **회사가 경제활동을 영위하여 취득한 이익을 주주 등의 사원에게 분배하는 것**을 의미한다.

일반적인 법적 표현에서 영리성은 보통 외부적 영리성을 의미하는데, 회사의 영리성은 내부적 영리성도 요구한다는 점이 중요하다. 즉 **내부적 영리성을 부인한다면 상법상 회사라 할 수 없다**. 이를 **이익분배설**이라 하며 통설의 입장에 해당한다. 판례도 그러한바, 대외적인 기업활동을 통하여 얻은 이익을 분배하는 것이 아니라 대내적인 활동으로 구성원에게 직접 이익을 주는 협동조합은 상법상 회사에 해당하지 않는다고 판시한다.

참고로 '공무원의 영리행위 금지'와 같은 표현을 사용할 때에는 외부적 영리성을 포함하여 금지하는 개념인 반면, '영리병원 설립금지'라고 할 때에는 병원의 내부적 영리성이 허용되지 않기 때문에 이윤을 배당하는 것만 금지된다는 의미이다.

(2) 영리성의 한계상황

내부적 영리성을 포기하는 결정은 주주의 권리를 심각하게 침해하는 것이기 때문에 강행법규에 위반하여 **무효**이다. 참고로 주주이익을 극대화하는 결정을 하지 못했다고 해서 강행법규를 위반한 무효인 것으로 보지는 않는다. 회사의 영리성과 주주이익 극대화 원칙을 동일시하는 것은 논리적 비약이다. 주주이익 보호는 이사 의무론으로 해결하는 것이 바람직하다. 미국 판례법리는 이사가 주주의 최선의 이익을 도모하는 결정을 하였다면 경영판단원칙으로 보호하는 방식으로 주주이익 극대화를 유도한다.

| 도표 1-1 | 주주중심주의와 이해관계자 중심주의

회사의 법인격이라는 울타리 안에 포함되는 구성원이 누구인지, 나아가 경영진은 구체적으로 누구의 이익을 고려하여 회사의 이익을 판단해야 하는지에 관한 국제적 논의는 다음과 같다.

첫째, '주주를 포함하는 이해관계자들이 회사 구성원'이라고 보는 입장에서는 ① '이사가 이해관계자에게 법적 의무를 부담한다'고 주장하는 관점(규범적 이해관계자 중심주의; pluralistic stakeholderism)도 있으나, ② '이해관계자의 목소리가 회사의 의사결정에 반영될 필요가 있으며, 이사는 이해관계자의 이익을 고려할 수 있다'는 관점(도구적 이해관계자 중심주의; instrumental stakeholderism)이 대부분이다. 다만 어떤 관점을 취하든 이해관계자 개념(근로자, 채권자, 소비자, 지역사회, 환경 등)이 포괄적이어서 이사가 누구를 위하여 의무를 부담하는지 명확히 제한하지 못한다는 치명적 약점이 있다. 본질적으로 경영진의 권한남용을 견제하기 위한 논의로 시작된 것임에도 불구하고 경영진 견제기능이 불완전하다.

둘째, '주주에 한하여 회사 구성원'으로 보면 충분하다고 보는 입장 중에는 ① '이사가 주주이익 이외에 이해관계자 이익은 고려하면 안 된다'라고 보는 관점(전통적 주주중심주의; shareholder primacy)에서 ② '주주이익에 간접적 또는 장기적으로 도움이 될 수 있다면 이사가 이해관계자의 이익도 고려할 수 있다'고 보는 관점(계몽적 주주중심주의)으로 진화하는 과정에 있다. 특히 영국 회사법 및 미국 판례법리가 이러한 계몽적 주주가치(enlightened shareholder value) 개념을 인정한다. 경제현실에서는 이해관계자의 이익을 고려하는 결정이 어떤 식으로든(간접적) 언젠가는(장기적) 주주에게 도움이 될 수 있기 때문에, 계몽적 주주중심주의는 주주이익을 추구하는 과정에서 이해관계자의 이익도 간접적으로 보호한다고 평가받는다. 계몽적 주주중심주의는 이해관계자 중심주의와의 경계를 허무는 기능을 하면서 세계적으로 받아들여지고 있다. 한편 ESG 경영은 주주이익이 주주후생(shareholder welfare)에 포함되는 것으로 파악하면서 주주후생의 극대화를 추구해야 한다고 주장하는바, 사실상 이해관계자 중심주의를 반영하기도 한다.

우리나라는 아직 전통적 주주중심주의를 확립해야 하는 단계에 있다.

3 법인성

명시적인 법적 근거가 있을 때에만 법인격을 인정할 수 있는데 상법상 회사는 제169조에 의하여 법인격을 부여받는다. 즉 제170조에 의하여 인정되는 다섯 종류의 회사(합명회사, 합자회사, 유한책임회사, 주식회사, 유한회사)에 한하여 법인격을 취득할 수 있다.

법인격을 인정받음으로써 발생하는 법적 효과는 '**구성원과 독립하여 법인 자신의 명의로 권리의무의 주체가 될 수 있다**'는 점이다. 따라서 회사는 구성원의 책임재산과 구별되는 자기 고유의 책임재산을 형성할 수 있다(**재산분리의 원칙**). 사원의 채권자는 회사의 재산에 대하여 강제집행을 할 수 없다. 회사와 거래한 채권자가 회사와 별개의 법적 주체인 사원의 재산에 대하여 강제집행을 할 수 없음도 마찬가지이다.

3-1 법인격부인론 ☆☆☆

(1) 의의

가. 개념

회사가 주주로부터 독립적인 실체로서 운영되지 않고 법인격이 남용되는 것으로 인정되는 상황이라면, 법인격에 의한 재산분리의 원칙\을 일시적으로 무시함으로써 회사의 책임을 그 주주에게 묻는 것이다. 법인격 개념이 유지될 수 없는 한계 상황에서 적용된다.

나. 이론적 근거

법인격에 내재하는 한계를 일탈하였기 때문에 법인격이 부인된다는 학설(**내재적 한계설**)도 있으나, **판례는 '신의성실의 원칙에 위반되는 법인격의 남용으로서 허용될 수 없다'**고 판시함으로써 **신의칙설**을 취한다.

다. 적용범위

우리나라에서 법인격부인론을 인정한 판례는 모두 계약상 책임에 관한 것이어서 불법행위책임에 대해서도 적용될지 문제이다. 회사의 법인격이 남용되는 상황에서 회사의 불법행위로 손해를 입은 피해자가 있다면 정의와 형평을 위하여 법인격 부인론이 적용될 필요성이 있다. 계약상 채권자와 마찬가지로 불법행위 피해자에 대해서도 법인격 부인론이 적용된다는 것이 통설이다.

(2) 유형별 요건

가. 법인격 형해화 유형

회사가 형해화되어서 그 법인격의 배후에 있는 타인의 개인기업에 불과하다고 보려면, (i) 회사와 배후자가 재산과 업무를 구분하지 않고 혼용하였는지 여부(재산의 혼용), (ii) 법률·정관에 규정된 의사결정절차를 무시하였는지 여부(주주의 완전한 지배), (iii) 회사 자본의 부실화 정도, (iv) 영업의 규모 및 직원 수 등에 비추어 볼 때, 회사는 이름뿐이고 실질적으로는 개인 영업에 지나지 않을 정도로 형해화되었어야 한다. 판례 1-1

위와 같은 형해화 요건을 갖추었는지 여부는 문제되는 법률행위나 사실행위를 행한 시점을 기준으로 객관적 사정에 근거하여 판단한다. 예를 들어 주주가 개인적으로 사용하는 은행 계좌와 회사의 업무용 계좌를 물리적으로 구분하지 않고 하나의 계좌로 같이 사용하고 있다면 재산의 혼융이 인정될 가능성이 높다. 또한 주주총회나 이사회를 개최하지 않고 주주가 임의적으로 결정을 하고 있다면 주주의 완전한 지배가 인정될 가능성이 높다.

다만 법인격의 형해화를 실제로 인정한 판례는 극소수이며, 매우 엄격하고 신중하게 판단된다.

나. 법인격 남용 유형

법인격의 형해화가 인정되지 않는 상황에서도 대법원은 법인격부인론을 확대하여 적용할 수 있다는 입장이다. 즉, (i) 회사의 배후에 있는 자가 회사를 자기 마음대로 이용할 수 있는 지배적 지위에 있고, (ii) 그와 같은 지위를 이용하여 법인 제도를 남용하였다면 회사는 물론 그 배후자인 타인에 대하여도 회사의 행위에 대한 책임을 물을 수 있다. 판례 1-2

위와 같은 남용 요건을 갖추었는지 여부는 **채무면탈** 등의 남용행위를 한 시점을 기준으로 판단한다. 법인격 남용 유형으로 인정된 판례 사안들을 검토하면 몇 가지 공통점이 있다. 예를 들어, ① 기존사업과 관련하여 채무를 부담하였으나 **기존사업을 폐업 처리**한 이후에 ② 제3의 회사에게 기존사업의 자산 일체를 양도하면서 **정당한 대가를 지급받지 않고** ③ **기존사업과 제3의 회사는 실질적 동일성이 인정됨**에도 불구하고 기존사업의 채권자가 제3의 회사에게 책임을 추궁하면 제3의 회사는 계약 당사자가 아니라는 이유로 이행을 거부하는 사안들이었다(채무면탈 목적의 법인격 남용). 제3의 회사가 별개의 법인격을 주장하는 것이 법인격 남용에 해당하여 정의와 형평에 심각하게 위반할 경우에는 제3의 회사도 기존사업의 채권자에게 책임을 부담한다.

[대법원 2004. 11. 12. 선고 2002다66892 판결]

'안건사'의 지배주주이자 대표이사인 갑은 폐업을 결정하였다. 그 대신 '토탈미디어 안건사'를 신설하여 안건사의 모든 자산을 양도하였다. 양사는 상호, 상징, 영업목적, 주소, 해외제휴업체 등이 동일하거나 비슷하며, 임원진과 주주구성도 흡사하다. 대외적으로 양사는 동일한 회사인 것처럼 홍보하였으며, 외부에서도 양사를 동일한 회사로 인식하여 공사수주를 맡겼다. 이러한 사정을 종합하면 양사는 실질적으로 동일한 회사로 인정할 수 있는바, 기존회사의 원고에 대한 채무를 면탈할 목적으로 설립된 신설회사가 기존회사와 별개의 법인격임을 내세워 그 책임을 부정하는 것은 신의성실에 반하거나 법인격을 남용하는 것으로서 허용될 수 없다. <참고: 신설회사가 유한회사라도 마찬가지이다.>

다. 보충성

법인격에 의한 재산분리의 원칙은 회사제도의 근간에 해당하는바, 법인격 남용에 의하여 정의와 형평에 반하는 불가피한 경우에 한하여 법인격 부인론이 신중하게 고려되는 것이 마땅하다. 그러나 반드시 다른 구제수단이 전혀 존재하지 않아야 하는 것은 아니다.

(3) 효과 ☆

법인격 남용이 인정되더라도 기존회사에 대한 승소판결의 기판력·집행력이 채무면탈 목적으로 설립된 신설회사에까지 당연히 확장되는 것은 아니다. 즉 기존회사의 채권자는 신설회사에 대한 승소판결을 새로 얻어야 신설회사에 대한 강제집행이 가능하다(판례). 또한 기존회사의 채권자가 신설회사를 상대로 채무 이행을 청구하는 소송에서, **기존회사에 대한 소멸시효가 완성되지 않았는데 신설회사가 '자신에 대해서는 별도의 소멸시효가 완성되었다'고 주장하는 것은 별개의 법인격을 갖고 있음을 전제로 하는 것이어서 신의성실의 원칙상 허용되지 않는다**(판례).

[대법원 2024. 3. 28. 선고 2023다265700 판결] - 법인격 남용 회사의 시효주장 제한

사실관계: 甲은 A회사를 사실상 지배하며 운영하던 중 2013년 최종 부도를 맞고 2015년 3월 해산하였는데, 동년 7월 B회사를 설립하면서 ① 두 회사의 법인등기부상 본점 소재지와 영업목적이 일치하고, ② 두 회사의 대표이사와 공장장이 동일인이며, 임원 등 인적 구성이 상당히 유사하고, ④ 두 회사의 공장부지 및 건물이 동일한데 B회사는 설립일로부터 4년이 지난 뒤에야 임대인과 계약을 체결하였다. 그런데 A회사의 공장 설비 일체를 양수받아 사용하면서도 B회사는 정당한 대가를 지불하지 않았고, A회사의 채무는 여전히 A회사에게 잔존시켰다. A회사의 채권자 乙은 A회사를 상대로 어음금청구소송을 제기하여

2017년 승소판결을 받았으나 A회사의 무자력으로 인하여 다시 B회사를 상대로 어음금청구소송을 제기하였다. 이에 대하여 B회사는 위 승소판결로 소멸시효기간이 10년으로 연장되었다고 하더라도, A회사와 B회사는 서로 다른 법인이므로 B회사에 대하여는 어음금청구권의 소멸시효기간이 10년으로 연장될 수 없으며 어음금지급청구권에 대한 시효가 위 승소판결에 의하여 중단되었다 하더라도 다시 3년이 경과하였으므로 시효소멸하였다고 주장하였다.

판결요지: 신설회사는 甲이 사실상 지배하는 회사로서 기존회사와 그 형태·내용이 실질적으로 동일한 회사이고 기존회사의 채무를 면탈할 목적으로 설립된 것이므로, 신설회사의 설립은 회사제도를 남용한 것이다. 이러한 경우에 기존회사의 채권자는 두 회사 어느 쪽에 대하여도 채무의 이행을 청구할 수 있다. 나아가 기존회사에 대한 소멸시효가 완성되지 않은 상태에서 신설회사가 기존회사와 별도로 자신에 대하여 소멸시효가 완성되었다고 주장하는 것 역시 별개의 법인격을 갖고 있음을 전제로 하는 것이어서 신의성실의 원칙상 허용될 수 없다.
<참고: 이와 관련하여 원심은 "甲의 B회사에 대한 청구권은, 적어도 甲이 A회사의 법인격 남용 여부 및 B회사에 대한 청구권의 존재를 알 수 있게 되어 B회사에 대하여도 권리 행사가 가능하게 되는 이 사건 판결 선고일부터 소멸시효가 진행된다"고 판시하였으나, 대법원은 원심의 논리를 받아들이지 않았다. 즉 B회사에 대한 청구권의 소멸시효를 새로운 기산점에 의하여 별도로 검토할 필요 없이, A회사에 대한 청구권의 소멸시효가 완성되지 않았으므로 A회사와 동일성이 인정되는 B회사 역시 소멸시효 완성을 주장할 수 없다.>

3-2 법인격부인론의 역적용 ☆

법인격부인론은 원래 회사의 책임을 주주(배후자)에게 묻기 위하여 활용되는 법리인데, 그 반대로 주주의 책임을 회사에게 추궁하기 위하여 법인격부인론의 역적용이 활용될 수도 있다. 2021년 이래로 **대법원은 법인격부인론의 역적용이 가능하다는 입장을 취하면서, '회사의 주주가 회사 설립 전에 (개인적으로) 부담한 채무에 대하여 회사에게 이행을 청구하는 것도 가능하다'고 판시한다.**

법인격부인론의 역적용 상황에 대해서도 두 가지 유형으로 나누어 생각할 수 있다.

① **법인격 형해화 유형**에서 주주의 책임을 회사에게 묻는 것이 가능하다. 물론 법인격이 형해화될 정도인지는 엄격하게 판단된다.

관련 판례에서는, 주주가 피고회사를 단독으로 지배하고 있고 주주가 피고회사의 재산에 대하여 정당한 대가를 지급하지 않고 사용·수익하고 있으며 피고회사가 휴면회사로서 해산간주 등기가 되어 있는 상황이었지만 법인격 자체가 무시될 정도로 법인격이 형해화되었다고 단정할 수는 없다는 이유로 원고의 청구를 기각하였다. 판례 1-3

② 법인격이 형해화될 정도에 이르지 않았더라도 **법인격 남용이 인정될 경우** 주주의 책임을 회사에게 묻는 것이 가능하다.

판례 사안에서는, 폐업한 개인사업체와 실질적으로 동일한 회사를 설립하여 개인사업체의 자산을 양도하면서 정당한 지분을 받지 않았고, 채권자에 대한 채무는 개인사업체에 남겨놓았다. 이와 같이 개인이 새로 설립한 회사를 실질적으로 운영하면서 자기 마음대로 이용할 수 있는 지배적 지위에 있는 경우에, 회사와 개인이 별개의 인격체임을 내세워서 회사 설립 전 개인의 채무 부담행위에 대한 회사의 책임을 부인하는 것이 심히 정의와 형평에 반한다면 회사에 대하여 회사 설립 전에 개인이 부담한 채무의 이행을 청구하는 것도 가능하다고 판시하였다. 판례 1-4

4 사단성

회사의 **사단성**이란 '여러 사람이 모여서 공동기업의 형태로 운영할 수 있다'는 의미이다. 본래 제169조에서는 회사를 사단으로 규정하였으나, 이를 개정하여 사단성을 삭제하였다. 그렇다고 해서 회사의 사단성을 부정해야 한다는 취지로 이해하지는 않으며, 회사의 사단성이 절대적인 개념이 아니라는 점을 확인한 것으로 파악하면 충분하다. 애초에 민법적 분류체계에 따를 때 조합이나 재단은 아니므로 사단에 해당한다고 한 것에 불과하므로 삭제에 따른 차이는 별로 없다.

4-1 1인 회사의 법리 ☆☆

(1) 의의

1인 회사란 주주 등의 사원이 1명만 있는 회사를 의미한다. 인적회사에서는 사원이 1명으로 되면 해산사유에 해당한다. 그러나 주식회사 등 물적회사에서는 주주가 1명이어도 해산사유에 해당하지 않는다. 공동기업의 성격을 갖는 회사의 사단성이 희박해지는 상황이다.

(2) 1인 주주의 주주총회 운영상 예외

소집통지 절차를 누락하였어도 1인 주주가 주주총회에 출석한 이상 전원출석총회 법리에 의하여 주주총회 소집통지에 관한 하자는 치유된다. 판례 1-5 특별이해관계인의 의결권 행사를 제한하도록 규정한 상법 제368조 제3항은 1인 회사에 적용되지 않는 것으로 해석한다.

심지어 **실제로 주주총회를 개최한 사실이 없더라도, 1인 주주에 의하여 의결이 있었던 것처럼 의사록을 작성하였다면 주주총회의 부존재에도 불구하고 그 내용의 결의가 있었던 것으로 볼 수 있다.** 판례 1-6 주주총회 특별결의를 요하는 영업양도를 주주총회결의 없이 1인 주주가 임의로 결정한 경우에도 문제되지 않는다. 판례 1-7

(3) '광의의 1인 회사' 또는 '실질적 1인 회사'

종래의 판례는 본인 명의로 회사의 주식 100%를 소유하지는 않더라도 1인이 차명주식 등을 통하여 실질적으로 주식 전부를 소유하면서 회사의 의사결정과 업무집행을 오로지 단독의사로 하였다면 그 회사의 실체는 1인 회사인 것으로 인정하였다. 판례 1-8 이를 **광의의 1인 회사** 또는 **실질적 1인 회사**라 칭하며, 본 절에서 소개하는 1인 회사의 법리가 모두 적용되는 것으로 인정하여 왔다.

그러나 2017년 전원합의체 판례가 주주권 행사를 위해서는 반드시 명의개서가 필요하다고 요구하기 때문에 종전과 같은 해석을 유지하기가 곤란하게 되었다. 위 전합 판례에서 광의의 1인 회사 개념을 명시적으로 폐기하지는 않았지만, 적어도 차명주식을 보유한 실질주주가 명의개서 없이 주주권을 행사하는 것은 더 이상 인정될 수 없다. 이러한 취지에서 최근 일련의 판례는 **형식주주의 참여 없이 실질주주 1인에 의하여 이루어진 주주총회에서는 전원출석총회 법리가 인정되지 않는다**고 판시하였다. 판례 1-9 따라서 적어도 '1인 주주의 주주총회 운영상 예외'는 광의의 1인 회사에서 적용되지 않을 것이다.

(4) 1인 주주인 이사의 자기거래에 대한 예외

이사와 회사 사이의 거래에 대하여 이사회 승인이 필요하도록 규정한 상법 제398조는 회사 및 주주에게 예기치 못한 손해를 끼치는 것을 방지하기 위한 것이므로, 당해 이사가 1인 주주인 경우에는 **자기거래에 대한 주주 전원의 사전 동의가 있었던 것으로 볼 수 있으며 1인 회사는 그 책임을 회피할 수 없다.** 판례 1-10 즉 1인 회사의 1인 주주인 이사가 자기거래를 한 뒤에 당해 회사가 자기거래의 무효를 주장하더라도 주주 전원의 사전 동의가 있었던 경우이므로 위 자기거래는 유효한 것으로 인정된다.

다만 위 자기거래에 의하여 회사에 손해가 발생하면 이에 대하여 이사는 당연히 손해배상책임을 부담한다. 자기거래의 승인이 손해배상책임을 면제하는 효과까지 있는 것은 아니기 때문이다. 판례 1-11

(5) 1인 주주인 대표이사의 형사책임

대표이사가 1인 주주인 경우에 회사소유의 돈을 보관 중 임의로 처분하였다면 업무상 횡령죄가 성립한다. **회사와 주주는 별개의 법인격을 가진 존재로서 회사의 손해와 주주의 손해가 항상 일치한다고 할 수도 없으며,** 나아가 대표이사의 행위에 의하여 회사에 손해가 발생하였을 때 업무상 배임·횡령죄는 기수가 되는 것이므로 회사의 손해가 궁극적으로는 주주의 손해가 된다고 하더라도 이미 성립한 죄에는 영향이 없다. 판례 1-12

LBO(Leveraged Buy Out) 방식의 거래에서 1인 주주인 대표이사가 다른 회사를 인수하기 위한 자금을 마련할 목적으로 금융기관에서 개인적으로 대출을 받으면서 그에 대한 담보로 회사 재산을 제공할 경우, 회사로서는 주채무가 변제되지 아니할 경우에는 담보로 제공되는 자산을 잃게 되는 위험을 부담하는바 회사에 아무런 반대급부를 제공하지 않고 임의로 회사의 재산을 담보로 제공하게 하였다면 대표이사로서 업무상 배임죄가 성립한다. 판례 1-13

| 도표 1-2 | 주주중심주의와 주주이익 극대화 원칙

회사에 손해를 야기한 경영진을 형사처벌하는 판례의 입장이 법감정에 부합한다고 볼 수는 있지만, 주주중심주의 관점과는 논리적으로 충돌한다. 경영진의 어떠한 결정으로 인하여 회사에게 손해가 발생하더라도 그로 인하여 100% 지분을 소유한 주주가 그에 상응한 이익을 취득한다면 주주의 입장에서는 회사 지배를 통하여 발생하는 손해가 상쇄된다. 회사의 재산상태에 의하여 영향을 받는 이해관계자가 주주밖에 없다면 위와 같은 경영진의 결정으로 인하여 손해를 입은 자가 달리 없고, 회사는 주주 및 이해관계자들의 경제활동을 돕기 위하여 만들어진 법인격에 불과하므로 주주중심주의적 관점에서는 경영진의 결정이 정당화될 수 있다. 미국에서는 이러한 상황에서 경영진을 형사처벌하지 않기 때문에 우리나라에서 법인격을 절대화한다는 비판을 받는다.

한편 주주중심주의를 관철하려는 미국 판례법리는 주주이익 극대화 원칙을 요구하는데 이는 경영판단원칙을 통하여 간접적으로 반영된다. 즉 경영판단원칙이 적용되려면 경영진은 '회사의 최선의 이익(best interest of corporation)'을 위한 결정을 해야 하며 이는 주주이익 극대화(shareholder interest maximization)를 의미한다. 따라서 경영진은 주주이익 극대화를 위한 결정이었음을 스스로 입증함으로써 면책을 받을 수 있는바, 경영상 판단을 할 때 주주이익 극대화를 실시할 유인이 존재하고, 시장은 이러한 메커니즘을 신뢰하여 주주중심주의가 구현될 것으로 기대할 수 있기 때문에 강건한 자본시장이 형성되는 선순환이 작동한다.

그런데 우리나라 대법원은 주주중심주의 관점을 취하는 경우에도 주주이익 극대화 원칙을 채택하지는 않는다는 점이 특이하다. 오히려 '이사의 결정이 합리적으로 선택할 수 있는 범위 안에 있는 것이라면 그러한 결정은 허용되는 경영판단의 재량의 범위 내에 있는 것이어서 경영판단의 원칙이 적용된다'고 판시함으로써 일정한 범위 내에만 있다면 주주이익 극대화를 위한 결정이 아니어도 면책이 가능하다. 다만 '이사가 합리적으로 선택할 수 있는 범위'를 법원에서 적극적으로 넓혀주는 만큼 이사는 과소처벌되는 대신 주주이익이 희생될 우려가 커진다. 반면에 1인 주주인 이사의 임무위배 또는 LBO 사안에서 이사를 업무상 배임죄로 형사처벌하는 판례의 일관된 입장은 '구성원과 별개의 법인격이 인정된다'는 개념을 극단적으로 파악한 것으로서 과잉규제에 해당한다.

5 회사의 종류

(1) 일반론

§170(회사의 종류) 회사는 합명회사, 합자회사, 유한책임회사, 주식회사와 유한회사의 5종으로 한다.

상법은 5가지 종류의 회사 형태만 인정하며, 다른 형태의 회사는 인정하지 않는다.

회사의 지분을 소유하고 그로부터 이익을 분배받을 자격이 있는 자를 **사원**이라 부르며, 특히 주식회사에서는 **주주**라 부른다. 직원을 가리키는 사원과 한자는 같지만 뜻이 구별된다.

(2) 합명회사

> **§200(업무집행의 권리의무)** ① 각 사원은 정관에 다른 규정이 없는 때에는 회사의 업무를 집행할 권리와 의무가 있다.
> **§201(업무집행사원)** ① 정관으로 사원의 1인 또는 수인을 업무집행사원으로 정한 때에는 그 사원이 회사의 업무를 집행할 권리와 의무가 있다.

합명회사의 사원은 **무한책임사원**(general partner; GP)으로만 구성된다. GP는 채권자에게 직접적으로 무한책임을 부담하며, 채권자는 GP에게 직접 채무이행을 청구할 수 있다. GP는 무한책임을 부담하는 것에 상응하는 권한을 갖는다. 즉 GP는 직접 경영을 담당할 권리가 있다. 무한책임사원으로 하여금 당연히 경영자의 지위를 갖도록 하는 방식을 '**자기기관의 원칙**'이라 한다.

(3) 합자회사

> **§268(회사의 조직)** 합자회사는 무한책임사원과 유한책임사원으로 조직한다.
> **§273(업무집행의 권리의무)** 무한책임사원은 정관에 다른 규정이 없는 때에는 각자가 회사의 업무를 집행할 권리와 의무가 있다.
> **§278(유한책임사원의 업무집행, 회사대표의 금지)** 유한책임사원은 회사의 업무집행이나 대표행위를 하지 못한다.

합자회사의 사원은 **무한책임사원**과 **유한책임사원**(limited partner; LP)으로 구성된다. GP는 채권자에게 직접적으로 무한책임을 부담함과 동시에 업무집행권을 갖는다. 합자회사의 GP에 대하여 정해진 규정이 없다면 합명회사의 규정이 준용된다.

LP는 GP에 대한 감시권을 가질 뿐 직접 업무집행이나 대표행위를 할 수는 없다. 경업금지의무도 없다. 그러나 제3자에게 마치 GP인 것처럼 오인시키는 행위를 하였다면 이를 신뢰한 자에 대하여 GP로서의 책임을 진다. LP가 약정된 출자액을 전부 납입하지 않았다면 약정 한도 내에서 채권자에게 직접적인 책임을 부담한다.

(4) 유한회사

> **§554(사원의 지분)** 각 사원은 그 출자좌수에 따라 지분을 가진다.
> **§575(사원의 의결권)** 각 사원은 출자 1좌마다 1개의 의결권을 가진다. 그러나 정관으로 의결권의 수에 관하여 다른 정함을 할 수 있다.
> **§585(정관변경의 특별결의)** ① 정관변경의 특별결의는 총사원의 반수 이상이며 총사원의 의결권의 4분의 3 이상을 가지는 자의 동의로 한다.

유한회사는 주식회사와 마찬가지로 물적회사이다. 유한회사의 사원은 주식회사와 마찬가지로 유한책임사원(LP)으로만 구성되며 회사에 대하여 출자액 한도에서 유한책임을 부담하고 채권자에 대하여 직접적인 책임을 부담하지 않는다.

유한회사의 사원은 유한책임사원으로만 구성되므로 당연히 업무집행권을 갖는 것은 아니다. 즉 사원들은 이사를 별도로 선임하며 이를 '타인기관의 원칙'이라 부른다. 법적인 지위가 별개라는 것에 불과하며, 사원이 직접 이사로 선임되는 것도 사실상 가능하다.

유한회사는 설립과 운영이 주식회사에 비하여 훨씬 간편하도록 설계되어 있다.

① 이사는 1인만 선임해도 무방하며, 이사회 설치가 요구되지 않는다.

② 감사도 필요하지 않다.

③ 사원은 출자에 비례하여 지분을 소유하는 것이 원칙이지만, 정관 규정에 의하여 차등의결권과 차등배당을 할 수 있다는 점에서 주주평등의 원칙이 엄격하게 요구되는 주식회사와 구별된다.

④ 유한회사는 사채발행이나 상장을 할 수 없다.

(5) 유한책임회사

§287-18(준용규정) 유한책임회사의 내부관계에 관하여는 정관이나 이 법에 다른 규정이 없으면 합명회사에 관한 규정을 준용한다.

유한책임회사의 사원은 유한책임사원(LP)로만 구성되기 때문에 간접·유한책임만을 부담한다. 설립검사 제도가 생략되는 등 유한회사에 비하여 설립절차가 간소하다. 유한책임회사는 내부관계에서 사적 자치가 넓게 인정되기 때문에 합명회사 규정을 준용한다.

6 회사의 능력

(1) 성질에 의한 권리능력의 제한

회사도 재산권 등의 경제적 자유권을 보장받는다. 또한 언론·집회·결사의 자유를 인정받으며, 사회적 신용이나 명예에 관한 인격권 및 개인정보에 관한 자기결정권을 인정받는다.

그러나 자연인이 아니기 때문에 회사의 성질상 생명권, 양심의 자유, 참정권, 사회적 기본권 등을 인정받지 못한다.

(2) 법령에 의한 권리능력의 제한

§173(권리능력의 제한) 회사는 다른 회사의 무한책임사원이 되지 못한다.

(3) 목적에 의한 권리능력의 제한

회사의 설립행위가 시작된 때로부터 회사가 성립할 때까지 존속하는 **설립중의 회사** 및 해산 시점에서 청산종결 시점까지 존속하는 **청산중의 회사**는 모두 권리능력없는 사단에 해당한다. 각각 '설립행위' 및 '청산행위'라는 목적 범위 내에서만 제한적으로 권리능력이 인정된다.

그 밖에 일반적인 회사의 권리능력이 정관에서 정하고 있는 회사의 목적범위 내로 제한될 것인지에 대해서 논란이 있다. 역사적으로 주식회사는 주주의 유한책임이라는 혜택이 주어진다는 점에서 특정목적을 위해서만 국왕 또는 의회의 특허장(Charter)에 의하여 설립이 허용되었다. 따라서 허락된 특정 목적 범위를 벗어나는 행위에 대해서는 권리능력 자체가 없는 것으로 해석하던 시기가 있었다.

(4) 회사의 정관상 목적범위에 의한 권리능력의 제한 ☆☆

가. 제한설 (Ultra-vires Doctrine)

민법 제34조의 규정을 적용하여 회사의 권리능력은 정관에서 정하고 있는 목적에 의하여 제한되는 것으로 본다. 법인은 일정한 목적을 위하여 설립된 것에 불과하다는 전통적 관점이다.

나. 무제한설

상법상 민법 제34조를 준용하지 않을뿐더러, 회사 정관에서 정하고 있는 목적의 범위를 일일이 확인하여 거래를 해야 한다면 거래의 안전을 심각하게 해칠 수 있다. 따라서 회사의 권리능력은 정관상 목적에 의하여 제한되지 않는다고 본다.

다. 판례의 입장

제한설의 입장을 취하면서도 목적범위를 넓게 해석하는 방식으로 거래의 안전을 도모한다. 즉 ① 원칙적으로 회사의 권리능력은 회사의 설립근거가 된 법률과 회사의 정관상 목적에 의하여 제한되나, ② **목적범위 내의 행위라 함은 정관에 명시된 목적 자체에 국한되는 것이 아니라 그 목적을 수행함에 있어 '직접 · 간접으로 필요한 일체의 행위'를 포함한다**고 판시한다. 따라서 실질적으로 무제한설을 취하는 것과 마찬가지로 권리능력 범위가 확장된다. 나아가 ③ 목적수행에 필요한지의 여부는 '행위의 객관적 성질에 따라 판단'할 것이지 행위자의 주관적·구체적 의사에 따라 판단할 것은 아니라고 판시한다. 판례 1-14 설사 회사 입장에서 '목적범위를 일탈할 주관적 의도가 있었다'고 주장하더라도 그와 무관하게 객관적으로 판단함으로써 거래의 안전을 보호하겠다는 취지이다.

라. 정관 목적에 명시되지 않은 보증행위의 효력

대표이사가 타인의 손해배상의무를 연대보증한 행위에 대해서 판례가 목적범위 외의 행위로 인정하여 무효로 판시한 경우가 있지만 거의 유일하다. 판례 1-15 이후의 판례에서는 연대보증도 회사의 목적범위 내의 행위로 인정하고 있다. 판례 1-16

정관상 목적이 '어음의 발행, 매매, 인수, 보증, 어음매매의 중개'인 단기금융회사의 대표이사가 타인의 채무를 보증할 목적으로 어음의 지급을 담보하기 위하여 어음에 배서한 행위는 그 행위의 객관적 성질에 비추어 보아 회사의 목적수행에 필요한 행위로서 목적범위 내의 행위라고 판시하였다. 판례 1-17

(5) 불법행위능력

§210(손해배상책임) 회사를 대표하는 사원이 그 업무집행으로 인하여 타인에게 손해를 가한 때에는 회사는 그 사원과 연대하여 배상할 책임이 있다. **§389(대표이사)** ③ 제210조의 규정은 대표이사에 준용한다.

법적 허구인 회사는 대표이사, 업무집행사원, 업무집행자 등 대표기관을 통하여 실제 행위를 할 수 있다. 대표의 법리상 대표기관의 불법행위는 회사 자신의 불법행위를 구성하게 된다. 따라서 대표이사가 업무집행과 관련하여 제3자에게 손해를 가한 경우, 회사는 자신의 불법행위에 대하여 당해 대표이사와 부진정 연대책임을 부담한다.

반면에 대표기관 이외의 임직원이 직무상 불법행위를 저질렀다면, 회사는 민법 제756조에 의한 사용자책임을 부담할 수 있다.

CHAPTER

2

주식회사의 설립

Chapter 2

주식회사의 설립

1 일반론

(1) 설립의 의의

주식회사의 설립이란 (i) 정관 작성, (ii) 사원 확정, (iii) 출자, (iv) 기관 구성, (v) 설립등기의 순서로 회사의 실체를 갖추어가는 일련의 과정을 의미한다. 상법은 법정 설립요건을 구비하고 설립등기를 경료하면 당연히 법인격을 취득하는 **준칙주의**를 취하고 있다.

참고로 금융기관도 설립은 준칙주의에 의하여 자유롭게 할 수 있지만 정작 사업수행을 위해서는 금융당국의 인허가를 받아야 한다. 회사 설립 이후의 행정절차에 불과하지만 금융기관으로서의 존립을 좌우할 수 있기 때문에 실질적으로는 특허주의처럼 운영되고 있다.

(2) 설립의 방식

발행된 주식 총수를 발기인이 인수하여 회사를 설립하는 방식을 '**발기설립**'이라 하며, 발기인 이외의 자도 인수에 참여하는 방식을 '**모집설립**'이라 한다.

종전에는 발기설립의 경우에 법원이 선임하는 검사인의 조사를 받아야 했기 때문에 이를 회피할 목적으로 형식주주를 동원하여 모집설립의 방식을 취하는 경우가 많았으나, 현재에는 발기설립의 경우에도 검사인의 검사를 받지 않게 되었을 뿐만 아니라 50인 이상을 대상으로 하여 모집을 할 경우에는 오히려 자본시장법상 공모에 해당하여 증권발행신고서를 제출해야 하고 허위기재에 대해서는 형사처벌을 받을 수 있기 때문에 간단한 발기설립을 선호한다. 본서는 발기설립을 중심으로 설명한다.

| 도표 2-1 | 설립방식에 따른 설립절차의 비교

	발기설립	모집설립
1. 정관작성의 주체	발기인	발기인
2. 주식인수의 주체	발기인	발기인 & 모집된 인수인
3. 임원선임의 절차	발기인이 선임	창립총회에서 선임
4. 변태설립사항의 조사·보고	법원이 선임한 검사인이 조사하여 법원에 보고함	법원이 선임한 검사인이 조사하여 창립총회에 보고함
5. 이사·감사의 설립경과 조사·보고	발기인에게 보고함	창립총회에 보고함

2 발기인의 설립 추진

(1) 개념

회사 설립절차를 주도하는 역할을 담당하는 자를 발기인(promoter)이라 하는데, 법적인 개념은 **정관에 발기인으로 기명날인 또는 서명한 자**를 의미한다(§289). 발기인이 2명 이상인 경우에는 발기인 조합을 구성하게 되며 민법상 조합의 법리에 의하여 운영된다. 일반적으로 다수결에 의하여 의사결정을 하지만, 정관의 작성이나 주식발행사항 등 매우 중요한 사항은 만장일치에 의하여 결정한다.

(2) 발기인의 권한범위 ☆

발기인이 자신의 권한 범위 내에서 설립중의 회사 명의로 한 법률행위는 설립중의 회사에게 법적 효과가 귀속되고, 이는 추후 회사의 설립과 함께 설립 후의 회사로 동일성을 유지하며 이전된다(동일성설). 따라서 발기인의 권한이 미치는 행위가 어디까지인가는 매우 중요한 문제이다.

발기인의 권한범위에 관한 논의는 다음과 같다.

① **최협의설:** 설립 그 자체를 목적으로 하는 행위에 한정된다(예: 정관작성 · 주주모집 · 납입금 및 현물출자 재산의 처리 · 창립총회 소집 등).

② **협의설:** 설립을 위하여 법률상 · 경제상 필요한 행위는 허용된다(예: 설립사무와 관련된 사무실임차 · 직원고용 · 모집광고 · 청약서인쇄 · 컴퓨터구입 등).

③ **광의설:** 회사성립 후의 사업활동을 위한 **개업준비행위를 포함**한다(예: 공장근로자 고용 · 공장부지 매입 · 사무실임차 · 설비구입 등). **판례**는 광의설에 의하여 발기인의 권한범위를 넓게 파악한다. 판례 2-1

(3) 발기인 지위의 소멸시점

발기인 및 발기인조합의 지위는 설립중의 회사와 함께 존속하지만 반드시 함께 소멸하는 것은 아니다. 일반적인 상황이라면 발기인 및 발기인조합이 설립업무를 모두 마무리한 상태에서 설립등기까지 경료함으로써 신설회사가 성립한다. 기존에 존재하던 설립중의 회사는 동일성설에서 의하여 모든 권리의무를 신설회사에게 이전함과 동시에 소멸한다. 발기인 및 발기인조합도 설립업무를 마쳤기에 지위가 소멸하는 것이 원칙이다.

그러나 발기인 및 발기인조합이 ① 설립중의 회사 성립 전에 체결한 계약 또는 ② 개인적으로 체결한 계약은 설립중의 회사에게 귀속하지 않았기 때문에 동일성설이 적용될 수 없다. 따라서 신설회사가 성립하였음에도 불구하고 여전히 발기인 및 발기인조합이 당해 계약의 당사자 지위를 유지하며, 당해 계약으로 발생한 권리의무를 부담한다. 이와 같이 **발기인 및 발기인조합에게 잔존하는 권리의무는 별도로 신설회사에게 양도하는 계약을 체결하여 이행하거나 계약지위 이전과 같은 특별한 이전행위를 해야 한다.** 그 이후에야 발기인 및 발기인조합의 지위는 소멸할 수 있다.

3 정관의 작성

§292(정관의 효력발생) 정관은 공증인의 인증을 받음으로써 효력이 생긴다. 다만, 자본금 총액이 10억 원 미만인 회사를 발기설립하는 경우에는 각 발기인이 정관에 기명날인 또는 서명함으로써 효력이 생긴다.

정관이란 회사의 조직과 활동에 관한 나름의 기본 원칙을 정해놓은 것이다. 판례는 정관이 회사의 **자치법규**에 해당하는 것으로 판시한다. 판례 2-2 즉 정관에 기재된 사항들은 규범력을 가지며, 강행법규에 위반하지 않는 한 우선적으로 적용된다.

정관에 기재되는 사항은 다음과 같이 분류할 수 있다.

① **절대적 기재사항**은 정관 및 법인등기부에 반드시 기재되어야 하는 것으로서 상법 제289조에 규정되어 있다.

절대적 기재사항이 일부라도 기재되지 않았다면 정관이 **무효**이며, 정관의 중요성에 비추어 결과적으로 회사설립 자체가 **무효**가 된다.

② **상대적 기재사항**은 정관에 기재하지 않고서는 그 효력이 인정될 수 없는 사항이다. 그 중에서도 특히 회사의 물적기초를 위하여 중요한 현물출자 등의 사항을 '**변태설립사항**'이라 하며 특별히 엄격하게 규제한다.

상대적 기재사항이 기재되지 않았다면 당해사항이 무효이므로 당해사항을 이행하려는 것은 허용되지 않는다.

③ 그 밖에 **임의적 기재사항**은 정관에 기재해야 하는 것도 아니고 기재하지 않았다고 해서 그 효력이 부정되는 것도 아니다.

임의적 기재사항이 기재되지 않았어도 아무런 영향이 없으며, 나중에 당해사항을 이행하는 것도 무방하다. 다만 정관에 기재하였다면 그 내용에 따라서 효력이 발생할 수 있다는 점에 의미가 있다.

3-1 변태설립사항 ☆☆

§290(변태설립사항) 다음의 사항은 정관에 기재함으로써 그 효력이 있다.

1. 발기인이 받을 특별이익과 이를 받을 자의 성명
2. 현물출자를 하는 자의 성명과 그 목적인 재산의 종류, 수량, 가격과 이에 대하여 부여할 주식의 종류와 수
3. 회사성립후에 양수할 것을 약정한 재산의 종류, 수량, 가격과 그 양도인의 성명
4. 회사가 부담할 설립비용과 발기인이 받을 보수액

§375(사후설립) 회사가 그 성립 후 2년 내에 그 성립 전부터 존재하는 재산으로서 영업을 위하여 계속하여 사용하여야 할 것을 자본금의 5% 이상에 해당하는 대가로 취득하는 계약을 하는 경우에는 제374조(주총특별결의)를 준용한다.

(1) 현물출자에 대한 규제

주식인수를 위한 대가로 금전을 출자하는 것이 아니라 '금전 이외의 재산'을 현물로 출자하는 경우를 **현물출자**라 하는데, 출자재산의 가치를 과대평가하여 회사의 자본충실을 저해할 우려가 매우 크다. 따라서 **원칙**적으로 현물출자가 정상적으로 이루어졌는지 확인하기 위하여 법원에서 선임한 검사인의 조사를 받아야 한다.

다만 현물출자 규제는 점차 완화되었다. 검사인의 조사는 공인된 감정인의 감정으로 **대체**할 수 있다(§299-2). 현물출자 및 재산인수의 재산총액이 자본금의 1/5 이하면서 5천만 원 이하인 경우 또는 거래소에서 유통되는 유가증권을 시세 이하로 평가한 경우에는 조사를 **면제**한다(§299②).

(2) 재산인수에 대한 규제

재산인수란 회사가 성립한 후에 특정 재산을 회사가 양수하겠다는 것을 회사 성립 전에 발기인이 약정하는 것을 의미한다. 재산인수 계약을 체결하는 것은 발기인의 권한에 해당하지만, 상대적 기재사항이기 때문에 정관에 기재된 경우에 한하여 유효하다. 회사설립 당시에 현물출자를 하는 것과 실질적으로 동일하며 소유권이 이전되는 시기만 다르기 때문에 현물출자에 따르는 규제를 회피할 목적으로 재산인수 계약이 남용될 우려가 있어서 같은 변태설립사항으로 규제한다.

[대법원 2015. 3. 20. 선고 2013다88829 판결] - 예외적 판례

사실관계: 甲은 乙이 장래 설립·운영할 丙회사에 대하여 본인 소유의 토지를 매도하기로 약정하여, 丙회사 설립 후에 소유권이전등기를 마쳐 준 다음 회장 등의 직함으로 장기간 丙회사의 경영에 관여해 오다가, 丙회사가 설립된 때부터 약 15년이 지난 후에야 토지 양도의 무효를 주장하면서 소유권이전등기의 말소를 청구하였다.

판결요지: 위 약정은 재산인수로서 정관에 기재가 없어 무효이나, 丙회사로서는 丙회사의 설립에 직접 관여하여 토지에 관한 재산인수를 이행한 다음 설립 후에는 장기간 丙회사의 경영에까지 참여하여 온 甲이 이제 와서 丙회사의 설립을 위한 토지 양도의 효력을 문제 삼지 않을 것이라는 정당한 신뢰를 가지게 되었고, 甲의 양도대금채권이 시효로 소멸하였으며, 甲이 丙회사 설립 후 15년 가까이 지난 다음 토지의 양도가 정관의 기재 없는 재산인수임을 내세워 자신이 직접 관여한 회사설립행위의 효력을 부정하면서 무효를 주장하는 것은 회사의 주주 또는 회사채권자 등 이해관계인의 이익 보호라는 상법 제290조의 목적에 배치되는 것으로서 신의성실의 원칙에 반하여 허용될 수 없다.

(3) 사후설립에 대한 규제

현물출자 및 재산인수에 대한 규제를 회피할 목적으로, 일단 회사를 설립한 이후에 특정재산을 회사가 양수하고 다시 양도인은 재산양도대금으로 주주의 지분을 매입함으로써 회사의 주식을 취득하는 것도 가능하며, 이러한 편법행위에 대해서도 어느 정도 규제가 필요하다.

따라서 신설회사가 영업을 위하여 계속 사용할 필요가 있는 특정 재산이 당해 회사의 설립 전부터 존재하였던 것이라면, 당해 재산을 회사 성립 후 2년 내에 자본금의 5% 이상에 해당하는 대가로 취득하는 **사후설립** 계약에 대해서는 주주총회의 특별결의가 필요한 것으로 규정하였다(§375).

사후설립은 회사 성립 이후에 체결되는 계약이지만 현물출자 및 재산인수에 대한 회피수단으로 의심할만한 상황에서는 다른 주주들의 감시를 받도록 하였다.

[대법원 1992. 9. 14. 선고 91다33087 판결]

1. 정관 작성 전에 발기인의 자격이 없는 자가 장래 성립할 회사를 위하여 제3자로부터 일정한 재산을 양수할 것을 약정하는 계약을 체결하고 그 후 그 회사의 설립을 위한 발기인이 되었다면 위 계약은 '재산인수'에 해당하고 정관에 기재가 없는 한 무효이다.
2. 다만 원고회사가 그 설립 직후 이 사건 토지들을 자본금의 2분의 1에 해당하는 금원으로 매수한 것은 '사후설립'에 해당한다. 위 매매계약 이전에 주주총회 특별결의는 없었으나 위 매매계약 이후 위 계약을 추인(승인)하는 주주총회의 특별결의가 있었으므로 원고회사는 유효하게 위 현물출자로 인한 부동산의 소유권을 취득한다.

〈해설〉 당사자 A · B의 취지는 A가 현금 5억 원을 투자하고, B가 5억 원 상당의 부동산을 투자함으로써 5:5 방식의 합작투자 회사를 설립하는 것이었다. 그러나 현물출자를 회피할 목적으로 재산인수 방식을 선택하였다. 즉 A가 현금 10억 원을 투자하여 주식 100%를 인수하고, B는 회사 설립 후에 자신의 부동산을 5억 원에 매각함과 동시에 A의 지분 50%를 매수하면서 5억 원을 A에게 주식양도대금으로 지급하기로 약정하였다. 이는 결과적으로 A와 B가 5:5의 회사 지분을 가지고, 회사는 현금 5억 원과 5억 원 상당의 부동산을 취득하는 것이어서 현물출자를 했을 때와 동일해진다. 그러나 재산인수 약정을 정관에 기재하지 않았기 때문에 그 거래의 효력을 인정받을 수 없었다. 다만 회사 설립 후에 B는 회사와 부동산 매매에 관한 재합의를 하였다. 이는 사후설립에 해당하는 거래였기 때문에 주주총회 특별결의에 의한 승인(추인)을 받음으로써 유효해졌다.

| 도표 2-2 | 현물출자 · 재산인수 · 사후설립의 비교

	현물출자	재산인수	사후설립
개념	금전 이외의 재산으로 하는 출자	회사 성립을 조건으로 특정인으로부터 일정 재산을 양수하는 계약	회사 영업용으로 예정한 재산을 회사 설립 후에 양수하는 계약
체결 시기	설립 중	설립 중	**설립 후**
이행 시기	설립 중	**설립 후**	**설립 후 2년 이내**
대가	주식	금전	금전 (자본금의 5% 이상)
조건	평가 · 조사 및 정관기재	정관기재	주주총회 특별결의

4 주식의 인수

(1) 수권자본주의

회사 설립 당시에는 ① 1주의 금액 ② 회사가 향후 발행할 수 있는 주식의 총수(발행예정주식총수)만 정하여 정관에 기재하면 되고, 언제든지 그 범위 내에서 수시로 신주를 발행할 수 있는 권한이 이사회에게 수여되었다. 이를 '**수권자본주의**'라 한다. 회사 설립 당시에는 수권범위 내에서 일부의 주식만을 발행하면 족하며, 설립시에 발행하는 주식의 종류와 수는 정관으로 달리 정하지 않는 한 발기인 전원의 동의로 정한다(§291). 추후 발행예정주식총수를 초과하여 신주를 발행하려는 경우에는 발행예정주식총수를 늘리도록 정관을 개정한다.

(2) 주식인수 및 납입의 절차

§293(발기인의 주식인수) 각 발기인은 서면에 의하여 주식을 인수하여야 한다.
§295(발기설립의 경우의 납입)
① 발기인이 회사의 설립 시에 발행하는 주식의 총수를 인수한 때에는 지체없이 각 주식에 대하여 그 인수가액의 전액을 납입하여야 한다. 이 경우 발기인은 납입을 맡을 은행 기타 금융기관과 납입장소를 지정하여야 한다.

§318(납입금 보관자의 증명과 책임)
① 납입금을 보관한 은행이나 그 밖의 금융기관은 발기인 또는 이사의 청구를 받으면 그 보관금액에 관하여 증명서를 발급하여야 한다.
② 제1항의 은행이나 그 밖의 금융기관은 증명한 보관금액에 대하여는 납입이 부실하거나 그 금액의 반환에 제한이 있다는 것을 이유로 회사에 대항하지 못한다.
§321(발기인의 인수, 납입담보책임)
① 회사 설립 시에 발행한 주식으로서 회사 성립 후에 아직 인수되지 아니한 주식이 있거나 주식인수의 청약이 취소된 때에는 발기인이 이를 공동으로 인수한 것으로 본다.
② 회사 성립 후 제295조 제1항 또는 제305조 제1항의 규정에 의한 납입을 완료하지 아니한 주식이 있는 때에는 발기인은 연대하여 그 납입을 하여야 한다.

발기설립의 경우에는 발기인들이 발행주식을 전부 인수한다. 발행주식이 어떤 사유로든 전부 인수되지 않았다면 다른 발기인들이 공동으로 인수하며(**인수담보책임**), 임수에 의하여 발기인들은 공유주주가 된다.

발행주식을 인수하기로 한 발기인은 지체없이 주식 인수가액을 전부 납입하여야 한다(**전액납입주의**). 인수가액 전액이 납입되지 않은 경우에는 다른 발기인들이 연대하여 납입할 책임을 부담한다(**납입담보책임**). 한편 미납 주금을 대신 납입하더라도 인수하지 않은 발기인이 주주가 될 수는 없으며, 단지 당해 주식을 인수한 주주에게 구상권을 행사할 수 있을 뿐이다.

주금 납입절차에서 회사가 직접 지급받을 수는 없으며, 발기인은 특정 은행에서 설립중의 회사 명의의 가상계좌를 개설하여 당해 가상계좌로 납입을 받아야 한다. 발기인으로부터 주식 인수대금을 납입받아 보관하고 있는 은행은 발기인에게 납입금보관증명서를 발급하여 주는데, 이 납입금보관증명서가 있어야 설립등기를 신청할 수 있다. 실무적으로 은행들은 설립등기가 경료되기 이전에는 납입금을 인출해주지 않는다. 은행에서 납입금보관증명서를 허위로 발급해 줄 경우에는 형사처벌을 받을 수 있으며, 민사적으로도 증명서에 기재된 금액에 대하여 은행이 반환책임을 부담하기 때문에(§318②), 은행의 입장에서는 매우 엄격한 절차를 요구한다.

(3) 모집설립의 경우

모집설립의 경우에는 발기인이 인수하고 남은 주식을 인수할 일반 주주를 모집한다. 발기인이 주식인수를 희망하는 자들에게 청약의 권유를 하면, 모집주주는 주식인수를 위한 청약을 할 수 있다. 이론적으로는 청약에도 불구하고 납입을 하지 않을 경우에 청약 주주는 주식인수인으로서의 권리를 잃게 되므로, 납입이 이루어지지 않은 실권주에 대해서는 새로운 주주를 모집할 수 있다. 다만 실무적으로 청약은 주식청약서 및 청약증거금을 교부함으로써 이루어지는데, 주식 인수가액 100%를 청약증거금으로 선납하기 때문에 사실상 추후 납입절차는 형식적으로 이루어진다.

주식인수의 청약을 한 주주들에게 실제로 몇 주씩 나누어줄지에 관하여 발기인은 청약순서나 청약물량에 상관없이 자유롭게 주식의 배정을 할 수 있다(주식배정자유의 원칙). 배정은 주식인수의 청약에 대한 승낙의 의사표시이므로 이로써 설립중의 회사에 대한 입사계약이 성립한다. 판례 2-3 설사 주식청약서에 요건 흠결이 있다거나 청약의 의사표시와 관련하여 하자가 있었더라도 일단 회사가 성립한 이후에는 주식인수인은 주식인수의 무효 또는 취소의 주장을 할 수 없다(§320①).

4-1 가장납입 ☆☆

(1) 통모가장납입

주식인수 대금(주금)을 실제로 납입하지 않았음에도 불구하고 마치 납입이 이루어진 것처럼 가장하여 설립등기를 마치는 경우를 **가장납입**이라 한다.

[대법원 2003. 5. 16. 선고 2001다44109 판결]

회사가 제3자에게 주식인수대금 상당의 대여를 하고 제3자는 그 대여금으로 주식인수대금을 납입한 경우에, 회사가 처음부터 제3자에 대하여 대여금 채권을 행사하지 아니하기로 약정되어 있는 등으로 대여금을 실질적으로 회수할 의사가 없었고 제3자도 그러한 회사의 의사를 전제로 하여 주식인수청약을 한 때에는, 그 제3자가 인수한 주식의 액면금액에 상당하는 회사의 자본이 증가되었다고 할 수 없으므로 위와 같은 주식인수대금의 납입은 단순히 납입을 가장한 것에 지나지 아니하여 무효이다.

종전에는 특히 납입취급은행과 발기인이 통모하여 주금의 납입없이 은행이 납입금보관증명서를 발급해주는 경우가 많았으나(소위 **통모가장납입** 또는 예합), 제318조 제2항에 의하여 은행에게 책임을 물은 이후로 이러한 유형의 가장납입은 찾아보기 어렵다.

(2) 위장납입

현재 많이 문제되는 유형은 발기인이 금융기관 등으로부터 대출받은 차입금을 납입취급은행에 주금으로 납입하고 설립등기가 경료된 직후 납입취급은행에서 인출하여 변제하는 경우이다(소위 **위장납입** 또는 견금).

위장납입의 효력에 관하여 견해가 대립된다. (i) 통설의 입장에서는 실질적인 자금의 유입이 없었다는 이유로 무효라고 하지만(일본판례), (ii) 판례에 따르면 **진실한 납입의사의 유무는 주관적인 문제에 불과하고 실제 돈의 이동에 따른 현실의 납입이 있으므로 유효**라고 판시한다. 판례 2-4 다만 판례에 의하더라도 위장납입의 경우 주금납입의 절차가 완료된 후에 **회사는 체당 납입한 주금의 상환을 주주들에게 청구할 수 있다**고 판시하여, 실제로 주금을 납입하지 않은 주주들은 회사에 대하여 주금상당의 금원을 반환하여야 할 책임이 남는다. 판례 2-5

나아가 판례는 위장납입의 효력을 인정하면서도, 회사를 위하여 주금을 사용하였다는 특별한 사정이 없는 한, 위장납입에 의하여 실질적으로 회사의 자본이 늘어난 것이 아니므로 납입가장죄가 성립한다고 판시하였다. 판례 2-6 다만 납입가장 행위는 실질적으로 회사의 자본을 증가시키는 것이 아니고 등기를 위하여 납입을 가장하는 편법에 불과한바, 상법상의 납입가장죄가 성립하는 이상 회사 자본이 실질적으로 증가됨을 전제로 하는 업무상횡령죄는 동시에 성립할 수는 없고, 주금 인출 및 변제 행위가 별도의 범죄를 구성하지는 않는다.

5 설립중의 회사 ☆

(1) 의의

회사는 설립등기가 경료되면 성립하는데, 그 이전이라도 어느 정도 회사로서의 실체를 갖춘 경우에는 '**설립중의 회사**'라 하여 설립이라는 목적 범위 내에서 제한적인 권리능력을 인정할 수 있다(권리능력 없는 사단). 설립중의 회사로서 성립하는 시점에 대하여 학설의 대립이 있으나, 판례는 **정관이 작성되고 발기인이 적어도 1주 이상의 주식을 인수하였을 때 비로소 설립중의 회사가 성립한다**고 본다. 판례 2-7

발기인이 회사의 설립을 추진하던 중 행한 불법행위가 외형상 객관적으로 설립 후 회사의 대표이사로서의 직무와 밀접한 관련이 있다면 회사의 불법행위 책임을 인정할 수 있다고 하였는바, 설립중의 회사는 제한적으로 불법행위능력도 갖추었다. 판례 2-8

(2) 법률관계의 귀속

설립중의 회사에서는 발기인이 일체의 행위를 주도한다. 발기인에게는 개업준비행위를 포함하여 일체의 설립업무를 수행할 권한이 인정되므로 **'발기인의 권한 범위 내에서 설립중의 회사 명의로 취득한 권리의무'는 일단 설립중의 회사에 총유적으로 귀속되었다가 회사의 설립과 동시에 그 설립된 회사에 당연히 이전된다**(동일성설).

그러나 다음의 경우에는 동일성설이 적용될 수 없다.

① 설립중의 회사가 성립되기 전에 발기인이 취득한 권리의무는 추후 설립중의 회사가 성립되더라도 발기인 또는 발기인 조합에게 귀속된다.

② 발기인의 권한 범위를 벗어나는 행위로 발생한 권리의무는 설립중의 회사에 귀속될 수 없다. 다만 판례인 광의설은 발기인의 권한을 매우 넓게 파악한다.

③ 발기인의 권한 범위 내에서 이루어진 행위라도, 발기인의 지위에서 회사설립을 위하여 설립중의 회사 명의로 체결한 것이 아니라면 설립중의 회사의 행위로 인정될 수 없다.

④ 일단 설립중의 회사의 행위로 인정되었다 하더라도, 궁극적으로 회사가 성립되지 않았다면 발기인 또는 발기인 조합의 책임으로 남는다.

위 ①~③의 상황에서는 동일성설이 적용되지 않고 **발기인 또는 발기인 조합에게 권리의무가 귀속되어 잔존하므로 이를 설립 후의 회사에게 이전하기 위해서는 별도의 '양수 또는 계약자 지위 인수'와 같은 특별한 이전행위가 있어야 한다.** 판례 2-9

(3) 설립비용의 부담

모든 설립비용은 동일성설에 의하여 성립 후의 회사에게 귀속되므로 설립비용의 채권자는 회사에게 책임을 물을 수 있다. 따라서 회사는 일단 모든 설립비용에 대하여 1차적으로 책임을 진다.

다만 설립비용은 변태설립사항(§290(ⅳ))이므로 정관에 회사가 부담할 설립비용으로 기재되지 않은 금액에 대해서는 어떻게 처리해야 할지 문제이다. 원칙적으로 정관에 기재되지 않은 변태설립사항은 효력이 인정되지 않으므로 회사가 부담할 수 없는 것이기 때문에 처음부터 채권자에게 발기인이 전부 책임져야 한다는 전액발기인부담설이 있다. 그러나 **판례는 설립비용 채권자에게 회사가 일단 책임을 이행한 뒤에 내부적으로 발기인에게 구상권을 행사할 수 있을 뿐이라고 판시하였다**(전액회사부담설).

한편 개업준비행위는 발기인의 권한 범위에 해당하기는 하지만, 개업준비를 위한 비용은 변태설립사항인 설립비용에 포함되지 않는다(통설). 따라서 개업준비 비용은 정관기재 여부와 무관하게 당연히 성립 후의 회사가 부담한다. 예를 들어 설립 이후에 회사가 사용할 사무소의 임대비용 등이 개업준비 비용에 해당한다.

| 도표 2-3 | 설립중의 회사의 법적 쟁점

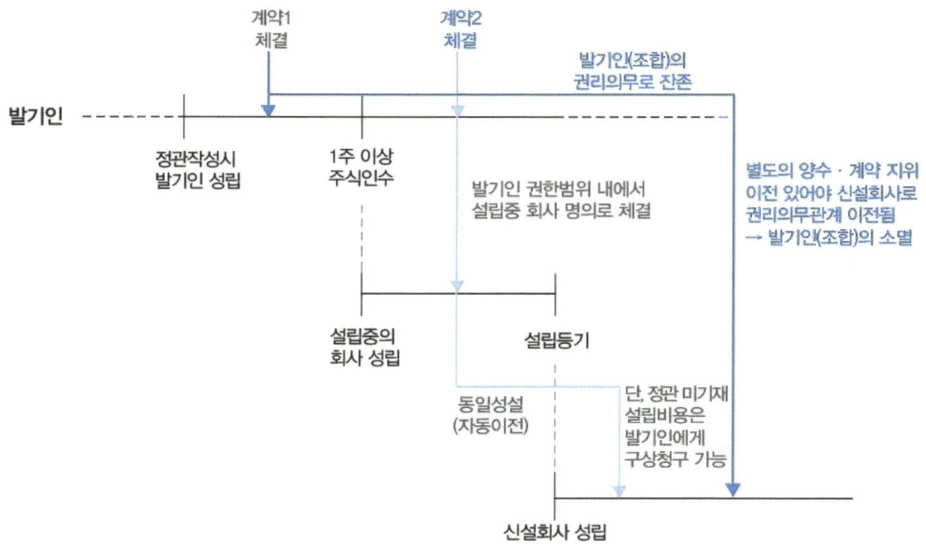

6 설립관련 책임 ☆

§321(발기인의 인수, 납입담보책임)

① 회사 설립시에 발행한 주식으로서 회사 성립후에 아직 인수되지 아니한 주식이 있거나 주식인수의 청약이 취소된 때에는 발기인이 이를 공동으로 인수한 것으로 본다.

② 회사 성립후 제295조 제1항 또는 제305조 제1항의 규정에 의한 납입을 완료하지 아니한 주식이 있는 때에는 발기인은 연대하여 그 납입을 하여야 한다.

§322(발기인의 손해배상책임)

① 발기인이 회사의 설립에 관하여 그 임무를 해태한 때에는 그 발기인은 회사에 대하여 연대하여 손해를 배상할 책임이 있다.

② 발기인이 악의 또는 중대한 과실로 인하여 그 임무를 해태한 때에는 그 발기인은 제3자에 대하여

도 연대하여 손해를 배상할 책임이 있다.
§323(발기인, 임원의 연대책임) 이사 또는 감사가 제313조 제1항의 규정에 의한 임무를 해태하여 회사 또는 제3자에 대하여 손해를 배상할 책임을 지는 경우에 발기인도 책임을 질 때에는 그 이사, 감사와 발기인은 연대하여 손해를 배상할 책임이 있다.
§325(검사인의 손해배상책임) 법원이 선임한 검사인이 악의 또는 중대한 과실로 인하여 그 임무를 해태한 때에는 회사 또는 제3자에 대하여 손해를 배상할 책임이 있다.

신설회사가 성립하면 발기인 또는 발기인 조합은 더 이상 설립업무를 수행할 필요가 없으므로 발기인 또는 발기인 조합의 지위가 소멸하는 것이 원칙이다. 그러나 회사가 성립되었음에도 불구하고 발기인 또는 발기인 조합에게 권리나 의무가 남아 있다면 그러한 권리의무가 소멸할 때까지 그 지위가 유지되며, 다음과 같은 책임이 문제된다.

궁극적으로 회사가 성립되지 않은 경우에는, 발기인들은 그 설립에 관한 행위에 대하여 연대하여 무한책임을 진다(§326). 즉 회사 불성립의 경우에 발기인은 주금반환책임은 물론 설립비용 등에 관하여 개인적으로 전적인 책임을 져야 하는 리스크를 부담하기 때문에 회사가 설립되면 상당한 보수와 특별한 이익을 요구할 자격이 있는 것이고, 이를 남용하지 못하도록 변태설립사항으로서 정관에 기재하도록 규율하는 것이다.

반면 회사가 성립된 경우에는, (i) 인수되지 않은 주식에 대하여 발기인들이 이를 공동으로 인수할 **인수담보책임**을 부담하며, (ii) 인수는 되었으나 주식 인수인이 전액 납입을 하지 않은 경우에는 발기인들이 연대하여 납입하여야 하는 **납입담보책임**을 부담한다(§321). 이러한 인수·납입담보책임은 총주주의 동의로도 면제할 수 없는 법정·무과실 책임이다. 인수가 되지 않았거나 납입이 되지 않은 하자가 경미한 수준이라면 위와 같이 발기인의 인수·납입담보책임으로 회사의 물적 기초를 확보할 수 있겠으나, 만약 인수·납입의 하자가 중대하여 도저히 회사의 물적 기초가 형성될 수 없는 상황이라면 설립무효 사유에 해당한다.

발기인이 자신의 과실로 회사에 손해를 끼친 경우에는 회사에 대한 **손해배상책임**을 부담하며, 나아가 중과실로 제3자에게 손해를 끼친 경우에는 그 제3자에 대하여 직접 손해배상책임을 부담한다(§322). 발기인의 손해배상책임은 법정·과실책임으로 파악하는 것이 통설의 입장이다. 1% 이상의 지분을 가진 소수주주는 대표소송의 일반절차에 의하여 발기인의 손해배상책임을 추궁할 수 있다(§324, §403). 발기인의 회사에 대한 손해배상책임은 주주 전원의 동의에 의하여 면제할 수 있다(§324, §400).

만약 **이사·감사**가 과실로 회사 또는 제3자에게 손해를 끼친 경우에는 발기인과 연대하여 손해배상책임을 부담하게 된다(§323). 그 밖에 법원이 선임한 **검사인**이 악의 또는 중과실로 회사 또는 제3자에게 손해를 끼친 경우에는 회사 또는 제3자에 대하여 손해배상책임을 부담한다(§325). 변태설립사항을 조사하는 **공증인**과 **감정인**의 경우에는 직접 적용되는 책임 규정이 없지만 이사·감사와 같이 회사와 위임 관계에 있으므로 제323조를 유추적용할 수 있다는 것이 통설의 입장이다.

7 설립의 무효

§328(설립무효의 소)
① 회사설립의 무효는 주주 · 이사 또는 감사에 한하여 회사 성립의 날로부터 2년 내에 소만으로 이를 주장할 수 있다.
② 제186조 내지 제193조의 규정은 제1항의 소에 준용한다.
§190(판결의 효력) 설립무효의 판결의 판결은 제3자에 대하여도 그 효력이 있다. 그러나 판결 확정 전에 생긴 회사와 사원 및 제3자간의 권리의무에 영향을 미치지 아니한다.

설립시 발행하는 주식에 관한 인수 또는 납입의 흠결이 현저하여 발기인 등의 인수·납입담보책임 만으로는 자본충실을 기할 수 없을 경우에는 **설립무효 사유**가 될 수 있다. 또한 설립절차에 관한 강행규정에 위반하였다거나, 주식회사의 본질에 반하는 객관적 하자가 존재하는 경우에도 설립무효 사유가 인정된다. 다만 설립무효 사유가 인정되더라도 하자가 보완되고 설립을 무효시키는 것이 부적당하다고 인정되면 법원은 **재량으로 기각**할 수 있다(§189).

설립무효는 설립등기를 경료하여 회사가 성립한 날로부터 2년 내에만 소로써 주장할 수 있는바, **제척기간**의 제한이 따른다(§328①). 설립무효의 판결이 확정된 경우 대세효는 인정되나(§190 본문), 소급효는 인정되지 않고 **장래효**만 인정된다(§190 단서). 이는 주주총회결의 취소·무효 소송에서 소급효가 인정되는 것과 구별된다.

소급효가 인정되지 않기 때문에 설립무효 판결이 확정되기 이전에 회사가 취득한 권리의무는 유효하게 잔존하는바, 이러한 상태를 **'사실상의 회사'**라고 부르며 상법 제193조에 의하여 청산되도록 규정하고 있다. 인수·납입의 하자가 중대하여 회사설립 무효판결이 확정된 경우에도 발기인 등의 인수·납입담보책임과 손해배상책임은 여전히 잔존하며, 사실상의 회사는 이러한 책임을 이행받아서 확보한 자금으로 청산 채권자들에게 분배해야 한다.

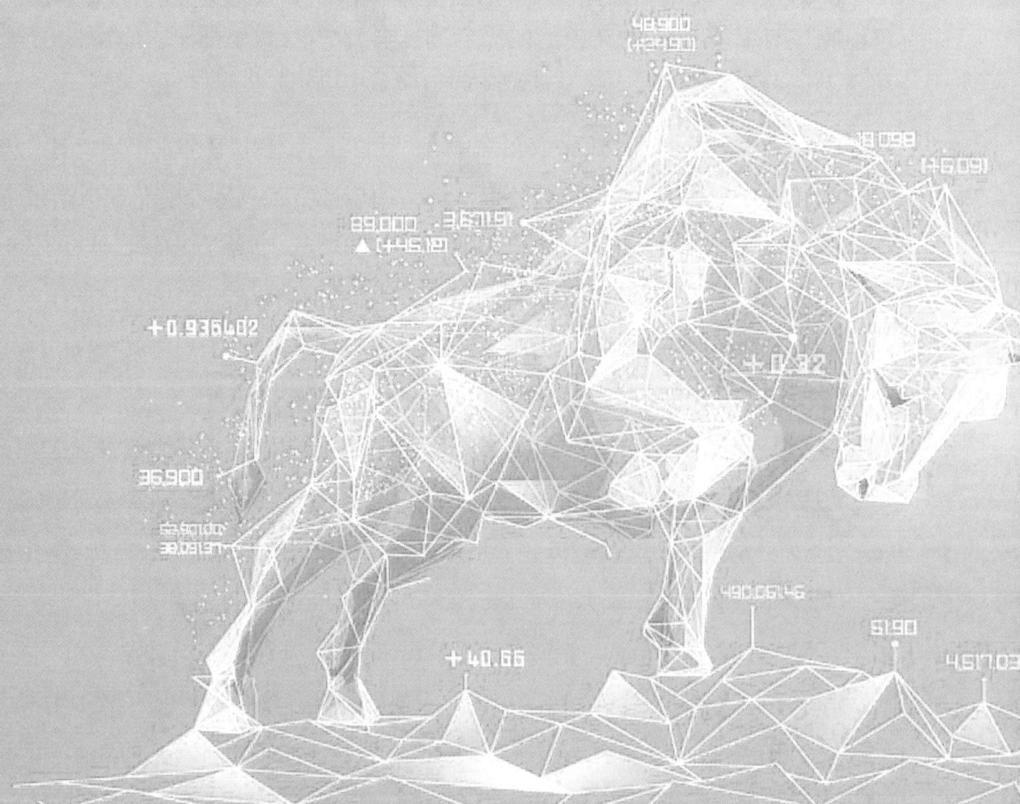

주식시장의 활황을 의미하는 Bull market과 불황을 의미하는 Bear market의 상징

CHAPTER

3

주식과 주권 개관

1. 주식 일반론
2. 종류주식
3. 주식의 특수쟁점
4. 주권
5. 주권의 선의취득

Chapter 3

주식과 주권 개관

1 주식 일반론

(1) 주식과 자본금

§329(자본금의 구성)
① 회사는 정관으로 정한 경우에는 주식의 전부를 무액면주식으로 발행할 수 있다. 다만, 무액면주식을 발행하는 경우에는 액면주식을 발행할 수 없다.
② 액면주식의 금액은 균일하여야 한다.
③ 액면주식 1주의 금액은 100원 이상으로 하여야 한다.
§330(액면미달발행의 제한) 주식은 액면미달의 가액으로 발행하지 못한다. 그러나 제417조의 경우에는 그러하지 아니하다
§417(액면미달의 발행) ① 회사가 성립한 날로부터 2년을 경과한 후에 주식을 발행하는 경우에는 회사는 주주총회 특별결의와 법원의 인가를 얻어서 주식을 액면미달의 가액으로 발행할 수 있다.

물적 회사인 주식회사는 자본금을 확보함으로써 재산적 기초를 형성한다. 자본금은 주식 발행에 의하여 축적된다. 주식은 크게 액면주식과 무액면주식으로 구분되는데, 회사는 둘 중 하나로만 발행해야 한다(§329①).

액면주식을 발행하는 회사에서는 **발행주식의 액면가액을 전부 합한 액면총합을 자본금으로 정의**한다(§451①). 주식의 액면가액보다 높은 발행가액으로 주식을 발행하는 것은 가능하다. 이 경우 액면가액을 초과하는 금액은 자본거래에서 발생한 잉여금이므로 자본준비금으로 적립한다(§459①). 그러나 주식의 액면가액보다 낮은 발행가액으로 주식을 발행하는 **액면미달발행**은 자본의 충실을 해치기 때문에 원칙적으로 허용되지 않는다(§330). 다만 예외적으로 신주발행의 경우에 주총특별결의와 법원의 인가를 얻어서 엄격히 허용될 수 있다(§417).

무액면주식은 액면가액 자체가 없기 때문에 주식발행 당시에 이사회에서 자본금으

로 계상하기로 결정한 금액만큼 자본금으로 축적된다(§451②). 무액면주식에서는 액면 미달발행이라는 개념 자체가 없다.

(2) 주식의 불가분성

원칙적으로 주식은 나눌 수 없다. 의결권만 분리하여 거래하는 것은 불가능하다.

다만 주식배당이나 주식병합, 합병 등의 과정에서 본의 아니게 1주 미만의 소수점 단위로 주식을 소유하게 되는 경우가 발생할 수 있다. 이러한 1주 미만의 주식을 '**단주**'라 하며, 단주의 처리방식에 대해서는 법률에서 정하고 있다. 일반적으로 회사가 단주를 환수하고 주주에게는 적절한 대가를 지급하도록 하고 있다(§443①).

주식을 여러 사람이 **공유**하는 것은 가능하다. 예를 들어 발기인들이 인수되지 않은 주식에 대하여 인수담보책임을 부담할 경우에는 해당 주식을 공유하게 된다. 공유 주식에 대해서는 공유자들이 협의하여 권리를 행사할 자 1명을 지정하여야 한다(§333②).

2 종류주식

(1) 일반론

§344(종류주식) ① 회사는 이익의 배당, 잔여재산의 분배, 주주총회에서의 의결권의 행사, 상환 및 전환 등에 관하여 내용이 다른 종류의 주식("종류주식")을 발행할 수 있다.
② 제1항의 경우에는 정관으로 각 종류주식의 내용과 수를 정하여야 한다.
§435(종류주주총회) ① 회사가 종류주식을 발행한 경우에 정관을 변경함으로써 어느 종류주식의 주주에게 손해를 미치게 될 때에는 주주총회의 결의 외에 그 종류주식의 주주의 총회의 결의가 있어야 한다.

모든 주식의 주주권이 동일해야 하는 것은 아니며, 주주권의 내용을 다르게 정한 주식을 **종류주식**이라 한다. 참고로 보통주가 종류주식에 포함되는지 여부에 대한 논의가 있으나 법률 규정에 따라 다르게 해석할 필요가 있기 때문에 일관된 입장을 취하는 것이 곤란하며 입법론적으로 정리될 필요가 있다.

회사가 어떤 유형의 종류주식을 얼마나 발행할 것인지 정관에서 정해 놓아야 한다(§344①). 같은 유형의 종류주식을 소유한 종류주주들은 종류주주총회를 구성하며, 주주총회에서 특정 종류주주들에게 피해를 주지 못하도록 종류주주총회에서 일종의 거부권을 행사할 수 있다(§435①).

(2) 이익배당 및 잔여재산분배에 관한 종류주식

§344-2(이익배당, 잔여재산분배에 관한 종류주식) ① 회사가 이익의 배당에 관하여 내용이 다른 종류주식을 발행하는 경우에는 정관에 그 종류주식의 주주에게 교부하는 배당재산의 종류, 배당재산의 가액의 결정방법, 이익을 배당하는 조건 등 이익배당에 관한 내용을 정하여야 한다.

전통적으로 이익배당에서 유리한 지위를 보장하는 종류주식을 **우선주**, 불리한 지위에 있는 종류주식을 **후배주**, 유불리가 없는 일반적인 주식을 **보통주**라 하였다. 우선주를 발행할 때에는 의결권이 없는 형태가 일반적이다. 회사의 지배구조에 참여하지는 못하더라도 더 높은 이익을 기대할 수 있는 장점이 있다.

우선주의 유형은 다음과 같이 세분화할 수 있다.

첫째, 우선주에 보장된 배당률에 의하여 우선주주에게 먼저 이익배당을 해주고 남은 잔여이익을 일반주주들에게 배당할 때 우선주주가 다시 참여할 수 있는 유형을 **참가적 우선주**, 다시 참여하지 못하는 유형을 **비참가적 우선주**라 한다.

둘째, 배당가능이익이 부족하여 우선주에 보장된 배당률에 의한 이익배당을 해주지 못한 경우에 다음 연도의 이익배당에서 전년도 부족분을 채워주는 유형을 **누적적 우선주**, 전년도 부족분을 채워주지 않는 유형을 **비누적적 우선주**라 한다.

(3) 의결권의 배제 및 제한에 관한 종류주식

§344-3(의결권의 배제 · 제한에 관한 종류주식) ① 회사가 의결권이 없는 종류주식이나 의결권이 제한되는 종류주식을 발행하는 경우에는 정관에 의결권을 행사할 수 없는 사항과, 의결권행사 또는 부활의 조건을 정한 경우에는 그 조건 등을 정하여야 한다. ② 제1항에 따른 종류주식의 총수는 발행주식총수의 4분의 1을 초과하지 못한다. 이 경우 의결권이 없거나 제한되는 종류주식이 발행주식총수의 4분의 1을 초과하여 발행된 경우에는 회사는 지체 없이 그 제한을 초과하지 아니하도록 하기 위하여 필요한 조치를 하여야 한다.

의결권을 배제한 종류주식은 무의결권 주식을 의미하는 반면, **의결권을 제한한 종류주식**은 특정 안건에 대해서만 의결권이 인정되지 않는 유형이다. 따라서 구체적인 사항이 정관에 기재되어야 한다. 주식회사에서는 차등의결권이나 황금주 등이 인정되지 않지만 위와 같은 종류주식을 활용한다면 주주들의 의결권이 차별화될 수 있기 때문에 실질적으로 유사한 효과를 얻을 수 있다. 위와 같은 종류주식은 발행량에 제한이 따른다(§344-3②).

(4) 상환주식

§345(주식의 상환에 관한 종류주식)
① 회사는 정관으로 정하는 바에 따라 회사의 이익으로써 소각할 수 있는 종류주식을 발행할 수 있다. 이 경우 회사는 정관에 상환가액, 상환기간, 상환의 방법과 상환할 주식의 수를 정하여야 한다.
③ 회사는 정관으로 정하는 바에 따라 주주가 회사에 대하여 상환을 청구할 수 있는 종류주식을 발행할 수 있다. 이 경우 회사는 정관에 주주가 회사에 대하여 상환을 청구할 수 있다는 뜻, 상환가액, 상환청구기간, 상환의 방법을 정하여야 한다.
⑤ 제1항과 제3항에서 규정한 주식은 종류주식(상환과 전환에 관한 것은 제외한다)에 한정하여 발행할 수 있다.

상환주식이란 장차 회사가 이익으로 소각할 수 있게 정한 종류주식이다. 회사 입장에서는 일단 자금조달을 위하여 신주발행을 하더라도 상환주식은 추후 이익으로 상환하고 소각함으로써 주주구성을 종전처럼 유지할 수 있다. 주주 입장에서는 회사의 미래가치를 고려하여 주주로 남을지 아니면 투자 원리금을 회수하여 나갈지 선택할 수 있는 장점이 있다.

회사가 주주에게 상환해 줄테니 주식을 내놓으라고 요구할 수 있는 유형을 '**강제상환주식**'이라 한다. 정관에 상환권이 주주에게 귀속한다는 점이 명시되지 않았다면 강제상환주식인 것으로 본다(§345③). 회사에 배당가능이익이 있을 경우에 이사회 결정에 의하여 상환권을 행사할 수 있다. 이에 관한 구체적인 사정은 정관에 기재되어 있어야 한다(§345①).

반면에 주주가 회사에 대하여 상환을 청구할 수 있는 유형을 '**의무상환주식**'이라 한다. 주주의 상환청구권은 형성권이므로 상환청구에 의하여 회사는 상환의무가 발생한다. 다만 회사에 이익이 부족하다면 상환이 지연될 수 있다. 참고로 IFRS 회계기준에 의할 때 의무상환주식은 회사의 부채로 분류된다.

한편 상환주식에 관한 제345조 제5항은 입법오류인 것으로 본다. 즉 상환주식을 발행하면서 상환주식을 제외한다는 것에 의미를 부여하기 어렵다. 또한 전환주식에 상환권을 붙이지 못한다는 것도 입법적 의도에 부합하는지 의아하다. 현실적으로 **상환전환우선주**(redeemable convirtible preferred stock; RCPS)가 이미 실무적으로 활용되고 있으며 법적 리스크가 있는 것으로 보지도 않는다. 다만 '전환주식의 전환권을 행사하더라도 상환주식으로 바꾸는 것은 허용되지 않는다'는 정도로 선해할 수 있다.

회사의 이익에 의하여 상환주식의 상환이 이루어진 경우이므로 엄격한 자본금 감소절차에 따를 필요가 없다. 따라서 채권자보호절차를 거치지 않는다.

감자절차에 의하지 않았기 때문에 등기부의 자본금을 감소시키지도 않는다(일본판례). 이 경우 발행주식은 감소하였으나 자본금은 감소하지 않기 때문에 발행주식의 액면총액이 자본금과 일치하지 않게 된다. 따라서 자본금은 증자절차와 감자절차를 실시한 것에 대한 역사적인 의미만 남는다고 평가된다.

상환주식을 소각하더라도 **미발행주식수**가 다시 늘어나는 것은 아니다. 만약 상환주식을 10주 발행하였다가 전부 상환하여 소각하고, 다시 10주 발행하였다가 상환·소각하는 것을 무한정 반복할 수 있다면 회사의 자본금은 무한정 늘어나기만 하고 줄어들지는 않을 것이다. 상환주식이라는 형태에 대하여 이와 같은 무한수권을 인정하려는 것이 입법취지는 아니기 때문에 이와 같은 재발행이 허용되지는 않는다.

(5) 전환주식 ☆

> **§346(주식의 전환에 관한 종류주식)**
> ① 회사가 종류주식을 발행하는 경우에는 정관으로 정하는 바에 따라 주주는 인수한 주식을 다른 종류주식으로 전환할 것을 청구할 수 있다. 이 경우 전환의 조건, 전환의 청구기간, 전환으로 인하여 발행할 주식의 수와 내용을 정하여야 한다.
> ② 회사가 종류주식을 발행하는 경우에는 정관에 일정한 사유가 발생할 때 회사가 주주의 인수 주식을 다른 종류주식으로 전환할 수 있음을 정할 수 있다. 이 경우 회사는 전환의 사유, 전환의 조건, 전환의 기간, 전환으로 인하여 발행할 주식의 수와 내용을 정하여야 한다.
> **§348(전환으로 인하여 발행하는 주식의 발행가액)** 전환으로 인하여 신주식을 발행하는 경우에는 전환전의 주식의 발행가액을 신주식의 발행가액으로 한다.
> **§350(전환의 효력발생)** ① 주식의 전환은 주주가 전환을 청구한 경우에는 그 청구한 때에, 회사가 전환을 한 경우에는 주권제출기간이 끝난 때에 그 효력이 발생한다.

전환주식이란 다른 유형의 종류주식으로 전환할 수 있도록 정해진 종류주식이다. 상황에 따라서 무의결권 우선주를 보통주로 전환하는 경우가 일반적이다.

회사가 주주의 전환주식을 다른 종류주식으로 전환시킬 수 있는 유형을 **강제전환주식**이라 한다. 이를 위해서는 정관에 기재된 전환사유가 발생해야 하며, 이사회에서 전환의 결정을 해야 한다(§346②,③). 전환결정을 주주에게 통지할 때에는 2주 이상의 기간을 정하여 주권을 제출하도록 하며, 이와 같은 주권제출기간이 종료되는 시점에 전환의 효력이 발생한다(§350).

주주가 전환주식을 다른 종류주식으로 전환해줄 것을 회사에 청구할 수 있는 유형을 **의무전환주식**이라 한다. 주주의 전환청구권은 형성권이므로 전환청구 시점에 구주식이 소멸하고 신주식이 발행되는 효력이 발생한다.

전환의 범위를 규율하는 제348조에서 **발행가액**이라 쓰여 있지만 **총발행가액**이라는 취지로 읽는다. 즉 **'전환 전 구주식의 총발행가액'은 '전환 후 신주식의 총발행가액'과 같아야 한다.**

예를 들어 액면가 5,000원인 전환주식 100주를 발행가액 10,000원으로 발행하였다면 전환 전 구주식의 총발행가액은 1,000,000원이다. 따라서 전환 후 신주식의 총발행가액도 이와 같이 1,000,000원이 되도록 발행가액과 발행주식수를 조정해야 한다.

그런데 이때 신주식을 1주만 발행하려 한다면 액면가 5,000원만 신주식 발행에 따른 자본금으로 산입되므로, 종전에 전환주식 100주에 의하여 납입되었던 자본금 500,000원보다 적어진다. 자본금 감소절차에 의하지 않고서는 이러한 결과가 허용되지 않는다(다수설). 따라서 자본금이 종전 수준보다 감소하지 않도록 신주식을 적어도 종전과 같이 100주 이상은 발행해야 한다.

반면에 신주식을 10,000주나 발행하려는 경우에도 총발행가액은 1,000,000원이어야 하므로 1주당 발행가액은 100원에 불과하게 된다. 이 경우 액면가 5,000원에 미치지 못하는 발행가액이 되는데 원칙적으로 액면미달발행은 허용되지 않는다. 따라서 신주식은 200주를 초과하여 발행할 수 없다. 이와 같이 제348조는 전환에 의하여 발행할 수 있는 신주식 발행량의 범위를 제한한다.

전환주식을 전환하여 다른 종류주식을 발행한 이후에 기존의 전환주식을 소각하였다면 전환주식의 **미발행주식수**는 다시 늘어난다. 따라서 전환주식을 소각한만큼 다시 재발행하는 것도 가능하다. 전환주식의 전환에 의하여 다른 종류주식을 발행한 만큼 다른 종류주식의 미발행주식이 감소하는 것이므로, 전환주식을 소각한만큼 다시 재발행하더라도 무한수권이 이루어지는 것은 아니다.

예를 들어 전환주식 및 보통주의 발행예정주식수가 각 100주인 경우에 전환주식 및 보통주가 각 20주 발행되어 있는 상황을 생각할 수 있다. 이때 전환주식 20주를 전부 전환하면서 소각하고 그 대신 보통주 20주를 발행한다면, 전환주식의 미발행주식수는 80주에서 100주로 늘어나는 대신 보통주의 미발행주식수는 80주에서 60주로 감소하게 되는 것이다.

3 주식의 특수쟁점

(1) 주식분할

> **§329-2(주식의 분할)**
> ① 회사는 주주총회의 특별결의로 주식을 분할할 수 있다.
> ③ 제440조부터 제443조까지의 규정은 주식분할의 경우에 이를 준용한다.
> **§339(질권의 물상대위)** 주식의 소각, 병합, 분할 또는 전환이 있는 때에는 이로 인하여 종전의 주주가 받을 금전이나 주식에 대하여도 종전의 주식을 목적으로 한 질권을 행사할 수 있다.

주식분할이란 주식의 금액단위를 쪼개서 액면가를 낮추는 대신 그에 반비례하여 발행주식총수를 증가시키는 것을 말한다. 예를 들어 액면가 5,000원의 주식을 액면가 500원의 주식으로 분할하면서 구주식 1주당 신주식 10주를 발행해주는 것이다. 이 경우 주주 입장에서는 지분비율에 변동은 없고 단지 구주식보다 10배 많은 신주식을 취득하게 된다. 회사 입장에서도 재산 변동은 없고 발행주식총수만 10배 증가한다. 주식분할 전후의 주식은 **동일성**이 인정되므로 구주식에 대한 질권은 신주식에 대해서도 효력이 미친다(§339). 그 밖에 주식병합의 절차와 효력은 주식분할 관련규정을 준용한다.

(2) 주식병합 ☆

> **§440(주식병합의 절차)** 주식을 병합할 경우에는 회사는 1월 이상의 기간을 정하여 그 뜻과 그 기간 내에 주권을 회사에 제출할 것을 공고하고 주주명부에 기재된 주주와 질권자에 대하여는 각별로 그 통지를 하여야 한다.
> **§441(同前)** 주식의 병합은 전조의 기간이 만료한 때에 그 효력이 생긴다. 그러나 채권자 보호절차가 종료하지 아니한 때에는 그 종료한 때에 효력이 생긴다.

주식병합이란 여러 주식을 합하여 하나의 주식을 만드는 것이다. 이때 액면가를 유지하는 방식이 많이 사용되지만, 액면가를 합한 금액을 새로운 액면가로 정할 수도 있다.

특히 액면가를 유지하면서 여러 주식을 병합하면 주식 수가 감소되면서 결과적으로 자본금도 감소된다. 따라서 **자본금 감소절차**를 거쳐야 하는바 주주총회 특별결의로 결정하고 채권자 보호절차를 실시해야 한다(§438, §439). 이때 감소한 자본이 주주에게 유출되는 것은 아니므로 무상감자에 해당한다.

주주총회 특별결의에 의하여 주식병합이 결정되면(§438①), 회사는 1월 이상의 주권제출기간 내에 구주권을 회사에 제출하도록 통지 · 공고해야 한다(§440). **주권제출기**

간이 만료한 때에 주식병합의 효력이 발생한다(§441). 주식병합의 효력이 발생한 경우에 회사는 지체없이 신주권을 발행해 주어야 한다. **주식병합의 효력이 발생한 후 6월이 경과하기 전에는 신주권을 발행받지 않은 주식을 양도하더라도 회사에 대하여 효력이 없으나,** 주식병합의 효력이 발생한 후 6월이 경과한 때에는 양도가 금지되지 않으며 신주권 없이 유효하게 주식을 양도할 수 있다(§335③).

주식병합의 하자를 다투려는 경우에 **판례는 감자무효의 소에 관한 규정(§445)을 유추적용한다.** 이때 판례는 실제로 자본금 감소가 발생하는지 여부를 불문한다. 6개월의 제소기간이 적용되며, 무효판결의 효력은 소급효가 있다(§446).

주식병합을 통하여 소수주주가 축출될 수 있다. 판례는 97.73%의 지분을 소유한 지배주주의 주도로 10,000대 1의 주식병합을 실시한 경우에 10,000주 미만의 주식을 소유한 소수주주들이 단주 처리 규정에 의하여 주식을 상실하게 되었지만, 결과적으로 소수주주의 축출이 이루어졌다는 것만으로 신의칙에 위반된다고 볼 수 없다고 판시하였다. 판례 3-1 주주 보호차원에서 적어도 주식가치는 공정하게 산정되어야 할 것이다.

(3) 자본금 감소

가. 감자절차의 적용

회사가 자본금을 감소하려면 원칙적으로 주주총회 특별결의 및 채권자 보호절차를 거쳐야 한다(§438①, §439②)(**정식 감자절차**). 액면가를 유지하면서 주식병합을 할 경우에도 이와 같다.

다만 회사가 배당가능이익으로 취득한 자기주식을 소각하는 경우(§343① 단서) 및 회사의 이익으로 상환주식을 소각하는 경우에는 별도의 자본금 감소절차를 거칠 필요가 없다.

나. 결손보전 목적의 자본금 전입에 의한 무상감자

회사의 순자산액이 자본금에 미치지 못할 때 결손이 발생하며, 결손액과 동일한 금액의 자본금을 감소시킴으로써 결손을 보전할 수 있다. 이 경우 감자절차의 규제가 완화되기 때문에 주주총회 보통결의로 결손보전 목적의 자본금 전입을 결정할 수 있고, 채권자 보호절차는 필요 없다(§438②, §439② 단서)(**약식 감자절차**).

4 주권

(1) 의의

§356(주권의 기재사항) 주권에는 다음의 사항과 번호를 기재하고 대표이사가 기명날인 또는 서명하여야 한다.
1. 회사의 상호
2. 회사의 성립년월일
3. 회사가 발행할 주식의 총수
4. 액면주식을 발행하는 경우 1주의 금액
5. 회사의 성립후 발행된 주식에 관하여는 그 발행 연월일
6. 종류주식이 있는 경우에는 그 주식의 종류와 내용
6의2. 주식의 양도에 관하여 이사회의 승인을 얻도록 정한 때에는 그 규정

민법상 채권은 일단 증권으로 발행되었는지 여부에 따라서 구분된다. 즉 증권에 화체되지 않은 채권은 지명채권인 반면 지시채권과 무기명채권은 채권이 증권으로 화체된 경우이다. 화체(化體)란 몸의 일부가 된다는 뜻이어서, 증권에 화체된다는 것은 실물 증권과 한 몸이 된다는 의미이다.

주권에는 주주의 성명이 기재되기 때문에 원래 지시채권의 성격을 갖지만, 주식을 양도할 때에는 무기명증권과 마찬가지로 당사자 사이에 양도의 합의를 하고 주권을 교부하는 것으로 양도의 효력이 발생하기 때문에 주권은 무기명증권에 거의 가까워졌다고 평가된다(주권의 무기명증권화 현상).

주권은 주식 및 주주권을 표창하는 유가증권이다. 이미 존재하는 주식에 대한 권리 또는 주주권을 주권에 화체한 것이기 때문에 주권발행에 의하여 주주권이 창설되는 효과가 발생하는 것(설권증권)은 아니다. 주권은 요식증권이어서 법정기재사항을 기재해야 하지만(§356), 판례는 대표이사의 기명날인과 같은 본질적 사항이 아니라면 일부 기재되지 않았더라도 유효하다고 본다.

(2) 주권의 발행

§355(주권발행의 시기)
① 회사는 성립후 또는 신주의 납입기일후 지체없이 주권을 발행하여야 한다.
② 주권은 회사의 성립후 또는 신주의 납입기일후가 아니면 발행하지 못한다.
③ 전항의 규정에 위반하여 발행한 주권은 무효로 한다. 그러나 발행한 자에 대한 손해배상의 청구에 영향을 미치지 아니한다.

회사는 (i) 설립등기가 경료되었거나, (ii) 신주발행 과정에서 납입기일이 경과하였다면 지체없이 주권을 발행해야 한다(§355①). 그럼에도 불구하고 회사가 주권발행을 지체하고 있다면 주주 입장에서는 주권발행을 청구할 수 있고, 주주의 채권자가 대위권을 행사하여 회사에 주권발행을 청구할 수도 있다.

다만 회사 성립 또는 납입기일 경과 전에는 주주의 지위가 발생하지 않으며, 주권발행이 금지된다. 이를 위반하여 발행하더라도 그 주권은 절대적으로 무효이다. 이때 주식을 인수하였으나 아직 주주의 지위를 취득하지 못한 주식인수인의 지위를 **'권리주'**라 부르며, 권리주 상태로 양도하는 것도 마찬가지로 금지한다(§319).

(3) 주권의 효력발생시기 ☆

어음·수표의 효력발생시기에 관한 이론은 주권과 관련하여 다른 양상으로 논의된다.

① **작성시설**에 의하면 회사가 주권을 작성한 때에 주권의 효력이 발생한다. 회사가 주권을 교부한 적이 없더라도 일단 작성했으면 선의취득의 대상이 될 수 있기 때문에 법적 안정성을 해칠 수 있다.

② **발행시설**에 의하면 회사가 주권을 작성하여 '누구에게든 교부하겠다'는 의사로 회사가 교부하였다면 주권의 효력이 발생한다. 정당한 주주가 교부받지 않았더라도 선의취득의 대상이 될 수 있다.

③ **교부시설(통설·판례)에 의하면 회사가 주권을 작성하여 정당한 주주에게 교부하였을 때 주권의 효력이 발생한다.** 적법한 주주가 교부받은 것이 아니라면 선의취득의 대상이 되지 않는다.

(4) 주권불소지 제도

> **§358-2(주권의 불소지)**
> ① 주주는 정관에 다른 정함이 있는 경우를 제외하고는 그 주식에 대하여 주권의 소지를 하지 아니하겠다는 뜻을 회사에 신고할 수 있다.
> ② 제1항의 신고가 있는 때에는 회사는 지체없이 주권을 발행하지 아니한다는 뜻을 주주명부와 그 복본에 기재하고, 그 사실을 주주에게 통지하여야 한다. 이 경우 회사는 그 주권을 발행할 수 없다.
> ③ 제1항의 경우 이미 발행된 주권이 있는 때에는 이를 회사에 제출하여야 하며, 회사는 제출된 주권을 무효로 하거나 명의개서대리인에게 임치하여야 한다.
> ④ 주주는 언제든지 회사에 대하여 주권의 발행 또는 반환을 청구할 수 있다.

주권의 무기명증권화로 인하여 주주가 주권을 장기간 보관하는 것은 부담스러울 수 있다. 이에 주주는 회사에 대하여 **주권불소지 신고**를 함으로써 기존에 발행된 주권은 회사에 반환하여 무효화 시키고, 아직 발행되지 않은 주권은 발행하지 않도록 할 수 있다.

일단 주권불소지 신고가 되어 있는 상태에서는 주식양도 방법에 유의할 필요가 있다. 통상적으로 주권이 발행된 상태에서는 주권 교부방식에 의하여 주식을 양도하고, 주권이 발행되지 않은 상태에서는 지명채권 양도방식에 의하여 주식을 양도하지만, 주권불소지 신고가 되어 있는 주식은 반드시 회사에 주권 발행을 청구하여 주권 교부방식에 의하여 주식을 양도해야 한다. 이를 위반하여 주권없이 지명채권 양도방식에 의하여 주식을 양도하는 것은 무효이다.

(5) 주식의 전자등록제도

> **§356-2(주식의 전자등록)**
> ① 회사는 주권을 발행하는 대신 정관으로 정하는 바에 따라 전자등록기관의 전자등록부에 주식을 등록할 수 있다.
> ② 전자등록부에 등록된 주식의 양도나 입질(입질)은 전자등록부에 등록하여야 효력이 발생한다.
> ③ 전자등록부에 주식을 등록한 자는 그 등록된 주식에 대한 권리를 적법하게 보유한 것으로 추정하며, 이러한 전자등록부를 선의(선의)로, 그리고 중대한 과실 없이 신뢰하고 제2항의 등록에 따라 권리를 취득한 자는 그 권리를 적법하게 취득한다.

개별 회사는 주주명부를 작성하여 관리하고, 개별 증권사는 고객들의 주식투자 정보를 고객계좌부에 기재하여 관리한다. 그런데 주식은 전자등록할 수도 있으며, 특히 상장회사 주식은 의무적으로 전자등록해야 한다(주식 · 사채 등의 전자등록에 관한 법률

§25①). 이 경우 회사는 실물주권을 발행할 수 없고, 주주는 실물주권의 발행·인도를 청구할 수 없으며(판례), 주식에 관한 법률관계는 전자등록 방식에 의하여야 한다. 현재 한국예탁결제원(KSD)에서 전자등록기관 업무를 주관하고 있다.

개별 회사는 자체적으로 관리하는 주주명부 이외에 전자등록기관에도 **'발행인관리계좌부'**를 개설하여 주주명부 정보를 전자적으로 기록하고 관리한다. 또한 개별 증권사는 자체적으로 관리하는 **'고객계좌부'** 이외에, 전자등록기관에도 **'고객관리 계좌부'**를 개설하여 당해 증권사의 고객들이 보유하고 있는 주식물량을 회사별로 기록하고 관리한다. 한편 개별 증권사가 특정 회사의 주식에 대하여 직접 투자하고 있다면 전자등록기관에 **'자기계좌부'**를 개설하여 주식물량을 회사별로 기록하고 관리한다.

고객계좌부와 자기계좌부를 합하여 **'전자등록계좌부'**라 부르는데, **전자등록계좌부에 등록함으로써 권리이전의 효력이 발생하고, 전자등록계좌부에 기재된 바에 따라 자격수여적 효력이 발생하기 때문에 선의취득도 가능하다.** 다만 전자등록계좌부의 기재에 대항력은 인정되지 않는다. 따라서 명의개서가 되지 않은 개별주주가 회사에 대하여 주주권을 행사하려면 (i) 전자등록기관에서 소유자증명서를 발급받아 회사에 제출하거나, (ii) 전자등록기관으로 하여금 회사에 주식소유사항을 통지하도록 신청해야 한다.

| 도표 3-1 | 주식의 전자등록 당사자들의 관계도

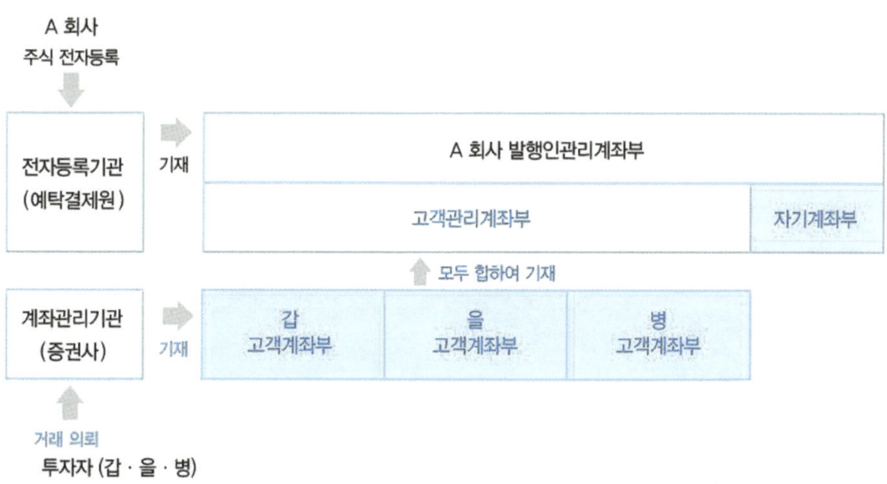

5 주권의 선의취득 ☆

가. 의의

주주가 주권을 도난당하거나 분실한 경우에 이를 절취하거나 습득한 사람은 무권리자라 할지라도, 그가 점유한 주권을 교부받는 방식으로 주식을 양수한 선의의 제3자는 주권을 선의취득할 수 있다(§359).

주권의 점유자는 **적법한 소지인으로 추정**받기 때문에(§336②) 양도인의 무권리에 대하여 양수인이 선의·무중과실이라면 선의취득 제도로 추정력을 신뢰한 양수인을 보호한다. 양수인의 악의·중과실에 대한 입증책임은 선의취득을 부정하는 자가 부담한다.

나. 요건

주권을 선의취득하기 위한 요건으로 일단 주권의 효력이 발생해야 한다. 따라서 **주권 효력발생시기**에 관한 이론을 우선적으로 검토할 필요가 있다. 통설·판례는 정당한 주주에게 주권이 교부될 것을 요구하기 때문에 최초에 교부받은 자가 정당한 주주인지 여부에 대해서도 주주이론에 의하여 검토할 필요가 있다.

양도인의 무권리는 넓게 인정된다. 법문에서 '어떤 사유로든 점유를 잃은 경우'에 주권을 선의취득할 수 있는 것으로 규정하고 있기 때문이다. **판례는 주권을 무권대리인으로부터 양수하는 등 교부계약에 하자가 있는 경우에도 선의취득을 인정한다.**

다. 효과

주권의 선의취득이 성립하면 양수인은 주권을 유효하게 취득하며, 회사에 대하여 명의개서를 청구할 수 있고, 주주명부에 명의개서가 경료되면 주주권을 행사할 수 있다.

만약 주식을 분실한 원래의 주주 A가 회사에 주권분실신고를 하였더라도 선의취득자 C가 회사에 주권을 제시하면서 명의개서를 청구한다면 회사는 명의개서를 해주어야 한다(흐름도 참조). 주권분실신고가 있더라도 주권 점유에 의한 추정력을 번복할 수 없다.

주주 A가 권리구제를 받기 위해서는 법원에 주권의 **제권판결**을 청구해야 한다(§360). 제권이란 증권에서 권리를 제거한다는 의미이다. 주주 A가 제권판결을 얻는다면 **제권판결의 소극적 효력**에 의하여 분실주권은 무효화되고, **제권판결의 적극적 효력**에 의하여 주주 A는 회사에 대하여 C의 명의개서를 말소할 것을 청구함과 동시에 자신에게 주권을 재발행해 줄 것을 청구할 수 있다.

선의취득자 C는 제권판결 과정에서 이루어지는 공시최고에 기초하여 법원에 이의신청을 한다거나 제권판결에 대한 불복의 소를 제기함으로써 권리구제를 받을 수 있으며, 제권판결 취소판결에 의하여 주주 A가 재발행받은 주권을 무효화시킬 수도 있다. 다만 이러한 법적 절차를 거쳐서 법원에 의하여 주주의 지위를 인정받지 않는다면 제권판결취득자에게 대항할 수 없다. 이러한 결론에 따른 입장을 소위 '**제권판결취득자 우선설**'(판례)이라 부르며 '선의취득자 우선설'과 대비된다.

| 도표 3-2 | 선의취득 분쟁상황 관계도

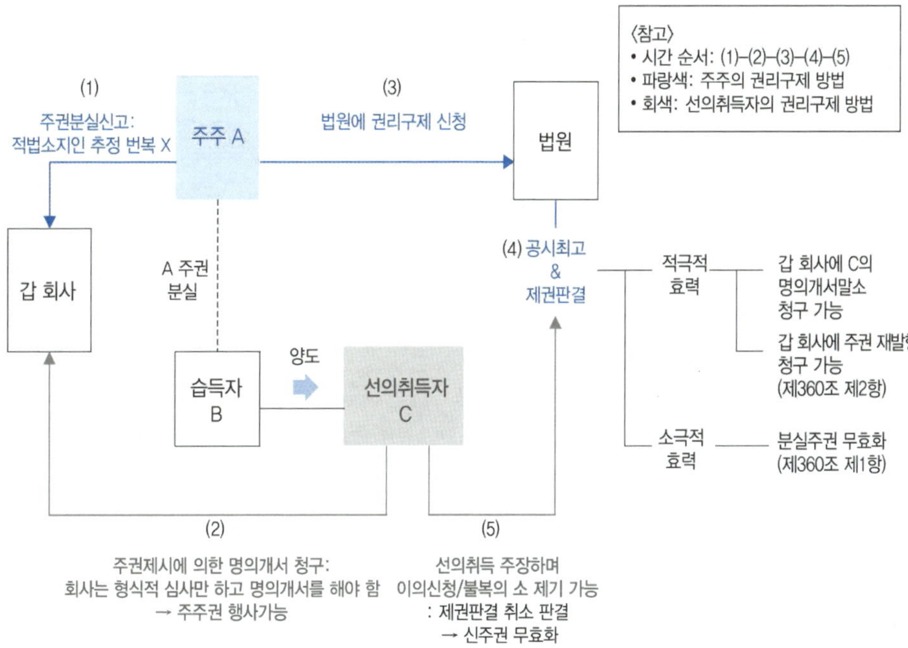

19세기 월스트리트와 뉴욕 증권거래소(NYSE)

CHAPTER 4

주주의 지위와 주주권 행사

1. 주주이론
2. 주주의 권리와 의무
3. 주주명부 명의개서와 주주권의 행사
4. 주식양도의 자유와 제한

Chapter 4

주주의 지위와 주주권 행사

1 주주이론 ☆☆☆

(1) 주주의 지위와 권리취득시점

회사의 지분을 소유하는 자를 사원이라 하며, 주식회사의 주식을 소유하는 사원을 주주라 한다. 회사 설립단계에서는 발기인 또는 모집주주가 주식인수인으로서 **설립등기가 경료됨과 동시에 주주의 지위를 취득하며, 신주발행 절차에서는 주식대금 납입기간이 종료한 다음 날 신주인수인이 주주의 지위를 취득한다.**

이처럼 주식발행에 의하여 회사로부터 직접 주식을 취득하는 경우도 있지만, 기존 주주로부터 주식을 양도받음으로써 주식을 취득할 수도 있다. 이 경우 **당사자 사이에 ① 주식양도의 합의 및 ② 주권의 교부가 있으면 양수인은 주주의 지위를 취득한다.**

주권이 발행되지 않은 회사에서도 일정 기간이 경과하였다면 **지명채권 양도방식**에 의한 주식양도가 가능하다. 따라서 당사자 사이에 주식양도의 합의가 있다면 양수인은 주주의 지위를 취득한다. 다만 민법 제450조에 의한 지명채권 양도방식의 대항력을 갖추어야 한다. 즉 양도인의 통지 또는 회사의 승낙이 있으면 양수인은 회사에 대한 대항력을 인정받는다. 나아가 양수인이 제3자에 대한 대항력을 갖추기 위해서는 확정일자 있는 증서로 회사에 통지하여야 한다.

통상적인 주식발행이나 주식양도 이외의 사유로 주주의 지위가 변동되는 경우도 있다. 예를 들어 영업양도·합병·분할합병·주식교환·주식이전에 관한 주주총회결의에 반대하는 주주는 주식매수청구권을 행사할 수 있다. 이 경우 판례에 의하면 최종적으로 회사에서 매매대금을 지급해야 주식이 회사에 이전된다. 그전까지는 반대주주가 여전히 주식을 소유한다. 이와 유사하게 지배주주의 매도청구권 행사(§360-24) 또는 소수주주의 매수청구권 행사(§360-25)의 경우에도 지배주주가 소수주주에게 매매가액을 지급해야 주식이 이전된다(§360-26). 기타 다양한 경우에 대해서는 <도표 4－1> 을 참고하면 된다.

| 도표 4-1 | 주주지위 취득시점 비교

유형	구체적 상황	주주지위 취득시점
주식 발행	회사설립	설립등기 경료시
	통상적 신주발행	납입기간 종료 다음 날
특수한 신주발행	주식배당	주주총회 종결시
	주식병합	구주권 제출기간 만료시
	주식분할	구주권 제출기간 만료시
전환주식	회사가 전환권 행사할 경우	구주권 제출기간 만료시
	주주가 전환권 행사할 경우	전환 청구시
전환사채	주주가 전환권 행사할 경우	전환 청구시
신주인수권부사채	대용납입의 경우	신주발행 청구서 제출시
	주금납입의 경우	주식대금 납입 완료시
주식양도	일반적인 경우	당사자 합의 및 주권교부시
	주권불소지 신고한 경우	(회사로부터 주권을 발행받아서) 당사자 합의 및 주권교부시
	주권미발행 회사의 경우	지명채권 양도방법에 의한 당사자 합의 (단, 대항력 필요)
지배주주의 소수주식취득	지배주주가 매도청구한 경우	매매가액 지급시
	소수주주가 매수청구한 경우	매매가액 지급시
주식매수청구권	주주가 주매청 행사할 경우	매매가액 지급시

(2) 주식발행에 따른 주금납입의무자와 주주의 확정

§332(가설인, 타인의 명의에 의한 인수인의 책임)
① 가설인의 명의로 주식을 인수하거나 타인의 승락없이 그 명의로 주식을 인수한 자는 주식인수인으로서의 책임이 있다.
② 타인의 승락을 얻어 그 명의로 주식을 인수한 자는 그 타인과 연대하여 납입할 책임이 있다.

주식인수인은 **주식대금을 납입할 의무**를 부담하며, 이는 주주 유한책임에 의하여 인정되는 주주의 유일한 의무이다. 즉 주주는 주식인수대금을 넘어서는 책임을 부담하지 않도록 보장받는다. 주식대금 납입을 해태하는 상황이라면 발기인이나 이사 등이 자본충실을 위하여 납입담보책임을 부담한다.

그런데 주식인수인이 누구인지 확정이 되지 않아서 납입이 지체되는 상황이라면 난감할 수 있다. 이를 위하여 제332조에서는 명문으로 누가 납입할지 해결방식을 제시한다. 즉, 일단 '**실존인물이 아닌 가설인의 명의로 주식을 인수하였거나 타인의 승낙 없이 명의를 도용하여 주식을 인수하였다면**' 그러한 행위를 한 자가 주식인수인으로서 납입책임을 지며(§332①), 설립등기와 함께 주주의 지위를 취득한다.

한편 '**명의를 사용해도 된다고 타인의 승낙을 받아서 주식을 인수한 것이라면**' 그 명의자와 행위자가 함께 연대하여 납입할 책임을 부담한다(§332②).

이때 명의자와 행위자 중에 누가 주주의 지위를 취득할 것인지가 문제되는데, 판례는 민사사건에서 일반적으로 활용되는 **계약당사자 확정의 법리**를 주식인수계약에 적용하여 해결한다. 판례 4-1 즉 **타인의 승낙을 얻어 차명으로 주식을 인수한 경우 원칙적으로 명의자를 주식인수인으로 파악하여 설립등기와 함께 주주의 지위를 취득하게 된다.** 판례 4-1

예외적으로 **실제 출자자와 명의자 사이에 체결된 차명약정의 존재에 대하여 회사도 이를 알면서 승낙한 경우에는 실제 출자자가 주주의 지위를 갖는다.** 판례 4-1 이때 '**차명약정**'이란 실제 출자자가 주식대금을 부담하고 추후 주주로서의 권리를 실질적으로 행사할 뿐만 아니라 주식소유에 따른 세금 등의 의무부담도 책임지되, 주주명부상 명의자는 단순히 명의를 대여해주는 것에 불과하고 아무런 권리의무를 부담하지 않는다는 내부적 합의를 의미한다(판례).

(3) '주주의 지위에 관한 대세적 관계'와 '주주권 행사에 관한 회사 관계'의 분별

대법원은 '주식의 소유권 귀속에 관한 회사 이외의 주체들 사이의 권리관계'와 '주주의 회사에 대한 주주권 행사 국면'이 구분되어야 하는 것이라고 선언하였다. 전합 4-2

일단 **대세적 관계에서 주주의 지위를 누가 취득하였는지의 문제는 '계약당사자 확정의 법리'에 의하여 해결한다.** 판례 4-1 즉, ① 회사설립 단계에서는 주식인수계약의 당사자들이 누구를 주주로 삼겠다고 의도한 것인지 해석하여 확정하며, ② 주식양도 단계에서는 주식양도계약의 당사자들이 누구를 주주로 삼겠다고 의도한 것인지 해석하여 확정한다. 회사와 주주 사이에 주식의 소유권, 즉 주주권의 귀속이 다투어질 경우에도 계약당사자 확정의 법리로 해결한다. 판례 4-3

반면에 **회사에 대하여 주주권을 행사할 수 있는 자는 주주명부상 주주로서 명의개서를 경료한 자에 한정된다.** 이는 회사에서 주식을 발행하는 경우는 물론 주주들이 주식을 거래하는 경우에도 동일하게 적용된다. 대법원은 '상법이 주주명부를 둔 이유가 단체법적 법률관계의 특성상 회사가 다수의 주주와 관련된 법률관계를 외부적으로 용이하게 식별할 수 있는 형식적이고도 획일적인 기준을 마련하려는 것'으로 이해한다. 따라서 타인 명의로 주식을 인수하거나 양수한 자는 명의개서 없이 회사에 대하여 주주권을 행사할 수 없으며, 심지어 **회사 역시 주주명부에 기재되지 않은 자를 주주로 인정하여 주주권을 행사시킬 수는 없다**고 판시하였다.

참고로 차명주식의 주주권행사를 누가 할 수 있을지에 관하여, (i) 종전의 판례는 타인의 승낙을 얻어 형식주주 명의로 주식을 인수하거나 양수한 실질주주는 회사에 대하여 주주권을 행사할 수 있다는 입장(실질설)을 취하였지만, (ii) 2017년 전원합의체 판결에 의하여 종전의 판례를 폐기하고 실질주주가 아닌 주주명부상 주주만이 회사에 대하여 주주권을 행사할 수 있다는 입장(형식설)을 취한 것이다.

주주의 지위를 취득하지 못한 형식주주에게 주주권을 행사하도록 인정할 수 있는 것은 실질주주가 이를 허용하거나 받아들이려는 의사가 존재하는 것으로 판례가 인정하기 때문이다. 이러한 **차명약정 관계가 존재하는 특별한 상황이 아니라면, 무권리자가 주주로 명의개서되어 있더라도 당해 명의개서는 위법하며 무효이다(판례).** 무권리자의 명의개서라는 사정을 알고 있는 회사는 면책력의 보호를 받을 수 없으며, 명의개서가 되어 있다는 핑계로 무권리자에게 주주권을 행사시켜서는 안 된다.

| 도표 4-2 | 명의개서 특수상황 정리

	차명약정 있는 경우		무권리자	
	회사 선의 등 (특별한 사정이 없는한)	회사 악의 (+ 승낙)	회사 선의	회사 악의
주주 지위	명의주주	실질주주	×	×
주주권 행사자	명의주주	명의주주 (전합판례)	명의주주 (명의개서의 면책력)	× (판례: 면책력 부정)

2 주주의 권리와 의무

(1) 일반론

주주의 권리는 추상적으로 모든 주주권을 포괄하는 것이다. 따라서 개별적인 주주권의 내용을 분리할 수 없다. 다만 주주총회 또는 이사회에서 이익배당청구권과 같은 특정 주주권을 실현하는 결정을 하였다면 개별 주주에게 구체적 이익배당청구권이 발생하므로 이러한 구체적 청구권은 독립적으로 양도할 수 있다.

주주권의 성격에 따라서 (i) 직접 회사로부터 경제적 이익을 받을 수 있는 **자익권**과 (ii) 회사 경영에 참가하거나 감시함으로써 다른 주주에게도 영향이 미치는 **공익권**으로 나눌 수 있다. 자익권은 주주 단독으로 행사할 수 있는 '단독주주권'으로, 공익권은 일정 지분을 가진 주주(들)이 행사할 수 있는 '소수주주권'으로 설계되어 있다.

이러한 주주의 권리는 법률에 의해서만 제한될 수 있으며, 정관이나 주주총회결의로도 이를 제한할 수 없는 고유권에 해당한다. 나아가 주주권은 주식의 양도나 소각 등 법정사유에 의해서만 상실되는바, 포기의 의사표시에 의하여 주주의 지위가 상실되지는 않는다(판례). 설사 정관에 "일정한 사유 발생시 주주의 자격을 상실하고 해당 주식은 나머지 주주들에게 양도한 것으로 본다"는 규정을 두더라도 이는 효력이 없다. 판례 4-4

(2) 주주평등의 원칙 ☆

회사는 모든 주주를 지분에 비례하여 평등하게 대우해야 한다. 19세기까지는 주식회사에서도 두수주의를 취하였기 때문에 각 주주가 동등한 의결권을 가졌지만, 현대 주식회사는 자본주의적 관점에서 투자지분에 비례하여 주주권을 갖는다. 따라서 '주식평등의 원칙'이라 부르기도 한다.

상법상 주주평등의 원칙을 명시적으로 규정하지는 않았으나, 소유 주식 수에 따른 주주권 보장을 규정하는 여러 규정(§369①, §418①, §464, §538 등)으로부터 해석상 주주평등의 원칙이 도출된다고 보는 것이 통설이다.

주주평등의 원칙은 **강행규범**의 성격을 갖기 때문에 이에 위반하는 것은 절대 무효이다. 다만 불평등한 취급을 받은 주주가 자신의 권리를 포기하는 것은 가능하다. 즉 지배주주가 이익배당을 덜 받기로 하는 차등배당은 유효하다.

특히 **손실보전약정**을 주주평등의 원칙 위반으로 인정한 판례들이 많다. 원래 주주는 주가하락의 위험을 감수해야 하는 것인데, 회사가 특정 주주에게 주가하락의 손실을 보전해주겠다는 취지의 손실보전약정을 체결하는 경우가 있다. 이러한 **손실보전약정은 주주평등의 원칙을 위반하여 무효이며, 설사 손실보전약정이 주주의 지위를 취득하기 전에 체결되거나 주식인수와 별도로 체결되더라도 무효인 것은 마찬가지이다.** 판례 4-5 손실보전약정에 대해서는 주주 전원의 동의를 받더라도 무효이다. 판례 4-6

특정 주주에게 임원추천권을 보장하면서 임원추천권을 행사하지 않으면 그 대가로 매월 200만 원을 지급하기로 약정을 체결한 경우에도 회사가 다른 주주들에게 인정되지 않는 우월한 권리를 특정 주주에게 부여하는 것이므로 주주평등의 원칙에 위배된다고 판시하였다. 판례 4-7

[대법원 2007. 6. 28. 선고 2006다38161, 38178 판결] - 손실보전약정

1. 회사가 직원들을 유상증자에 참여시키면서 퇴직시 출자 손실금을 전액 보전해 주기로 약정한 경우, 회사가 다른 주주들에게 인정되지 않는 우월한 권리를 부여하는 것으로서 주주평등의 원칙에 위반되어 무효이다.
2. 한편 직원들의 신주인수의 동기가 된 위 손실보전약정이 주주평등의 원칙에 위배되어 무효라고 할지라도, 신주인수까지 무효로 보아 신주인수인들로 하여금 그 주식인수대금을 부당이득으로서 반환받을 수 있도록 한다면 이는 사실상 다른 주주들과는 달리 그들에게만 투하자본의 회수를 보장하는 결과가 되어서 오히려 강행규정인 주주평등의 원칙에 반하는 결과를 초래하게 되는바, 위 신주인수계약까지 무효가 되는 것은 아니다.

<비교: 회사가 임직원에게 주식인수대금 상당의 금원을 회수할 의사 없이 대여해주고 그 임직원은 대여금을 주금으로 납입한 사안을 무효인 가장납입으로 인정한 대법원 2003. 5. 16. 선고 2001다44109 판결과 구별됨>

(3) 주주평등원칙의 예외 ☆☆☆

발행주식의 종류가 여러 가지일 경우 같은 종류의 주식을 평등하게 취급하는 것으로 충분하며, 서로 다른 종류의 주식을 합리적인 근거에 의하여 다르게 취급하는 것은 실질적 평등에 부합하므로 허용된다. 같은 종류의 주식을 가진 주주들 사이에서도 회사의 차등적 취급이 정당하다고 판단될 수 있는 예외적 경우가 있을 수 있다.

전통적으로 일부 주주에 대한 특혜가 정당하다고 인정된 판례는 거의 없었는데 2023년 대법원은 4개의 판결을 내놓으면서 일부 주주에 대한 **차등적 취급의 정당화 사유를 인정하기 위한 체계적 기준**을 제시하였다. 즉, "차등적 취급의 구체적 내용, 회사가 차등적 취급을 하게 된 경위와 목적, 차등적 취급이 회사 및 주주 전체의 이익을 위해 필요하였는지 여부와 정도, 일부 주주에 대한 차등적 취급이 상법 등 관계 법령에 근거를 두었는지 아니면 강행법규에 저촉되거나 채권자보다 후순위에 있는 주주의 본질적 지위를 부정하는지 여부, 일부 주주에게 회사의 경영참여 및 감독과 관련하여 특별한 권한을 부여함으로써 **회사의 기관이 가지는 의사결정 권한을 제한하여 종국적으로 주주의 의결권이 침해되는지 여부**를 비롯하여 차등적 취급에 따라 다른 주주가 입는 불이익의 내용과 정도, 개별 주주가 처분할 수 있는 사항에 관한 차등적 취급으로 불이익을 입게 되는 주주의 동의 여부와 전반적인 동의율, 그 밖에 회사의 상장 여부, 사업목적, 지배구조, 사업현황, 재무상태 등 제반사정을 고려하여 일부 주주에게 우월적 권리나 이익을 부여하여 주주를 차등 취급하는 것이 주주와 회사 전체의 이익에 부합하는지를 따져서 정의와 형평의 관념에 비추어 신중하게 판단하여야 한다"는 기준을 반복하여 판시하였다.

[대법원 2023. 7. 13. 선고 2021다293213 판결] – 틸론 사건

사실관계: 피고(주식회사 틸론)가 발행하는 상환전환우선주(RCPS)를 인수하면서 원고(주주 A)는 다음과 같이 투자약정을 체결하였다: "향후 A의 최종 주당 인수가액보다 낮은 가격으로 행해지는 유상증자를 비롯하여 증자·감자 등 주요 경영사항에 대하여 회사가 A에게 사전 통지하고 A로부터 사전동의를 받아야 하며, 이를 위반할 경우 회사가 A에게 손해배상 명목으로 당해 주식에 대한 조기상환청구권 등을 부여하고, 이에 더하여 위약벌을 부담한다."

판결요지: 회사가 특정 주주에게 동의권을 부여하더라도 다른 주주가 실질적·직접적인 손해나 불이익을 입지 않고 오히려 일부 주주에게 회사의 경영활동에 대한 감시의 기회를 제공하여 다른 주주와 회사에 이익이 될 수 있다. 또한 신주발행은 이사회 결의사항이므로 주주총회결의가 필요하지 않아서 다른 주주의 의결권이 직접적으로 침해된다고 보기 어렵다.

[대법원 2023. 7. 13. 선고 2023다210670 판결] – 우레아텍 사건

사실관계: 피고(우레아텍 주식회사)가 발행하는 RCPS를 인수하면서 원고(기술보증기금)는 다음과 같은 투자약정을 체결하였다: "회사가 회생절차 개시신청을 할 경우 사전에 기술보증기금으로부터 서면동의를 얻어야 하며, 이를 위반하면 기술보증기금은 피고에게 최고를 하고 그 최고일로부터 2주일 이내에 위반사유가 시정되지 아니한 때에는 당해 투자계약을 해지할 수 있고 회사는 손해배상책임을 부담한다."

판결요지: 회생절차 개시신청은 이사회 결의사항이므로 위 동의권 약정으로 인해 다른 주

주의 의결권이 직접 침해되지는 않았으며, 오히려 피고의 경영활동에 대한 감시의 기회를 제공함으로써 다른 소수주주에게 이익이 될 가능성도 있다. 또한 신중한 경영판단을 유도하고 경영진의 도덕적 해이를 예방하여 결과적으로 회사 전체의 이익을 증진시키는 효과를 기대할 수 있다.

[대법원 2023. 7. 13. 선고 2022다224986 판결] - 비욘드아이 연대보증 사건

사실관계: 주식회사 비욘드아이가 자금조달을 위해 RCPS를 발행하면서 원고(주주 A)와 손실보전약정을 체결함과 동시에 위 손실보전약정의 지급을 보장하기 위해 별도로 피고(위 회사의 대주주 겸 대표이사 B)는 원고(A)와 연대보증계약을 체결하였다.

판결요지: 원심은 이를 보증채무로 파악하여 회사의 채무가 주주평등 원칙에 위반하여 무효이기 때문에 보증채무 역시 무효로 판단하였으나, 대법원은 다음과 같은 논리를 설시하여 효력을 인정하였다. 즉 (i) 주주가 회사와 계약을 체결할 때 회사의 다른 주주 또는 임원이 함께 당사자로 참여하더라도 개인적 법률관계에 주주평등의 원칙이 직접 적용되지는 않으며, 회사가 체결한 계약의 효력과는 별개로 보아야 한다. (ii) 위 손실보전약정이 주주평등 원칙에 위반하여 무효라 하더라도, 특별한 사정이 없는 한 원고(주주)와 피고가 체결한 계약 부분의 효력에는 영향이 없다. (iii) 나아가 위 연대보증계약은 위 손실보전약정에 대한 보증계약을 체결한 것이 아니라, 피고가 원고에게 동일한 내용의 연대채무를 부담하는 계약을 체결한 것으로 해석하는 것이 상당하다.

(4) 주주의 의무

주주의 의무는 주식의 인수가액을 한도로 하는 출자의무가 전부이다. 극히 예외적으로 세법상 과점주주에게 회사의 세금을 함께 부담하도록 하는 경우도 있기는 하다.

그 밖에 지배주주에게 충실의무를 인정할 수 있을지 논란이 있으며, 다수설은 이를 인정한다. 미국에서는 지배주주가 다른 주주들에게 신인의무(fiduciary duty)를 부담한다는 판례법리가 확립되었고, 독일에서도 특정한 경우에 지배주주의 충실의무를 인정한 판례가 있다. 우리나라에서는 업무집행지시자의 책임을 인정하는 제401조의2가 지배주주의 충실의무를 인정할 수 있는 근거인 것으로 제시되기도 한다.

3 주주명부 명의개서와 주주권의 행사 ☆☆

(1) 명의개서의 개념과 절차

§336(주식의 양도방법) ② 주권의 점유자는 이를 적법한 소지인으로 추정한다.

명의개서란 주식 양수 등의 사유로 주식을 취득한 자의 성명과 주소를 주주명부에 등재하는 것을 의미한다. 명의개서는 양수인이 회사에 청구하여 이루어진다. **명의개서를 청구할 때 양도인의 협력은 필요하지 않으며 양수인이 단독으로 청구하면 된다.** 판례 4-8 오히려 특별한 사정이 없는 한 양도인은 양수인 명의로 명의개서를 해달라고 회사에 청구할 권리가 없으며 이는 주권발행 여부를 불문한다. 판례 4-9 양수인이 회사에게 단순히 주식 양수 사실을 통지한 것만으로는 명의개서를 청구한 것으로 인정받지 못한다. 판례 4-10

양수인이 회사에 대하여 주권을 제시하면서 명의개서를 청구하면, 주권 점유자는 적법한 소지인으로 추정되기 때문에(§336②) 회사는 명의개서를 해주어야 한다. 설사 주권 점유자가 무권리자라 할지라도 회사가 이러한 사정에 대하여 선의·무중과실이라면 주권점유의 추정력을 신뢰한 회사에게는 책임이 없다. **회사는 명의개서 청구인이 '진정한 주권을 점유하고 있는지'(주권이 발행된 경우) 또는 '주식을 취득하였는지'(주권이 발행되지 않은 경우)에 대한 형식적 심사만 하면 충분하며, 그 밖에 명의개서 청구인이 진정한 주주인지 여부에 대하여 회사가 실질적 심사를 할 의무는 없다.** 판례 4-11 회사가 실질적 심사를 할 권리를 갖는지에 대해서는 논란이 있다. 다만 명의개서 청구인이 무권리자라면 회사는 명의개서를 해줄 수 없다.

만약 양수인이 주권을 제시하면서 명의개서를 청구하였는데 회사가 이를 부당하게 지연하거나 거절하면, 판례는 명의개서의 **부당거절** 시점에 명의개서가 경료된 것으로 취급한다. 상속 또는 합병 등으로 주식을 포괄승계하였거나, 주권발행 전 주식양도에 의하여 주식을 취득한 경우에는, 주권을 제시하지 않더라도 **주식 취득사실을 입증**하여 회사에 명의개서를 청구할 수 있다.

명의개서를 소송상 청구하려면 **양수인은 회사에 대하여 명의개서 절차의 이행을 청구해야 한다.** 그 밖에 양수인이 양도인에게 명의개서 절차의 이행을 청구하거나, 양수인이 회사를 상대로 주주권 확인소송을 제기하는 것은 부적법하다. 판례 4-12 반면에 명의개서가 목적이 아니라면, 실질주주가 주주명의인을 상대로 주주권 확인소송을 제기하거나,

판례 4-13 회사가 명의주주를 상대로 주주권 부존재 확인소송을 제기하는 것은 가능하다. 판례 4-14

(2) 명의개서의 대항력

§337(주식의 이전의 대항요건) ① 주식의 이전은 취득자의 성명과 주소를 주주명부에 기재하지 아니하면 회사에 대항하지 못한다.

주식양수 등의 사유로 주식을 취득한 자는 명의개서를 경료해야 회사에 주주권을 행사할 수 있다(**대항력**). 주식의 소유권을 취득하여 주주의 지위가 인정되면 회사에 대하여 명의개서를 청구할 수는 있지만, 명의개서를 경료하지 않은 상태에서 곧바로 회사에 대하여 주주권을 행사할 수는 없다.

제337조 제1항은 '양수인이 회사에 대하여 대항하지 못한다'는 방식으로 규정되어 있어서 회사 역시 주주명부 기재에 구속되는지 논란이 있다. 종전의 판례는 회사가 주식 양수인을 주주로 인정하여 주주권을 행사시키는 것은 가능하다고 해석하였다(**편면적 구속설**). 그러나 **대법원은 전원합의체 판결을 통하여 위 입장을 명시적으로 폐기하였고, 그 대신 대항력이 주주에 대해서 뿐만 아니라 회사에 대하여도 마찬가지로 적용된다고 입장을 변경하였다(쌍면적 구속설)**. 즉 회사는 주주명부에 기재된 자의 주주권 행사를 부인하거나 주주명부에 기재되지 아니한 자의 주주권 행사를 인정할 수 없다. 전합 4-2

(3) 명의개서의 추정력

주주명부에 주주로서 명의개서를 경료한 자는 회사의 주주로 추정한다(**추정력**). 이러한 추정력 내지 자격수여적 효력이 법에 정해진 것은 아니지만, 제337조의 반대해석에 의한 효과로 보는 것이 통설이다. '명의개서에 의하여 주주로 추정'되면 더 이상 회사에 대하여 자신의 실질적 권리를 입증할 필요 없이 주주권을 행사할 수 있다. 참고로 '주권 점유에 의하여 적법소지인으로 추정'되면(§336②) 회사에 명의개서를 청구할 수 있는 것과 적용 국면을 달리 한다는 점에서 구별된다.

다만 추정력에는 한계가 있기 마련이며, 권리를 창설하는 효과는 인정되지 않는다. 주주의 지위를 취득하지 못하였다면 명의개서를 경료하더라도 무권리자가 주주로 될 수는 없으며 무권리자의 명의개서는 위법무효이다. 판례 4-15

(4) 명의개서의 면책력

§353(주주명부의 효력) ① 주주 또는 질권자에 대한 회사의 통지 또는 최고는 주주명부에 기재한 주소 또는 그 자로부터 회사에 통지한 주소로 하면 된다.

회사는 주주명부를 신뢰하면 된다. 즉 주주로 명의개서된 자를 주주로 인정하여 주주의 권리를 부여하면 충분하며, 설사 그가 진정한 주주가 아니었다 하더라도 회사는 책임을 부담하지 않는다(**면책력**). 따라서 주주명부상 주주에게 이익배당을 해준다거나 주주총회 소집통지를 하면 된다.

반면 **'무권리자임에도 불구하고 명의개서되어 있다'는 사정을 회사가 알면서 주주권을 행사시켰다면 면책력의 남용이 문제될 수 있다.** 무권리자의 무효인 명의개서라는 사실에 대하여 회사가 악의이고 이를 쉽게 입증할 수 있는데도 회사가 면책력을 주장하는 것은 **면책력의 남용**이라 할 것이다. 이런 경우라면 위법무효인 명의개서를 제외한 뒤 직전의 명의개서를 경료한 자에게 주주권을 인정하면 된다. 향후 면책력의 남용 상황을 인정할 구체적 기준이 재정립될 필요가 있다.

한편 **실질주주가 차명약정에 의하여 타인의 명의로 명의개서를 경료한 경우, 회사는 실질주주의 존재에 대하여 알았는지 여부와 무관하게 주주명부에 기재된 형식주주에게 주주권을 행사시켜야 한다.** 전합 4-2 오히려 회사가 명의개서되지 않은 실질주주에게 주주권 행사를 인정하는 것이 금지된다.

[대법원 2024. 6. 13. 선고 2018다261322 판결] - 면책력 부정

사실관계: 피고 회사가 발행한 주식 10,000주 중 7,000주를 A가 소유하고 있었는데, 대표이사 B는 위 7,000주의 실질주주가 본인이라고 주장하면서 C에게 양도하기로 합의하고 대금을 지급받았다. 나아가 대표이사 B는 위 7,000주의 주주가 A이고 C가 A로부터 주식을 취득한 적이 없음을 알면서도 회사 주주명부에 C를 위 7,000주의 주주로 기재하였다.

판결요지 1: 피고 회사는 C가 A로부터 이 사건 주식을 취득하지 않았음에도 명의개서를 청구한다는 사실을 알고 있었고, C는 A로부터 위 주식을 취득하였다는 사실에 관하여 아무런 증명을 하지 않았음에도 C 명의로 위 주식에 관한 명의개서를 하였는바, 이러한 명의개서 과정에 비추어 보면 피고 회사가 명의개서 청구에 관하여 형식적 심사의무를 다하였다고 보기는 어려우며, 따라서 위 주주명부 기재가 적법하다고 볼 수 없다.
<해설: 명의개서 청구인이 무권리자라는 사정을 알고 있는 회사가 달리 주식취득 사실을 확인하지 않았음>

판결요지 2: 주주총회결의 당시 위 주식에 관하여 주주권을 행사할 수 있었던 자는 주주변경에 따라 주주명부에 기재된 C가 아니라 그 전에 적법하게 주주로 기재되어 있었던 A이므로 A에게 주주총회 소집통지를 했어야 함에도 불구하고 이를 누락하였다면, 이는 그 성립과정의 하자가 너무나도 중대하여 사회통념상 주주총회의 성립이 인정되기 어렵다.

(5) 명의개서 미필주주의 지위

기존 주주로부터 주식을 양수하였으나 아직 회사에 명의개서를 경료하지 않은 양수인(**명의개서 미필주주**)의 법적 지위에 대한 논의가 있다. 일단 회사가 주식 양수인에게 주주권을 인정할 수 있을지 문제된다.

앞서 보았듯이 제337조 제1항 대항력의 적용범위에 관하여 대법원은 전원합의체 판결에 의해 편면적 구속설에서 쌍면적 구속설로 입장을 변경하였다. 따라서 회사는 명의개서를 경료하지 않은 주식 양수인에게 주주권을 부여할 수 없다.

예외적으로 회사에서 명의개서를 부당하게 지연하거나 거절하는 등의 사유가 있었다면 명의개서를 경료한 것과 마찬가지로 취급하여 주주권의 행사를 인정해야 한다. 전항 4-2

양수인이 명의개서를 청구하지 않고 있다면 회사는 명의개서가 남아있는 양도인에게 이익배당이나 신주발행을 해야 할 것이므로, 다음 단계로 양수인은 어떻게 권리구제를 받을 수 있을지가 문제된다.

회사의 입장에서는 주주명부상 주주에게 주주권을 부여한 것이므로 면책력에 의한 보호를 받는다. 또한 양수인은 명의개서를 경료하지 않았기 때문에 회사에 대항할 수도 없다. 따라서 회사를 상대로 문제를 삼을 수 있는 방법은 없다.

결국 양수인은 양도인과의 **개인법적 법률관계**에서 위와 같은 문제를 해결해야 한다는 것이 통설·판례의 입장이다. 이와 관련하여 양수인이 양도인에게 배당금이나 신주의 반환을 청구할 수 있는 근거가 무엇인지에 관하여 (i) **부당이득설**, (ii) **사무관리설**, (iii) **준사무관리설** 등이 있다. 그러나 회사가 양도인에게 지급한 것은 법률상 원인이 있었으며, 양도인에게 양수인을 위한 관리의사가 있었다고 보기는 어렵기 때문에, 준사무관리설에 의하는 것이 적절하다.

4 주식양도의 자유와 제한

(1) 주식의 양도

§335(주식의 양도성) ① 주식은 타인에게 양도할 수 있다. **§336(주식의 양도방법)** ① 주식의 양도에 있어서는 주권을 교부하여야 한다.

주주는 자유롭게 주식을 양도할 수 있는바, 주식의 양도에 의하여 양수인은 주주의 지위를 취득한다. 주주는 회사로부터 이익배당을 받는 등의 방법으로 주주권 행사에 의하여 투자금을 회수할 수도 있으나, 제3자에게 주식을 양도하고 대가를 지급받음으로써 투자금을 회수할 수도 있다. 주주의 투자금 회수 방법을 다각적으로 확보하려면 주식양도의 자유가 보장되어야 한다(§335).

주식의 양도방법은 원칙적으로 **주권교부 방식**이 사용된다(§336①). 즉 당사자 사이에 양도에 관한 합의가 이루어지고, 이에 따라 주권을 교부하면 주식 양도의 효력이 발생한다. 이때 교부 방법과 관련하여 판례는 현실의 인도, 점유개정, 반환청구권 양도 등 민법상 인정되는 일반적인 방법을 모두 허용한다. 참고로 명의개서는 주주의 지위를 취득한 이후에 회사에 대하여 주주권을 행사할 때 요구되는 것에 불과하며 주식의 양도를 위한 요건은 아니다.

(2) 정관에 의한 주식양도의 제한 ☆

§335(주식의 양도성)
① 주식은 타인에게 양도할 수 있다. 다만, 회사는 정관으로 정하는 바에 따라 그 발행하는 주식의 양도에 관하여 이사회의 승인을 받도록 할 수 있다.
② 제1항 단서의 규정에 위반하여 이사회의 승인을 얻지 아니한 주식의 양도는 회사에 대하여 효력이 없다.
§335-2(양도승인의 청구)
① 주식의 양도에 관하여 이사회의 승인을 얻어야 하는 경우에는 주식을 양도하고자 하는 주주는 회사에 대하여 양도의 상대방 및 양도하고자 하는 주식의 종류와 수를 기재한 서면으로 양도의 승인을 청구할 수 있다.
④ 제2항의 양도승인거부의 통지를 받은 주주는 통지를 받은 날부터 20일내에 회사에 대하여 양도의 상대방의 지정 또는 그 주식의 매수를 청구할 수 있다.
§335-3(양도상대방의 지정청구) ① 주주가 양도의 상대방을 지정하여 줄 것을 청구한 경우에는 이사회는 이를 지정하고, 그 청구가 있은 날부터 2주간 내에 주주 및 지정된 상대방에게 서면으로 이를 통지하여야 한다.
§335-4(지정된 자의 매도청구권) ① 제335조의3 제1항의 규정에 의하여 상대방으로 지정된 자는 지정통지를 받은 날부터 10일 이내에 지정청구를 한 주주에 대하여 서면으로 그 주식을 자기에게 매도할 것을 청구할 수 있다.

가. 의의

모든 주식회사의 주주 구성이 공개적이어야 하는 것은 아니며 폐쇄회사로 운영될 가능성도 인정되어야 한다. 다만 주식양도의 자유를 제한하는 것이기 때문에 법률에서 인정하는 방식만 엄격하게 허용되며, 법정된 제한방식을 변형하는 것은 허용되지 않는다.

상법에서는 '**주식을 양도할 때 이사회 승인을 얻도록 정관에 근거규정을 마련하는 제한방식**'만 인정한다. 그 밖에는 주주총회나 지배주주의 승인을 얻도록 하는 방식도 허용되지 않으며, 이사회의 승인권한을 대표이사 등에게 위임할 수도 없는 것으로 해석한다.

나. 이사회 승인의 청구

주식양도에 관하여 이사회 승인을 얻도록 정관에 규정되었을 경우, 주식을 거래하는 양도인(§335-2) 및 양수인(§335-7)은 각자 회사에 대하여 승인을 청구할 권리를 갖는다. 이때 **서면**으로 청구해야 하며 구두로 청구하면 효력이 없다. 승인청구를 받은 회사는 1월 이내에 승인여부를 통지해야 하며, 위 기간을 경과하면 승인을 한 것으로 **간주**한다(§335-2②,③). 만약 회사가 승인을 거부한다면, 양도인 및 양수인은 각자 회사에 대하여 (i) 해당 주식을 양수할 새로운 상대방을 지정해줄 것을 청구하거나, (ii) 회사가 직접 매수해줄 것을 청구할 수 있다(§335-2④). 만약 양수인이 주권을 교부받지 못하여 아직 주식을 취득하지 못한 경우라면 승인을 청구하여 거부당하더라도 주식매수청구권을 취득하지 못한다(판례).

(i)의 방법에 의하여 주주가 양도 상대방의 지정을 청구할 때에는, 그 상대방이 주주가 될 경우 회사 경영에 어떤 영향이 있을지 이사회에서 가늠할 수 있을 정도로 특정해야 적법하다. 판례 4-16 양도상대방 지정청구를 받은 회사는 2주 이내에 새로운 상대방을 지정해야 하며, 위 기간을 경과하면 원래의 주식양도를 승인한 것으로 간주한다(§335-3②). 회사가 양도상대방을 지정하면, 지정매수인은 10일 이내에 지정청구를 한 자에게 주식매도를 청구함으로써 매매계약이 체결된다. 지정매수인의 매도청구권은 형성권에 해당한다. 다만 위 기간을 경과하면 원래의 주식양도를 승인한 것으로 간주한다(§335-4②). 한편 (ii)의 방법에 의하여 회사가 직접 매수할 것을 청구받으면 즉시 매매계약이 체결된다. 회사에 대한 매수청구권은 형성권이며, 회사의 승낙이 필요하지 않다.

[대법원 2022. 7. 28. 선고 2020마5054 결정] – 양도의 상대방

사실관계: A회사의 주주 갑은 자신의 지분을 B회사가 향후 설립하려는 사모집합투자기구(PEF)에게 양도할 예정이므로 이를 승인해줄 것을 A회사에 청구하였으나 A회사의 이사회는 이를 거부하는 결정을 하였다.

판결요지 1: 양도의 상대방은 그가 주주가 될 경우 회사 경영에 어떠한 영향이 있을지를 승인 주체인 이사회가 가늠할 수 있을 정도로 특정되어야 하고, 설립 중인 회사나 설립 예정인 회사에게 양도하려면 설립 목적, 설립 주체 내지 설립 후 운영주체 등의 정보가 제공되어서 이를 근거로 이사회가 양도승인 여부를 결정할 수 있어야 한다.

판결요지 2: 주주가 양도승인을 청구할 때에는 양도의 상대방이 자금조달 의사나 능력이 없음이 명백하다는 등의 특별한 사정이 없는 한, 반드시 주식양도계약이 체결되었거나 주식양도에 관한 협상이 상당한 정도로 진행되어야만 주주의 주식양도승인 청구가 적법한 것은 아니다.

다. 위반의 효력

이러한 절차를 거치지 않은 주식양도는 회사에 대하여 효력이 없다(§335②). 즉 양수인은 회사에 대하여 주주의 지위를 주장할 수 없으며, 회사도 양수인을 주주로 인정할 수 없다. 다만 양도인과 양수인 사이에서는 채권적 효력이 인정되므로 양수인은 회사에 대하여 승인청구를 하거나, 양도인에 대하여 계약위반에 대한 책임을 물을 수 있다.

| 도표 4-3 | 정관상 주식양도가 제한된 경우의 승인청구 절차

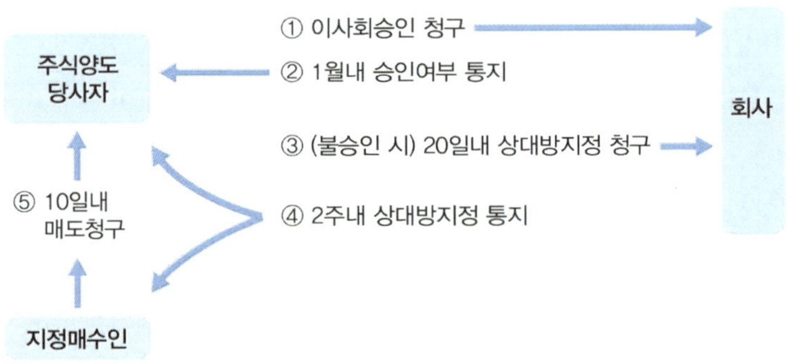

라. 주주간계약의 활용 가능성

합작투자를 하는 주주들 사이에서 동업관계 기간을 확보하기 위하여 주주간계약(shareholder agreement)을 통해 주식양도를 제한하는 경우가 실무적으로 빈번하다. 이때에도 **주주간계약에 따른 주식양도 제한은 위와 같은 법정 제한방식에 어긋나므로**

회사에 대한 효력이 없으며, 설사 이러한 취지를 정관으로 규정하더라도 무효이다. 따라서 주주간계약을 위반하여 주식양도가 이루어졌더라도 주주간계약의 당사자가 아닌 양수인은 회사에 대하여 적법하게 명의개서를 청구할 수 있다. 회사에 대한 관계와는 별개로, 주주간계약의 당사자 사이에서는 주식양도 제한약정의 채권적 효력이 인정되기 때문에 이를 위반하여 주식을 양도한 자는 손해배상책임을 부담한다.

그런데 주주간계약의 내용이 '주주의 투하자금 회수의 가능성을 전면적으로 부인하는 정도'에 이른 경우라면 주식양도 제한약정 자체가 무효이다. 판례 4-17 이 경우 주주간계약 당사자 사이의 채권적 효력도 인정되지 않는다는 점에서 특별하다. 따라서 법적 책임을 걱정할 필요없이 자유롭게 주식을 양도할 수 있다. 판례는 종전에 **'회사 설립으로부터 5년간 주식양도를 금지하는 약정'**이 이에 해당하여 무효라고 판시하였다. 다만 8명이 합작투자한 경우에 '출자자 전원의 동의 없이는 주식양도를 금지하는 약정'은 유효라고 판시하여 완화하는 추세인 것으로 보인다. 판례 4-18

(3) 권리주의 양도제한

§319(권리주의 양도) 주식의 인수로 인한 권리의 양도는 회사에 대하여 효력이 없다.
§355(주권발행의 시기)
① 회사는 성립후 또는 신주의 납입기일후 지체없이 주권을 발행하여야 한다.
② 주권은 회사의 성립후 또는 신주의 납입기일후가 아니면 발행하지 못한다.
③ 전항의 규정에 위반하여 발행한 주권은 무효로 한다.

주식 발행과정에서 주주의 지위가 발생하면 주주에게 지체없이 주권을 발행해주어야 하지만 그 전에는 일체의 거래가 금지된다. 즉 회사는 주식인수인에게 주권을 발행해주어도 안 되기 때문에 미리 발행된 주권은 무효이며 양도할 수도 없고(§355), 주식인수인이 주주의 지위를 취득하기 전에는 주식인수인의 지위를 양도할 수 없다(§319). 이때 주식인수인의 지위를 '권리주'라 한다. 권리주의 양도는 절대 무효이기 때문에 권리주의 양수인이 회사에 대항할 수 없고, 회사가 권리주의 양수인에게 주권을 발행해 주는 것도 허용되지 않는다. 다만 권리주 양도계약의 당사자 사이에서 채권적 효력은 인정되기 때문에 양수인은 양도인에게 계약의 이행을 요구할 수 있다. 판례 4-19

(4) 주권발행 전 주식양도의 제한 ☆☆☆

§335(주식의 양도성) ③ 주권발행 전에 한 주식의 양도는 회사에 대하여 효력이 없다. 그러나 회사성립 후 또는 신주의 납입기일 후 6월이 경과한 때에는 그러하지 아니하다.

가. 의의

회사 성립 또는 신주의 납입기일이 경과함으로써 주식의 효력이 발생하고 주주가 지위를 취득하는데, 그 전에는 권리주를 양도하지 못하고 주권 발행도 금지되지만(§319), 그 이후에는 지체없이 주권을 발행해주어야 한다(§355①). 그러나 주권이 발행되기 전에 주주가 지명채권 양도방식으로 주식을 양도할 수 있다면 권리주 양도금지의 규제를 회피할 우려가 있다. 즉 지명채권 양도방식으로 권리주를 양도하고 회사 성립 후 또는 신주 납입기일 후에 단순히 재합의하는 방식으로 회사에 대항할 수 있기 때문에 규제 취지가 무력화될 수 있다.

이에 회사 성립 후 또는 신주의 납입기일 후에도 회사가 주권을 발행하지 않고 있는 동안에는 주식양도를 금지한다(§335③ 본문). 다만 주주의 주식양도의 자유를 과도하게 제한하는 것은 곤란하기 때문에 6개월 동안만 이러한 금지기간을 유지하고, 그 이후에는 지명채권 양도방식으로 주식을 양도할 수 있다(§335③ 단서).

물론 회사가 주권을 발행하면 이러한 제한은 적용되지 않으며 주주는 주권교부 방식으로 주식을 양도할 수 있다. 이러한 법리는 주식병합·주식분할 등 회사가 구주권을 제출받고 신주권을 발행하기 전의 상황에서 동일하게 적용된다. 판례 4-20

나. 6월 경과 전 주식양도의 금지

제335조 제3항 본문에 의하여 주식양도가 제한될 경우 이를 위반한 주식양도는 절대적으로 무효이다. 즉 **양수인은 회사에 대하여 주주의 지위를 대항할 수 없으며, 회사도 양수인을 주주로 인정할 수 없고, 설사 회사가 명의개서를 경료해주어도 명의개서는 무효이며, 회사가 주권을 발행해주어도 그 주권은 무효이다.** 판례 4-21

다만 이를 위반한 주식양도계약의 당사자 사이에서 채권적 효력은 인정되기 때문에 양수인은 양도인이 회사에 대하여 갖는 주권발행청구권을 대위행사할 수 있다. 이때 회사에 대하여 양수인이 자신에게 직접 발행하도록 청구할 수는 없으나, 양도인에게 주권을 발행하도록 청구할 수는 있으므로 양수인은 주권을 발행받은 양도인에게 주권의 교부를 청구하면 된다. 판례 4-22

한편 **회사성립 또는 신주의 납입기일 후 6월이 경과하지 않은 상태에서 주권발행 전 주식양도가 이루어졌으나 6월이 경과하였다면 주식양도제한 위반의 하자가 치유된다고 본다(통설·판례).** 따라서 6월 경과전 이루어진 주식양도는 유효한 것으로 인정되며 양수인은 회사에 대하여 명의개서를 청구할 수 있다.

다만 이때 주식양도제한을 위반하여 발행된 주권의 하자는 유가증권의 특성상 치유될 수 있는 것이 아니므로 6월이 경과하더라도 주권은 여전히 무효이다. 따라서 6월 경과에 의하여 하자가 치유된 양수인은 회사에 대하여 새롭게 유효한 주권을 발행해 줄 것을 청구해야 할 것이다.

다. 6월 경과 후 지명채권 양도방법에 의한 주식양도

회사성립 또는 신주의 납입기일 후 6월이 경과하였다면 주주는 주권없이도 적법하게 주식을 양도할 수 있다(§335③ 단서). 주권발행 전 주식양도는 민법에서 정하고 있는 **지명채권 양도방법**에 의하면 된다(통설·판례). 따라서 주식을 거래하려는 당사자의 양도합의에 의하여 주식이 양도된다.

이때 주식양도 청구를 소송상 청구하는 것이 문제될 수 있다. 주권발행 전 주식의 양도를 명하는 판결은 '의사의 진술을 명하는 판결'에 해당하기 때문에 판결확정에 의하여 일방적으로 주식양수인의 지위를 취득할 수 있다. 만약 양수인의 채권자가 주식양도청구권에 대하여 가압류를 해놓은 상황이라면 법원은 가압류 해제를 조건으로 삼아서 주권발행 전 주식의 양도를 명할 수 있다.판례 4-23

라. 지명채권양도의 대항요건과 이중양도

> **민법 §450(지명채권양도의 대항요건)**
> ① 지명채권의 양도는 양도인이 채무자에게 통지하거나 채무자가 승낙하지 아니하면 채무자 기타 제3자에게 대항하지 못한다.
> ② 전항의 통지나 승낙은 확정일자 있는 증서에 의하지 아니하면 채무자 이외의 제3자에게 대항하지 못한다.

회사에 대한 대항요건으로는 원칙적으로 양도인의 통지 또는 회사의 승낙이 있어야 하지만(민법 §450①), 판례는 이를 완화하였는바 양수인 스스로 주식양수 사실을 입증하여 회사에 명의개서를 청구하는 것도 적법한 것으로 인정한다.판례 4-24

이중양도 등으로 인해 <u>양수인과 양립할 수 있는 권리를 주장하는 제3자</u>가 있다면, 그런 **제3자에 대한 대항요건**으로 확정일자 있는 증서에 의한 통지 또는 승낙을 갖추어야 한다(민법 §450②). 따라서 이중양도의 제2양수인이 확정일자 있는 양도통지를 하였다면 제2양수인이 주주의 지위를 취득한다. 만약 제1양수인과 제2양수인이 모두 제3자에 대한 대항요건을 갖추었다면 확정일자 있는 양도통지가 **'회사에 도달한 일시'를 기준**으로 결정한다.판례 4-25 확정일자 없이 양도통지를 하고 나중에 그 증서에 확정일자를 받았다면 제3자에 대한 대항력은 **확정일자 이후의 장래**에 대하여 발생한다.판례 4-26

마. 제3자에 대한 대항요건을 모두 갖추지 못한 이중양도

주권미발행 회사의 주식이 이중양도된 경우, 제1양수인과 제2양수인이 모두 **제3자에 대한 대항요건**을 갖추지 못하였다면 서로에 대하여 대항할 수 없다. 이러한 특수상황에서는 제2양수인이 제1양수인에 대한 관계에서 우선적 지위에 있음을 주장할 수 없으므로 회사에게 제1양수인의 명의개서를 말소해달라고 청구할 수 없으며, 설사 **회사가 제2양수인의 청구에 의하여 제1양수인의 명의개서를 말소하고 제2양수인 명의로 명의개서를 해주어도 이는 위법무효이므로 여전히 제1양수인의 명의개서가 유효하며 회사에 대하여 주주권을 행사할 수 있는 자는 제1양수인이다.** 판례 4-26 이와 같이 '먼저 회사에 대한 통지를 마친 제1양수인이 결과적으로 주주의 지위를 취득한 것으로 인정된다'는 입장을 **선통지설**이라 한다.

참고로 위와 같은 상황에서 명의개서를 누가 먼저 경료했는지 여부는 주주의 지위를 결정하는데 고려되지 않는다. 무권리자의 명의개서는 무효이기 때문에 존재하지 않는 것으로 여기고 이를 제외한 최종의 명의개서를 경료한 명의자가 회사에 대하여 주주권을 행사할 수 있는 자이다. 판례 4-27 나아가 이러한 사정에 대하여 악의인 회사는 제2양수인의 위법무효인 명의개서에 대하여 면책력을 주장할 수 없다.

예를 들어, 제1양수인이 명의개서를 한 적이 없다면 제2양수인의 위법무효인 명의개서를 제외한 최종의 명의개서 명의자인 양도인이 회사에 대하여 주주권을 행사할 수 있기 때문에 어부지리로 이익배당을 받는 경우도 있다. 다만 양도인은 이러한 이익에 대하여 양수인과의 개인법적 관계에서 반환해야 할 것이며, 이중양도에 의하여 제1양수인이 주주의 지위를 취득하지 못하게 만들었다면 그에 대하여 불법행위로 인한 손해배상책임도 부담한다. 판례 4-28

바. 제3자에 대한 대항요건이 필요 없는 경우

① **제2양수인이 양도인의 이중양도라는 배임행위에 적극 가담한 경우, 제2양수인에 대한 이중양도 행위는 사회질서에 반하는 법률행위로서 무효이다.** 판례 4-29 제2양수인이 확정일자 있는 양도통지를 먼저 마쳤더라도 이중양도 자체가 무효이기 때문에 제2양수인은 아무런 권리 주장을 할 수 없으며 명의개서를 경료하였더라도 위법·무효이다. 이때 제1양수인이 제3자에 대한 대항요건을 갖추지 못하였더라도 제2양수인은 제1양수인과 양립할 수 있는 권리를 주장할 수 있는 자가 아니기 때문에 제1양수인은 제3자에 대한 대항요건이 필요 없으며 회사에 대하여 주주로서 명의개서를 청구할 수 있다.

② 주권발행 전 주식의 양도계약이 해제되었다면 계약의 이행으로 제1양수인에게

이전되었던 주식은 당연히 양도인에게 복귀한다.[판례 4-30] 이때 제1양수인의 통지도 필요하지 않다. 나아가 양도인이 위 양도계약 해제 이후 제2양수인에게 주식을 양도하였다면 제2양수인은 적법하게 주주의 지위를 취득하며 제1양수인과의 관계에서 제3자에 대한 대항력을 갖출 필요가 없다.[판례 4-31]

| 도표 4-4 | 주주지위 관련 복합문제 정리

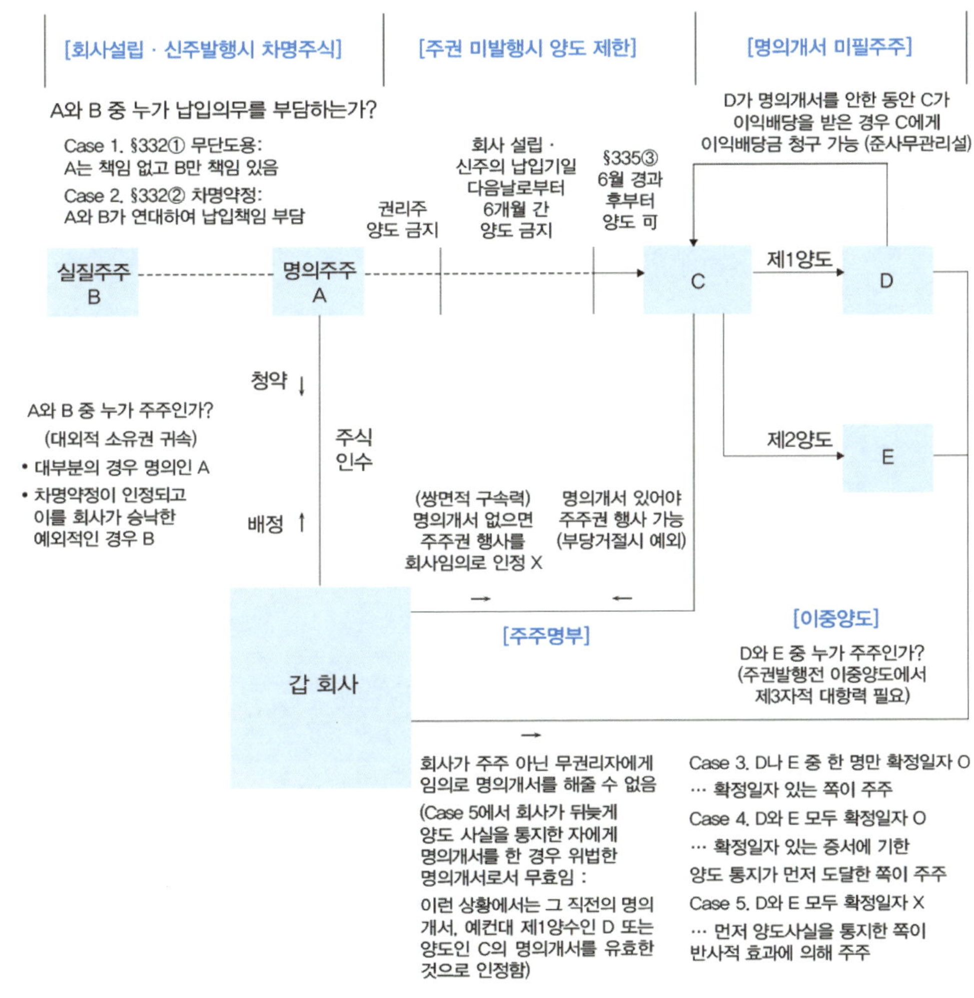

NASDAQ & Shanghai

CHAPTER

5

주식의 특수쟁점

1. 자기주식취득의 제한
2. 자회사의 모회사 주식 취득금지
3. 상호보유주식의 규제
4. 지배주주의 소수주식취득
5. 주식담보
6. 주식소각

Chapter 5

주식의 특수쟁점

1 자기주식취득의 제한

(1) 자기주식취득 규제의 취지

자기주식취득은 회사의 자본적 기초를 위태롭게 하여 회사와 주주 및 채권자의 이익을 해하고 주주평등의 원칙을 해하며 대표이사 등에 의한 불공정한 회사지배를 초래하는 등의 여러 가지 폐해를 생기게 할 우려가 있으므로 원칙적으로 금지하였다. 판례 5-1 회사가 자기주식을 취득하면서 지급하는 대가만큼 재산적 기초가 부실해지므로 주식대금을 납입받은 것이 무의미해질 수 있으며, 회사의 대표이사는 개인적으로 주식을 소유하는 것이 아님에도 불구하고 자기주식에 대한 의결권을 행사할 수 있으므로 주주총회의 결정에 경영진이 영향을 주는 지배구조의 왜곡이 발생할 수 있기 때문이다.

따라서 이러한 문제를 방지하도록 자기주식의 취득요건과 효과를 규제하는 것이며, 개정상법에서도 여전히 법이 정한 방식에 의해서만 자기주식의 취득이 허용된다는 원칙에는 변함이 없다. 판례 5-2

(2) 배당가능이익에 의한 자기주식취득 ☆

§341(자기주식의 취득)
① 회사는 다음의 방법에 따라 자기의 명의와 계산으로 자기의 주식을 취득할 수 있다.
② 제1항에 따라 자기주식을 취득하려는 회사는 미리 주주총회의 결의로 다음 각 호의 사항을 결정하여야 한다. 다만, 이사회의 결의로 이익배당을 할 수 있다고 정관으로 정하고 있는 경우에는 이사회의 결의로써 주주총회의 결의를 갈음할 수 있다.

가. 의의

자기주식취득에 따른 폐해가 발생하지 않는 범위에서는 회사가 자기주식을 취득할 수 있다. 자기주식을 취득하려면 원칙적으로 주주총회의 결의가 필요하다(§341② 본문).

다만 특이하게도 **이익배당**을 이사회 권한사항으로 정관에 규정한 회사에서는 자기주식취득도 이사회 결의로 갈음할 수 있다(§341② 단서). 자기주식 취득이나 이익배당 모두 (i) 배당가능이익 범위 내에서 허용되고, (ii) 기존 주주들에게 지분에 비례하여 평등하게 실행된다. 따라서 실무적인 관점에서는 기존 주주에게 이익을 환원하기 위한 호환적인 수단으로 여기며, 세금 부과방식이 다르기 때문에 상황에 맞추어 주주들이 희망하는 방식을 선택하게 된다. 이러한 관점이 결정권자에 관한 법률의 태도에도 영향을 주었다.

> **§341(자기주식의 취득)**
> ① 다만, 그 취득가액의 총액은 직전 결산기의 대차대조표상의 순자산액에서 제462조 제1항 각 호의 금액을 뺀 금액을 초과하지 못한다.
> ③ 회사는 해당 영업연도의 결산기에 대차대조표상의 순자산액이 제462조 제1항 각 호의 금액의 합계액에 미치지 못할 우려가 있는 경우에는 제1항에 따른 주식의 취득을 하여서는 아니 된다.
> ④ 해당 영업연도의 결산기에 대차대조표상의 순자산액이 제462조 제1항 각 호의 금액의 합계액에 미치지 못함에도 불구하고 회사가 제1항에 따라 주식을 취득한 경우 이사는 회사에 대하여 연대하여 그 미치지 못한 금액을 배상할 책임이 있다. 다만, 이사가 제3항의 우려가 없다고 판단하는 때에 주의를 게을리하지 아니하였음을 증명한 경우에는 그러하지 아니하다.
> **§462(이익의 배당)** ① 회사는 대차대조표의 순자산액으로부터 다음의 금액을 공제한 액을 한도로 하여 이익배당을 할 수 있다.
> 1. 자본금의 액
> 2. 그 결산기까지 적립된 자본준비금과 이익준비금의 합계액
> 3. 그 결산기에 적립하여야 할 이익준비금의 액
> 4. 대통령령으로 정하는 미실현이익

나. 절차적 규제

자기주식취득의 재원은 **배당가능이익**으로 한다(§341① 단서). 배당가능이익의 계산은 법정 방식에 따른다(§462①). 회사가 자기주식을 취득하는 경우 당기의 순자산이 그 취득가액의 총액만큼 감소하는 결과 배당가능이익도 같은 금액만큼 감소한다. 배당가능이익을 초과하지만 않는다면 회사가 자금을 차입하여 차입금으로 자기주식을 취득하는 것도 허용된다. 판례 5-3

자기주식취득의 방법은 **주주평등의 원칙**을 준수하여야 한다. 상장회사에서 자기주식을 거래소에서 매수하는 경우에는 특정 주주에게 혜택을 주는 것으로 인정하지 않기 때문에 주주평등원칙의 위반이 문제되지는 않으나(§341①(i)), 비상장회사에서 자기주식을 매수할 때에는 모든 주주에게 동등한 기회를 부여해야 한다(§341①(ii), 시행령

§§9-10). 특정 주주의 주식을 협의에 의하여 회사가 매수해주는 방식은 주주평등의 원칙을 위반하는 자기주식취득이므로 허용되지 않는다.

다. 결정과 책임

주주총회는 자기주식취득 여부를 결정하면서 자기주식 **취득기간**과 **취득가액의 한도**를 함께 정한다(§341②(ii),(iii)). 이때 1년 이내에서 취득기간을 정하면, 이사회는 당해 기간 중 제반사정을 감안하여 구체적인 취득시기를 결정한다.

그러나 **해당 영업연도의 결산기에 '배당가능이익이 부족할 우려'가 있는 경우에는 주주총회의 결정에도 불구하고 자기주식을 취득해서는 안 된다**(§341③). 이를 위반한 경우 이사는 위법한 자기주식취득에 의하여 회사에 야기한 결손금액 상당의 손해배상책임을 부담한다(§341④ 본문). 다만 이사는 자신의 무과실을 스스로 입증하여 책임을 면할 수 있다(§341④ 단서).

(3) 법률규정에 의한 자기주식취득

> **§341-2(특정목적에 의한 자기주식의 취득)** 회사는 다음 각 호의 어느 하나에 해당하는 경우에는 제341조에도 불구하고 자기의 주식을 취득할 수 있다.
> 1. 회사의 합병 또는 다른 회사의 영업전부의 양수로 인한 경우
> 2. 회사의 권리를 실행함에 있어 그 목적을 달성하기 위하여 필요한 경우
> 3. 단주의 처리를 위하여 필요한 경우
> 4. 주주가 주식매수청구권을 행사한 경우

배당가능이익에 의하여 자기주식을 취득하는 경우가 아니라면 자기주식취득은 회사의 자산을 유출함으로써 자본충실의 원칙에 반할 수 있기 때문에 원칙적으로 허용되지 않는다. 다만 **법률에 의하여 허용된 경우**에는 예외적으로 자기주식취득이 가능하다(§341-2).

또한 회사가 무상으로 자기주식을 취득하는 때와 같이 '**회사의 자본적 기초를 위태롭게 하거나 회사 채권자와 주주의 이익을 해한다고 할 수 없는 경우**'에도 예외적으로 자기주식의 취득이 허용된다. 판례 5-4

(4) 자기주식취득의 효과

자기주식취득을 위해 요구되는 적법절차가 준수되지 않았다면 **위법한 자기주식취득은 무효**라는 것이 다수설과 판례의 입장이다. 판례 5-2 자기주식취득은 자본충실의 원칙에 반할 수 있기 때문에 엄격한 규제 하에서만 허용되어야 한다.

회사가 가진 자기주식은 의결권이 없다(§369). 나아가 통설은 자기주식의 공익권과 자익권도 인정하지 않는다. 다만 자기주식을 제3자에게 양도하면 의결권을 포함하여 모든 주주권이 부활된다. 종전에는 자기주식을 일정한 기간 내에 처분하도록 했었지만, 개정상법에서는 자기주식 처분의무를 삭제하면서 이사회의 결정으로 자기주식을 처분할 수 있는 것으로 규정하였다(§342).

실무적으로 회사들은 자기주식을 계속 보유하다가 적절한 시기에 우호주주(백기사)에게 처분함으로써 경영권 방어에 활용하고 있지만 많은 비판이 있다. 자기주식을 제3자에게 처분하는 것은 자기주식을 소각한 뒤에 제3자 배정방식으로 신주를 발행하는 것과 동일한 구조를 갖기 때문에 기존주주에게 피해를 줄 수 있기 때문이다. 특히 경영권 방어 목적으로 백기사에게 자기주식을 처분하는 것은 현행법의 규제를 우회하는 편법으로 남용될 소지가 크다. 이에 주요국 입법례는 자기주식을 제3자에게 처분할 때 신주발행에 준하는 규제를 하는 것이 일반적이다.

(5) 자기주식취득 규제의 적용범위 ☆

회사가 자기의 명의로 자기주식을 취득하는 경우가 아니더라도, 자기주식취득의 규제가 적용될 수 있다. 즉 **회사가 제3자의 명의로 자기주식을 취득하더라도 ① 그 주식취득을 위한 자금이 회사의 출연에 의한 것이고, ② 그 주식취득에 따른 손익이 회사에 귀속되는 경우라면, 회사의 자본적 기초를 위태롭게 할 우려가 있다는 점에서 자기주식취득 규제가 적용된다.** 판례 5-1 단순히 회사에서 제3자에게 주식취득을 위한 금융지원을 하였다는 점만으로는 주식취득에 따른 손익이 회사에 귀속된다고 인정할 수 없으므로 회사가 자기주식을 취득한 것으로 볼 수 없다. 판례 5-5

판례는 유상증자를 실시하려는 A종합금융회사가 B에게 대출해 준 100억 원을 B의 신주인수대금으로 납입받았는데, ① B가 인수한 주식 전부를 A종합금융회사에 대출금의 담보로 제공하면서, ② 만약 A종합금융회사가 영업정지를 받는 등의 사유가 발생하면 그 전일의 날짜로 A종합금융회사에게 B가 위 주식의 환매를 청구할 수 있는 권리가 발생한 것으로 간주하고, ③ 그 환매가격은 발행가액과 같게 정하여 B의 위 대출금 채무와 상계된 것으로 처리하고 그 밖에 이자 등 A종합금융회사가 갖는 일체의 채권은 상실하는 것으로 계약을 체결한 사안에서, 위 계약의 실질은 A종합금융회사가 주식취득 자금을 지원하면서 주식인수에 따른 손익을 A종합금융회사에 귀속시키기로 하는 것이어서 자기주식취득에 해당한다고 판시하였다. 판례 5-1

위 판례에서 마치 파생상품 거래와 같이 손해와 이익을 모두 회사에게 전가하는 방식은 아니었지만, 주가하락의 손해를 회사에게 떠넘겨서 회사의 자본충실을 해칠 수 있기 때문에 자기주식취득 규제가 적용되어야 한다고 판단한 것으로 이해된다.

(6) 자기주식에 대한 질권취득의 제한

> **§341-3(자기주식의 질취)** 회사는 발행주식총수의 20분의 1을 초과하여 자기의 주식을 질권의 목적으로 받지 못한다. 다만, 제341조의2 제1호 및 제2호의 경우에는 그 한도를 초과하여 질권의 목적으로 할 수 있다.

2 자회사의 모회사 주식 취득금지

> **§342-2(자회사에 의한 모회사주식의 취득)**
> ① 다른 회사의 발행주식의 총수의 50%를 초과하는 주식을 가진 회사(모회사)의 주식은 다음의 경우를 제외하고는 그 다른 회사(자회사)가 이를 취득할 수 없다.
> 1. 주식의 포괄적 교환, 주식의 포괄적 이전, 회사의 합병 또는 다른 회사의 영업전부의 양수로 인한 때
> 2. 회사의 권리를 실행함에 있어 그 목적을 달성하기 위하여 필요한 때
> ② 제1항 각호의 경우 자회사는 그 주식을 취득한 날로부터 6월 이내에 모회사의 주식을 처분하여야 한다.
> ③ 다른 회사의 발행주식의 총수의 50%를 초과하는 주식을 모회사 및 자회사 또는 자회사가 가지고 있는 경우 그 다른 회사는 이 법의 적용에 있어 그 모회사의 자회사로 본다.

100% 지분을 가져야만 모회사인 것은 아니다. 다른 회사의 지분 50%를 초과하여 소유하면 모회사로 정의된다(§342-2①). 또한 모회사와 자회사가 합산하여 50%를 초과하는 지분을 갖는 경우 또는 자회사의 자회사에 해당하는 경우에는 손회사라 부른다(§342-2③).

자기주식취득이 금지되는 것과 마찬가지로 자회사는 모회사의 주식을 취득할 수 없으며, 손회사 역시 모회사의 주식을 취득할 수 없다. 모회사가 자회사에 출자한 금원으로 자회사가 모회사의 주식을 취득하면서 납입을 한다면 자본금은 형식적으로는 증가하겠지만 순환출자에 불과하기 때문에 실질적으로 자본금이 증가하지 않으며 결과적으로 자본금 공동화 현상이 발생하기 때문이다. 이를 위반하여 모회사 주식을 취득한다면 위법한 자기주식취득의 경우와 같이 무효로 본다.

합병 등의 구조조정 또는 채권실행을 위한 강제집행 과정에서 모회사의 주식을 취득하는 것은 예외적으로 허용된다(§342-2①(i),(ii)). 이 경우 모회사 주식의 의결권 등 자익권과 공익권이 인정되지 않으며, 6월 이내에 모회사의 주식을 처분해야 한다(§342-2②). 특히 자회사가 삼각합병을 실시하는 경우에 모회사 주식을 취득하여 합병대가로 지급하는 방식에서 활용될 수 있다.

3 상호보유주식의 규제

(1) 상호주의 의결권 제한 ☆

> **§369(의결권)** ③ 회사, 모회사 및 자회사 또는 자회사가 다른 회사의 발행주식의 총수의 10분의 1을 초과하는 주식을 가지고 있는 경우 그 다른 회사가 가지고 있는 회사 또는 모회사의 주식은 의결권이 없다.

두 회사가 서로 상대방 회사가 발행한 주식을 교차하여 소유하고 있는 경우에 각자 소유하고 있는 상대방 회사의 주식을 **상호보유주식** 또는 **상호주**라 한다. A회사가 B회사에게 주식 1주를 발행하면서 5천 원을 납입받고, A회사는 그 돈으로 다시 B회사의 주식 1주를 인수하는 방식을 반복한다면 A회사와 B회사는 5천 원을 계속 주고 받으면서 형식적으로는 무한하게 증자할 수 있으나 실질적으로는 자본금이 공동화된 상태이다.

또한 상호주로 인하여 서로에 대한 의존도가 높아진다면 주주총회에서 주주들이 결정해야 할 중요사안에 대하여 회사 경영진이 영향력을 행사할 수 있기 때문에 지배구조의 왜곡이 발생한다. 따라서 이러한 폐해를 방지하기 위하여 상호주의 의결권을 배제하는 방식으로 규제가 이루어지며, 의결권이 없으므로 주주총회 소집통지를 받을 권리도 없다. 다만 그 밖의 자익권이나 공익권은 제한되지 않는다.

의결권 행사가 제한되는 상호주 관계의 유형은 다음과 같다(§369③).

첫째, **A회사가 B회사의 발행주식총수의 10%를 초과하는 주식을 소유한 경우라면 B회사가 소유한 모든 A회사 주식은 상호주로서 의결권 행사가 제한된다.** 이때 만약 B회사도 마찬가지로 A회사의 발행주식총수의 10%를 초과하는 주식을 소유하고 있다면 A회사가 소유한 모든 B회사 주식 역시 상호주로서 의결권 행사가 제한된다. 결과적으로 서로에 대하여 아무런 의결권 행사를 할 수 없다.

둘째, A회사와 A회사의 자회사(C)가 소유지분을 합산함으로써 B회사의 발행주식총수의 10%를 초과하는 주식을 소유한 경우라면 B회사가 소유한 A회사의 모든 주식은 상호주로서 의결권 행사가 제한된다. 다만 A회사의 자회사(C)의 주식을 B회사가 소유하고 있더라도 상호주 제한이 적용되지 않으므로 B회사는 A회사의 자회사(C)의 주식에 대한 의결권을 행사할 수 있다.

셋째, A회사의 자회사(C)가 B회사의 발행주식총수의 10%를 초과하는 주식을 소유한 경우에도 B회사가 소유한 모든 A회사 주식은 상호주로서 의결권 행사가 제한된다. 이 경우에 A회사의 자회사(C)의 주식을 B회사가 소유하였더라도, 이미 A회사의 자회사(C)가 B회사의 발행주식총수의 10%를 초과하는 주식을 소유한 상태이므로 B회사는 상호주로서 A회사의 자회사(C) 주식에 대하여 의결권을 행사할 수 없다.

의결권 행사가 제한되는 상호주에 해당하는지 여부를 판단하는 시점은 실제로 의결권이 행사되는 A회사의 **주주총회일을** 기준으로 한다. 이때 상호주 관계를 판단함에 있어서는 **주주로서 명의개서가 경료되었는지 여부를 고려하지 않으며 실제로 소유하고 있는 주식수를 기준으로 판단한다.** 판례 5-6 상호주 관계를 판단할 때 발행주식총수는 의결권이 배제되거나 제한되는 종류주식도 포함하여 계산한다.

[대법원 2009. 1. 30. 선고 2006다31269 판결]

사실관계: B회사가 A회사의 발행주식총수의 43.4%에 해당하는 주식을 소유하고 명의개서를 경료한 상태에서 A회사가 주주총회를 개최하겠다는 통지를 하여 주주인 B회사는 의결권을 행사할 계획이었으나, 갑자기 A회사의 자회사(C)가 B회사의 발행주식총수의 27%에 해당하는 주식을 취득하였다.

판결요지: A회사의 자회사(C)가 아직 B회사의 주주로 명의개서를 경료하지는 않았으나, 상호주 판단은 실제로 소유하고 있는 주식수를 기준으로 하며 그에 관하여 주주명부상의 명의개서를 하였는지 여부와는 관계가 없다. 따라서 A회사의 주주총회일을 기준으로 A회사의 주주인 B회사의 지분을 A회사의 자회사(C)가 10%를 초과하여 소유하고 있기 때문에 상호주 관계에 해당하며, B회사는 상호주로서 A회사 주식의 의결권을 행사할 수 없다.

(2) 주식취득의 통지의무

§342-3(다른 회사의 주식취득) 회사가 다른 회사의 발행주식총수의 10분의 1을 초과하여 취득한 때에는 그 다른 회사에 대하여 지체없이 이를 통지하여야 한다.

다른 회사의 발행주식총수의 10%를 초과하여 취득하는 회사는 상대방 회사에게 이러한 사실을 통지할 의무가 있다(§342-3). 명의개서를 경료했는지 여부와 상관이 없다. 통지의무를 위반한 주식은 의결권이 제한된다.

이는 경영권의 안정을 위협받게 된 다른 회사가 역으로 상대방 회사의 발행주식총수의 10%를 초과하여 취득함으로써 상호주로서 서로 상대 회사에 대하여 의결권을 행사할 수 없도록 방어조치를 취하여 다른 회사의 지배가능성을 배제하고 경영권의 안정을 도모하도록 하기 위한 것이다. 판례 5-7

만약 여러 주주들로부터 개별안건에 대한 찬반 의견을 표시하게 하여 의결권을 대리행사하는 경우라면, 발행주식총수의 10%를 초과하는 지분의 의결권을 대리행사하는 회사에게 위와 같은 통지의무가 유추적용되지는 않는다. 판례 5-7

4 지배주주의 소수주식취득

(1) 지배주주의 매도청구권 ☆

§360-24(지배주주의 매도청구권)
① 회사의 발행주식총수의 95% 이상을 자기의 계산으로 보유하고 있는 주주(지배주주)는 회사의 경영상 목적을 달성하기 위하여 필요한 경우에는 회사의 다른 주주(소수주주)에게 그 보유하는 주식의 매도를 청구할 수 있다.
③ 제1항의 매도청구를 할 때에는 미리 주주총회의 승인을 받아야 한다.
⑥ 제1항의 매도청구를 받은 소수주주는 매도청구를 받은 날부터 2개월 내에 지배주주에게 그 주식을 매도하여야 한다.
⑦ 제6항의 경우 그 매매가액은 매도청구를 받은 소수주주와 매도를 청구한 지배주주 간의 협의로 결정한다.

가. 의의 및 절차

회사의 발행주식총수의 95% 이상을 자기 계산으로 보유하는 주주를 **지배주주**라 정의하며, 이러한 지배주주가 존재하는 회사의 다른 주주들을 **소수주주**라 한다. 이는 일반적인 지배주주와 소수주주의 개념에 부합하는 것은 아니며, 제360조의24 내지 제360조의26 규정에 의하여 지배주주가 소수주주의 주식을 전부 취득하는 경우에만 적용된다.

지배주주는 주주총회결의를 거쳐서 소수주주의 주식을 전부 취득하기 위한 매도청구를 할 수 있다(§360-24①,③). 지배주주는 의결권이 제한되는 특별이해관계인으로 보지 않는다. 주주총회를 통하여 소수주주가 절차적 참여의 기회를 제공받는 것에 그칠 뿐 주주총회의 실질적인 통제 기능을 행사하기는 어렵다.

지배주주의 매도청구는 **회사의 경영상 목적**을 달성하기 위하여 필요하다고 인정되어야 적법하다(§360-24①). 소수주주에 대한 주주관리비용을 절감하겠다는 것도 포함될 것이어서 어려운 요건은 아니다. 다만 지배주주의 매도청구는 소수주주의 주식 일부가 아닌 전부를 취득하기 위하여 행사되어야 한다. 판례 5-8

나. 지배주주의 판단

지배주주는 주식을 이전받을 때까지 자기의 계산으로 보유하는 지분이 95% 이상이어야 하지만 누구의 명의로 취득하였는지는 고려하지 않는다. 지배주주의 지분을 계산할 때에는 자회사의 지분도 합산하며, 지배주주가 개인이라면 그가 과반수의 지분을 소유한 회사의 지분도 합산한다(§360-24②).

회사가 자기주식을 보유하는 경우에 판례는 **발행주식총수(분모)에 자기주식을 합산한 상태에서 지배주주 지분(분자)에 자기주식도 포함하여 지배주주 여부를 판단한다.** 판례 5-9 즉 모회사가 자회사의 지분 84.96%를 보유하고 자회사가 자기주식으로 13.14%를 보유한 상태라면, 자기주식을 합산한 발행주식총수(분모) 중 모회사가 보유한 자회사 주식과 자회사의 자기주식을 합산한 주식(분자)의 지분비율이 98.1%이므로 모회사는 지배주주로서 소수주주의 주식을 전부 취득할 수 있다고 판시하였다.

다만 회사 자금을 활용하여 자기주식을 대량 매집함으로써 지배주주의 지위를 쉽게 차지할 수 있기 때문에 제도적 남용이 우려된다는 비판이 있다.

다. 효과

지배주주의 매도청구권은 형성권이며 매도청구가 이루어진 시점에 매매계약은 체결된다. 다만 매매가액이 결정되지 않았기 때문에 이를 정하여 지배주주는 2개월 내에 대금을 지급하여야 한다(§360-24⑥). 2개월의 이행기를 경과하면 지배주주는 지체책임을 부담한다.

매매가액은 당사자 협의에 의하여 결정하는 것이 원칙이지만(§360-24⑦), 합의에 실패하면 법원에서 공정한 매매가액을 결정한다(§360-24⑧,⑨). **매매가액이 결정되지 않은 상태에서 2개월의 이행기를 경과하더라도 지배주주에게 일단 지체책임이 발생하며 나중에 매매가액이 결정되면 그에 따라 구체적인 지연손해금이 산정된다.**

결정된 매매가액을 지배주주가 소수주주에게 지급하면 주식이 이전되는데, 소수주주가 매매가액의 수령을 거절하면 지배주주가 매매가액을 공탁함으로써 주식이 이전된다(§360-26). 그러나 매매가액이 적법하게 결정되지 않은 상태에서 지배주주가 일방적으로 산정한 금액을 공탁하는 것으로는 주식이 이전되지 않는다. 판례 5-8

(2) 소수주주의 매수청구권

§360-25(소수주주의 매수청구권)
① 지배주주가 있는 회사의 소수주주는 언제든지 지배주주에게 그 보유주식의 매수를 청구할 수 있다.
② 제1항의 매수청구를 받은 지배주주는 매수를 청구한 날을 기준으로 2개월 내에 매수를 청구한 주주로부터 그 주식을 매수하여야 한다.
③ 제2항의 경우 그 매매가액은 매수를 청구한 주주와 매수청구를 받은 지배주주 간의 협의로 결정한다.

지배주주가 회사 경영상 편의를 위하여 소수주주를 축출할 수 있도록 규정한 것에 상응하여 소수주주에게도 회사에 주식을 매도하고 투자금을 회수하여 나갈 수 있도록 지배주주에 대한 매수청구권이 인정된다(§360-25①).

이 경우 지배주주의 매도청구와 달리 주주총회 승인이 필요없으며, 경영상 목적도 요구되지 않으며, 소수주주 중 일부만 매수청구권을 행사하는 것도 가능하다. 다만 지배주주가 95% 이하로 지분을 감소시키면 소수주주의 매수청구가 불가능하므로 소수주주의 권리를 실질적으로 보호하지 못하는 요식적인 제도에 불과하다는 비판이 있다.

5 주식담보

(1) 주식에 대한 질권 설정

§338(주식의 입질)
① 주식을 질권의 목적으로 하는 때에는 주권을 질권자에게 교부하여야 한다.
② 질권자는 계속하여 주권을 점유하지 아니하면 그 질권으로써 제3자에게 대항하지 못한다.
§339(질권의 물상대위) 주식의 소각, 병합, 분할 또는 전환이 있는 때에는 이로 인하여 종전의 주주가 받을 금전이나 주식에 대하여도 종전의 주식을 목적으로한 질권을 행사할 수 있다.
§340(주식의 등록질) ① 주식을 질권의 목적으로 한 경우에 회사가 질권설정자의 청구에 따라 그 성명과 주소를 주주명부에 덧붙여 쓰고 그 성명을 주권에 적은 경우에는 질권자는 회사로부터 이익배당, 잔여재산의 분배 또는 제339조에 따른 금전의 지급을 받아 다른 채권자에 우선하여 자기채권의 변제에 충당할 수 있다.

주식에 대하여 질권을 설정하는 방법은 두 가지가 있다.

첫째, **약식질**은 당사자 사이에 질권 설정의 합의와 주권의 교부가 있으면 된다(§338①). 약식질을 제3자에게 대항하기 위해서는 주권을 계속 점유할 필요가 있다(§338②).

둘째, **등록질**은 질권 설정의 합의와 주권의 교부에 더하여 질권자의 성명과 주소를 주주명부에 기재해야 한다(§340①). 이때 질권 설정자에 해당하는 주주의 청구에 의하여 회사가 주주명부에 기재한다. 등록질권자는 회사에 대하여 권리를 입증할 필요없이 권리를 행사할 수 있으며, 제3자에 대하여 대항하기 위해서는 주권을 계속 점유할 필요가 있다(§338②).

질권의 효력은 주식의 변형물에 대해서도 미치기 때문에 물상대위권을 행사할 수 있고(§339), 등록질의 경우에는 주식의 변형물이 아닌 이익배당청구권과 잔여재산분배청구권에 대해서도 효력이 미친다(§340①). 다만 질권자가 의결권 등의 공익권을 주주를 대신하여 행사할 수는 없다.

(2) 주식에 대한 양도담보의 설정

채무자가 채무담보 목적으로 주식을 채권자에게 양도하여 채권자가 주주명부상 주주로 기재된 경우(**등록양도담보**), 그 양수인은 주주로서 주주권을 행사할 수 있고 회사 역시 주주명부상 주주인 양수인(양도담보권자)의 주주권 행사를 허용해야 한다. 판례 5-10

나아가 양도담보권자의 권리에 관하여 판례는 '**신탁적 소유권설**'에 의한다. 즉 **양도담보권자가 대외적으로 주식의 소유권자이므로, 양도담보권 설정자는 양도담보권자로부터 담보 주식을 매수한 자에 대하여 소유권을 주장할 수 없다.** 판례 5-11

설사 피담보채무가 변제로 소멸하였더라도 양도담보권자의 명의개서가 유지되고 있다면, 양도담보권자에게 담보주식의 반환을 청구하는 등의 조치가 없는 이상, 양도담보권자가 여전히 주주이며 회사에 대하여 주주권을 행사할 수 있다. 판례 5-10

이와 같은 등록양도담보와 달리, 명의개서를 하지 않는 **약식양도담보**도 가능하다. 참고로 약식양도담보와 약식질은 당사자가 무엇을 의도했는지에 따라서 구별될 뿐이며 외형적인 구별은 곤란하기 때문에, 당사자의 의사가 불분명하다면 담보권자에게 유리한 양도담보로 해석하는 것이 다수설의 입장이다.

상법 제59조에서는 유질계약을 허용하기 때문에 소유권을 취득하는 형태의 양도담보도 가능하다. 다만 약식양도담보권자는 명의개서를 하지 않았기 때문에 회사에 대하여 주주권을 행사할 수는 없다.

(3) 주권미발행의 경우

원칙적으로 주주가 주식에 대하여 담보를 설정하는 것은 자유롭게 할 수 있다. 다만 권리주를 담보로 제공하는 것이 당사자 사이에 채권적 효력은 있겠으나 회사에 대한 효력은 없으며, 회사성립 또는 신주의 납입기일 후 6월이 경과하지 않은 상태에서 주권이 발행되지 않은 주식을 담보로 제공하는 것 역시 당사자 사이에 채권적 효력은 있겠으나 회사에 대한 효력은 없다. 반면 회사성립 또는 신주의 납입기일 후 6월이 경과한 상태에서 여전히 주권이 발행되지 않은 주식을 담보로 제공할 경우에는 민법 제346조에 의한 **권리질권** 설정의 일반원칙에 의하면 된다. 판례 5-12

6 주식소각

§343(주식의 소각) ① 주식은 자본금 감소에 관한 규정에 따라서만 소각할 수 있다. 다만, 이사회의 결의에 의하여 회사가 보유하는 자기주식을 소각하는 경우에는 그러하지 아니하다.

주식의 **소각**이란 회사가 발행하였던 주식을 절대적으로 소멸시키는 회사의 행위이다. 사실상의 소각행위가 필요한 것은 아니며 관념적으로 소각의 효력발생일을 결정하면 그 때부터 소멸의 효과가 발생한다. 주식을 소각하더라도 미발행주식수가 변동되지는 않는다.

개정상법은 두 가지 방법으로 주식소각을 허용한다. 즉, (i) 자본금 감소절차에 의하여 주식을 소각하는 방식(§343① 본문)과 (ii) 회사가 취득한 자기주식을 소각하는 방식이 가능하다(§343① 단서). 전자의 경우에는 자본금 감소에 관한 규정이 적용된다(§§438-441). 후자의 경우에는 배당가능이익으로 취득한 자기주식을 소각하는 것이므로 자본금 감소절차가 필요 없고 등기된 자본금이 감소하지 않는다. 다만 소각에 의하여 발행주식수 자체는 감소하기 때문에 주식의 액면총액이 자본금과 일치하지 않는 괴리현상이 발생한다.

Moscow

CHAPTER

6

주주총회 일반론

Chapter 6

주주총회 일반론

1 주주총회의 의의

(1) 주주총회의 개념과 권한

§361(총회의 권한) 주주총회는 본법 또는 정관에 정하는 사항에 한하여 결의할 수 있다.

주주총회는 주주 전원으로 구성되어 회사의 근간에 해당하는 사항을 결정할 권한을 갖는 필요적 상설기관이다. 상법 및 정관에서 주주총회의 권한으로 규정된 사항에 한하여 주주총회결의가 가능한데, 상법에서 이사회 권한으로 규정한 사항도 정관에 의하여 주주총회 권한 사항으로 삼을 수 있다는 **확장설**이 통설이다.

상법 및 정관에 근거가 없다면 주주총회의 권한 범위 밖이기 때문에 주주총회가 결의를 하더라도 효력이 없고, 심지어 소송대상으로 인정되지도 않기 때문에 주주총회 결의 취소소송 또는 무효확인소송을 제기하면 부적법 각하된다. 판례 6-1 따라서 소수주주가 주주총회의 권한 밖의 사항을 목적으로 주주총회 소집허가를 신청하는 것도 부적법하다. 판례 6-2

한편 상법 및 정관에서 주주총회 권한으로 규정하였다면 이를 다른 기관에 위임하는 것이 허용되지 않기 때문에 반드시 주주총회에서 결정해야 하며, 지배주주의 결정으로 갈음할 수 없다.

(2) 종류주주총회

§435(종류주주총회) ① 회사가 종류주식을 발행한 경우에 정관을 변경함으로써 어느 종류주식의 주주에게 손해를 미치게 될 때에는 주주총회의 결의 외에 그 종류주식의 주주의 총회의 결의가 있어야 한다. ② 제1항의 결의는 출석한 주주의 의결권의 3분의 2 이상의 수와 그 종류의 발행주식총수의 3분의

1 이상의 수로써 하여야 한다.
§436(준용규정) 제344조 제3항에 따라 주식의 종류에 따라 특수하게 정하는 경우와 회사의 분할 또는 분할합병, 주식교환, 주식이전 및 회사의 합병으로 인하여 어느 종류의 주주에게 손해를 미치게 될 경우에는 제435조를 준용한다.

회사에서 여러 종류주식을 발행한 경우에 특정 종류주식을 소유한 주주들로만 구성된 주주총회를 **종류주주총회**라 한다. 종류주주총회에서 결의할 때에는 '**출석주주 의결권 2/3 및 발행주식총수 1/3의 찬성**'이 필요한데(§435②), 이 결의요건은 가중할 수도 없고 감경할 수도 없다(통설).

종류주주총회에서 결의할 사항은 다음과 같다: ① 정관변경에 의하여 특정 종류의 주주에게 손해를 미치는 경우(§435①), ② 종류주식 사이에 권리 내용을 특수하게 정함으로써 특정 종류의 주주에게 손해를 미치는 경우(§436), ③ 합병 · 분할 · 분할합병 · 주식교환 · 주식이전으로 인하여 특정 종류의 주주에게 손해를 미치는 경우(§436).

이때 '**특정 종류의 주주에게 손해를 미치는 경우**'란, 외견상 형식적으로는 평등한 것이라도 실질적으로 불이익한 결과를 가져오는 경우를 포함하며, 유리한 효과와 불리한 효과가 공존하는 경우도 포함한다. 판례 6-3

특정 종류의 주주에게 손해를 미치는 경우라서 종류주주총회의 결의가 필요한데도 불구하고 이를 흠결한 경우의 구제 방법에 관하여 논란이 있다. 학설 중에는 종류주주총회결의를 흠결한 절차적 하자에 의하여 주주총회결의의 효력을 다툴 수 있다는 전제하에 주주총회결의 취소소송을 제기할 수 있다는 **취소설**과 주주총회결의의 효력이 발생하지 않은 불발효 상태에 있다는 확인소송을 제기할 수 있다는 **부동적 무효설**이 있다.

판례는 종류주주총회결의가 정관변경이라는 법률효과가 발생하기 위한 하나의 특별요건인 것이며, **종류주주총회결의가 흠결되었더라도 정관변경의 주주총회결의 자체에 하자가 있는 것은 아니고 아직 정관이 변경되지 않은 것에 불과하다는 취지에서 정관변경 무효확인의 소를 제기하면 된다**고 판시하였다. 판례 6-3

(3) 전자주주총회

2025년 상법개정에 의하여 전자주주총회를 개최할 수 있는 근거규정이 마련되었는바, 주주의 주주총회 접근성을 향상시켜서 의결권 행사를 실질적으로 보장하는 한편 주주총회 출석 저조로 인하여 의사결정이 곤란하였던 회사 운영상의 현실적 문제를 해소하려는 취지이다. 물리적 공간에서 실제로 주주총회를 개최하면서 그와 동시에 전자주주총회를 운영하는 '현장병행형' 방식만 허용되는 반면, 소집지에서 주주총회를 개최하지 않는 '현장대체형' 방식은 온라인 플랫폼의 특성상 오히려 주주의 발언기회가 제한된다거나 추가적인 질문·토론이 곤란하여 주주권 보장에 역행할 수 있다는 우려 때문에 허용되지 않는다(§364②).

상장회사는 정관으로 달리 정하지 않는 한 이사회 결정에 의하여 **현장병행형 전자주주총회**를 개최할 수 있으며(§542-14①), 대규모 상장회사는 의무적으로 전자주주총회를 개최해야 한다(§542-14②). 회사는 주주가 전자주주총회에서 의사진행 및 결의에 실시간으로 참가할 수 있도록 적정하게 운영해야 하며(§542-15①), 전자주주총회를 개최한다는 뜻과 출석방법 등은 주주에 대한 소집통지에 포함되어야 한다(§542-14⑤). 전자주주총회에 출석한 주주는 주주총회 소집지에 직접 출석한 것으로 간주된다(§542-14④). 회사는 전자주주총회의 개최에 관한 기록을 3개월간 본점에 비치하고(§542-15⑤), 5년간 보존하여야 한다(§542-15④). 위 규정들은 2027. 1.부터 시행된다.

2 주주총회의 개최

(1) 주주총회의 소집

§362(소집의 결정) 총회의 소집은 본법에 다른 규정이 있는 경우 외에는 이사회가 이를 결정한다.
§365(총회의 소집)
① 정기총회는 매년 1회 일정한 시기에 이를 소집하여야 한다.
③ 임시총회는 필요있는 경우에 수시 이를 소집한다.

가. 일반론

주주총회를 개최할 필요가 있을 때 이사회는 주주총회 소집을 결정할 권한이 있다(§362). 결정권자는 이사회이지만 실제로 소집을 통지하는 것은 대표이사이다. 단순히 '대표이사가 주주총회 소집을 통지하였다'고 표현하였다면 이사회 결정이 누락되었다고 단정하기 어렵다.

주주총회를 연기하거나 속행함으로써 **동일성**이 인정되는 경우에는 주주총회 개최를 위한 새로운 절차가 필요한 것은 아니다. 판례에 의하면, 7월 2일에 개최된 임시주주총회에서 정관변경안에 대한 결론을 내지 못하여 7월 7일에 계속회를 개최하기로 결의하고, 다시 7월 7일의 계속회가 7월 14일 및 7월 21일로 각 속행되어 7월 21일에 개최된 계속회에서 정관변경 결의가 이루어진 경우, 위 7월 21일자 계속회는 동일한 안건토의를 위하여 당초의 회의일로부터 상당한 기간 내에 적법하게 거듭 속행되어 개최된 것으로서 당초의 회의와 동일성을 유지하고 있으므로 별도의 소집절차를 밟을 필요는 없다고 판시하였다. 판례 6-4

> **§366(소수주주에 의한 소집청구)**
> ① 발행주식총수의 100분의 3 이상에 해당하는 주식을 가진 주주는 회의의 목적사항과 소집의 이유를 적은 서면 또는 전자문서를 이사회에 제출하여 임시총회의 소집을 청구할 수 있다.
> ② 제1항의 청구가 있은 후 지체 없이 총회소집의 절차를 밟지 아니한 때에는 청구한 주주는 법원의 허가를 받아 총회를 소집할 수 있다.

나. 소수주주의 주주총회 소집청구권

소수주주가 임시총회의 소집청구를 할 권리도 보장된다(§366①). 일단 소수주주가 이사회에 서면 또는 전자문서로 임시주주총회의 소집을 청구할 수 있는데, 이때 '이사회'는 원칙적으로 대표이사를 의미하고 '전자문서'란 이메일, 핸드폰 메시지, 카톡 메시지 등을 포함한다(판례).

그럼에도 불구하고 이사회에서 소집을 결정하지 않는다면 소수주주는 법원의 허가를 얻어서 직접 임시총회를 소집할 수 있는데, 법원 허가의 전제였던 사정이 변경될 수 있기 때문에 소수주주는 상당한 기간 내에 임시총회를 소집해야 하며 그렇지 않으면 소집권한이 소멸한다. 판례 6-5 소수주주가 '주주총회의 권한사항이 아닌 대표이사 해임 및 선임'을 목적사항으로 임시총회소집청구서에 기재하였더라도, 이는 '이사직 해임 및 후임이사 선임'을 구하는 취지에 해당할 수 있으므로 법원은 각하할 것이 아니라 석명을 통해 목적사항을 변경할 기회를 주어야 한다. 판례 6-6

(2) 주주총회 소집의 통지 ☆

> **§363(소집의 통지)**
> ① 주주총회를 소집할 때에는 주주총회일의 2주 전에 각 주주에게 서면으로 통지를 발송하거나 각 주주의 동의를 받아 전자문서로 통지를 발송하여야 한다.
> ② 제1항의 통지서에는 회의의 목적사항을 적어야 한다.

주주총회 소집을 결정하였으면 대표이사는 **주주총회일 2주 전까지 통지**해야 한다

(§363①). 위 기간은 주주 보호를 위하여 정관으로 연장할 수는 있으나 단축할 수는 없다. 주주총회 소집을 통지할 때에는 원칙적으로 '무엇을 결의하는지 알 수 있을 정도'만 **목적사항을 기재**하면 되지만, 예외적으로 정관 변경과 같은 중요 사항을 목적으로 할 때에는 구체적으로 기재할 필요가 있다(§433②).

주주총회 소집통지는 **서면**으로 해야 하며 전자문서로 하려면 개별 주주의 동의를 얻어야 한다(§363①). 이는 강행규정으로 인정되기 때문에 그 밖의 다른 방법으로 통지하면 무효이다.

일단 주주총회 소집통지를 마쳤으나, 이를 **철회**하거나 **변경**해야 할 경우도 있다. 판례는 **이미 통지가 이루어진 소집을 철회하거나 연기하기 위해서는 소집의 경우에 준하여 이사회의 결의를 거쳐 대표이사가 그 뜻을 그 소집에서와 같은 방법으로 통지해야 한다**고 판시한다. 판례 6-7 다만 소집철회의 통지가 적법한 수준에 이르지 못하여 주주총회가 예정대로 개최된 경우, 무효인 통지를 신뢰하고 참석하지 않은 주주들의 참석권이 침해될 수 있기 때문에 이런 경우에도 주주총회결의에 절차적 하자가 있다고 본다.

주주총회 소집절차가 엄격히 정해져 있지만 총주주의 동의로 소집절차를 생략할 수 있다고 보는 것이 통설이다. 주주들이 자신의 권리를 포기하는 것으로 이해된다.

또한 총주주의 사전동의가 있었던 것은 아니지만, 소집절차의 하자에도 불구하고 개최된 주주총회에 주주 전원이 출석한 경우에도 주주총회결의가 유효하다고 보는 것이 통설이다. 이와 유사한 관점에서 **판례는 주주총회 소집절차에 하자가 있더라도 주주총회에 주주 전원이 출석하였고 나아가 주주들이 만장일치로 결의하였다면 주주총회결의가 유효하다는 입장을 확립하였다.** 이를 '**전원출석총회의 법리**'라고 부른다.

다만 주주 100%가 아니라면 위 법리가 적용되지 않기 때문에 '98%의 지분'을 소유한 지배주주에 의하여 주주총회결의가 이루어졌더라도 하자가 치유될 수 없다. 판례 6-8

(3) 주주총회의 의제와 의안

가. 일반론

주주총회에서 심의할 목적사항(이사 선임안 등)을 **의제**라고 부르며, 개별 후보자 등 구체적인 안건을 **의안**이라 부른다. 회의의 목적사항인 의제 범위 내에서 주주총회결의가 이루어져야 하므로 의제는 구속력을 갖는다. 이와 달리 주주총회 심의 과정에서 개별 의안이 적절치 않다고 판단된다면 즉석에서 (의제 범위 내의) 새로운 의안을 상정하여 결의할 수 있다.

§363-2(주주제안권)
① 의결권없는 주식을 제외한 발행주식총수의 3% 이상에 해당하는 주식을 가진 주주는 이사에게 주주총회일의 6주 전에 서면 또는 전자문서로 일정한 사항을 주주총회의 목적사항으로 할 것을 제안(주주제안)할 수 있다.
③ 이사는 제1항에 의한 주주제안이 있는 경우에는 이를 이사회에 보고하고, 이사회는 주주제안의 내용이 법령 또는 정관을 위반하는 경우와 그 밖에 대통령령으로 정하는 경우를 제외하고는 이를 주주총회의 목적사항으로 하여야 한다.

나. 소수주주의 주주제안권

일반적으로 주주총회에서 다룰 의제와 의안을 이사회에서 결정하여 주주총회를 소집하기 때문에 주주총회에서 이사 해임안 등 주주들의 관심사항을 다루길 원하는 소수주주는 **주주제안권**을 행사할 수 있다(§363-2). 통상적으로 소수주주는 임시총회 소집청구권과 함께 주주제안권을 행사함으로써 이사회가 원치 않는 사항이라도 주주총회에서 다룰 수 있다.

주주제안권이 행사되었을 때 이사회는 이를 주주총회에 상정해야 하는데, 이사회가 이를 정당한 이유없이 거절하였다면 소수주주는 법원에 가처분을 신청함으로써 주주제안을 주주총회의 목적사항으로 상정시킬 수 있다.

미처 가처분을 받지 못한 상태에서 주주총회가 개최되고 주주가 제안한 의안이 제외된 채 다른 의안을 채택하였다면 당해 주주총회결의에 하자가 인정된다.

다만 주주총회에서 주주가 제안한 의제를 배제하고 아예 다루지 않아서 당해 의제에 대한 결의는 존재하지 않는다면 주주총회결의 하자가 문제되지는 않으며 다만 안건 상정을 거부한 이사의 손해배상책임이 문제될 수 있다.

3 주주의 의결권

(1) 일반론

§369(의결권) ① 의결권은 1주마다 1개로 한다.

주주가 주주총회에 참석하여 결의에 참가할 수 있는 권리인 의결권은 주주의 권리 중 핵심적인 고유권이다. 법률에 의하지 않고서는 정관으로도 주주의 의결권을 박탈하거나 제한할 수 없다. 주주가 의결권을 포기한다는 개념도 인정되지 않는다.

주주는 1주마다 1개의 의결권을 가지며(§369①), 1주 1의결권의 원칙은 강행규정이므로 법률이 아닌 정관이나 주주총회결의로 제한하더라도 효력이 없다. 판례 6-9

(2) 의결권의 제한 ☆☆

가. 특별이해관계인

> **§368(총회의 결의방법과 의결권의 행사)** ③ 총회의 결의에 관하여 특별한 이해관계가 있는 자는 의결권을 행사하지 못한다.

주주총회에 상정된 안건에 대하여 특별한 이해관계를 갖는 주주는 의결권이 제한된다(§368③). 이때 **특별이해관계**의 의미를 어떻게 파악할지에 관하여 (i) **특별 이해관계설**, (ii) **법률상 이해관계설**, (iii) **개인법설** 등이 있다. **통설 · 판례는 개인법설을 취하는바, 특정 주주가 주주의 입장을 떠나 당해 주주총회결의와 개인적으로 이해관계를 가지는 것이 객관적으로 명백한 경우에는 특별이해관계인에 해당한다.** 판례 6-10

예를 들어 (i) 이사의 보수를 정하거나 책임을 면제하는 결의에서 당해 이사가 주주인 경우, (ii) 영업양도 및 영업양수의 결의에서 거래상대방이 주주인 경우에는 개인법설에 의한 특별이해관계인에 해당한다. 반면에 (i) 지배구조에 관한 이사 및 감사의 선임 또는 해임의 결의에서 당해 이사 및 감사가 주주인 경우, (ii) 단체법적인 합병의 결의에서 상대회사의 관계자가 주주인 경우에는 특별이해관계인이 아니다.

특별이해관계가 인정되는 주주는 의결권을 행사할 수 없는데, 주주의 위임을 받아서 의결권을 대리행사하려는 '**대리인**이 특별이해관계인에 해당할 경우에도 의결권을 행사할 수 없다'는 것이 통설이다. 대리인이 본인의 의사를 따르지 않을 예외적 가능성을 우려한 것으로 보인다. 만약 위 제한에도 불구하고 특별이해관계인이 의결권을 행사하였다면 주주총회결의에 하자가 발생한다.

나. 감사의 선임 등

> **§409(선임)** ② 의결권없는 주식을 제외한 발행주식의 총수의 3%를 초과하는 수의 주식을 가진 주주는 그 초과하는 주식에 관하여 제1항의 감사의 선임에 있어서는 의결권을 행사하지 못한다.

주주총회에서 **감사를 선임할 때 지분의 3%를 초과하여 의결권을 행사할 수 없다**(§409②). 감사는 경영진을 감독하는 기능을 수행해야 하기 때문에 3%를 초과하는 지분을 소유한 대주주의 의결권 행사를 3%로 제한함으로써 영향력을 배제하고 감사의 독립성을 확보하려는 규정이다. 해임할 때에는 위와 같은 의결권 제한이 적용되지 않는다.

상장회사의 경우에는 감사를 선임할 때와 해임할 때 모두 의결권이 3%로 제한되는데, 최대주주는 특수관계인의 지분을 합산하여 의결권을 3%로 제한한다(§542-12④, ⑦). 최대주주와 특수관계인의 지분을 합산할 때에는 타인으로부터 의결권 행사를 위임받은 주식 수를 포함하여 계산한다(시행령 §38①(ii)).

| 도표 6-1 | 의결권 규제와 의결권 대리행사 상황별 비교

1. A회사가 B회사의 지분 10%를 초과하여 취득하면 통지의무가 발생하는데(§342-3), 이와 달리 10%를 초과하는 의결권 행사를 위임받은 C회사에게는 통지의무가 발생하지 않으므로, 통지를 하지 않은 대리인 C회사의 의결권이 제한되지 않음(판례).
2. 특별이해관계인은 주주총회에서 의결권이 제한되는데(§368③), 의결권 행사를 위임받은 대리인 자신이 특별이해관계인에 해당하는 경우에도 의결권이 제한됨(통설).
3. 주주총회의 감사 선임·해임 결의에서 최대주주는 특수관계인의 지분을 합산하여 3%를 초과하는 의결권을 행사할 수 없는데(§542-12③), 이때 타인으로부터 의결권 행사를 위임받은 주식 수를 포함하여 계산하므로, 대리행사하는 의결권을 포함하여 3%를 초과하면 의결권이 제한됨(시행령 §38)

(3) 의결권의 행사 및 불통일행사

§368-2(의결권의 불통일행사)
① 주주가 2 이상의 의결권을 가지고 있는 때에는 이를 통일하지 아니하고 행사할 수 있다. 이 경우 주주총회일의 3일전에 회사에 대하여 서면 또는 전자문서로 그 뜻과 이유를 통지하여야 한다.
② 주주가 주식의 신탁을 인수하였거나 기타 타인을 위하여 주식을 가지고 있는 경우 외에는 회사는 주주의 의결권의 불통일행사를 거부할 수 있다.

주주는 자신의 의결권을 자유롭게 행사할 수 있다. 이를 침해한다면 주주총회결의 방법에 하자가 있는 것으로 인정된다. 주주가 여러 주식을 가지고 있을 경우에는 의안별로 다르게 의결권을 분산하여 투표하는 것도 가능하다(§368-2① 본문). 다만 회사가 의결권의 불통일행사를 거부할 수도 있다(§368-2②).

의결권을 불통일행사하려는 주주는 회사에 통지를 해야 하고 이는 주주총회 3일 전까지 도달해야 하는 것이 원칙이지만(§368-2① 단서), 이를 경과했더라도 회사가 스스로 총회운영에 지장이 없다고 판단하여 허용하기로 하였다면, 이러한 회사의 결정이

자의적이라는 등의 특별한 사정이 없는 한 적법하다.판례 6-11

(4) 의결권의 대리행사☆

§368(총회의 결의방법과 의결권의 행사) ② 주주는 대리인으로 하여금 그 의결권을 행사하게 할 수 있다. 이 경우에는 그 대리인은 대리권을 증명하는 서면 또는 전자문서를 총회에 제출하여야 한다. (2025. 7. 개정; 2027. 1. 시행)

가. 의의

주주는 자신의 의결권을 타인에게 **위임**하여 대리행사할 수 있다. 주주권 행사는 포괄적으로 위임할 수 있다.판례 6-12 개별 주주총회에 대하여 의결권을 포괄적으로 위임하는 것이 보통이지만, 수회의 주주총회에 대하여 계속적인 포괄위임을 하는 것도 허용된다.판례 6-13

주주는 언제든지 대리권을 **철회**할 수 있다. 위임장을 중복하여 작성하였다면 최종 위임장에 의하여 이전의 위임이 철회된 것으로 해석한다.

개별주주의 자유로운 의결권 행사를 보장하기 위하여 대리행사가 보장되는 것이지만, 의결권의 대리행사로 말미암아 '주주총회의 개최가 부당하게 저해되거나 회사의 이익이 부당하게 침해될 염려'가 있는 등 특별한 사정이 있다면 회사가 의결권의 대리행사를 **거절**할 수 있다.판례 6-11

나. 위임장 원본 제출

의결권을 대리행사하려는 대리인은 위임장을 주주총회에 제출하여야 한다(§368② 제2문). 이때 위임장은 위변조 여부를 쉽게 식별할 수 있도록 **원본**으로 제출해야 하며 특별한 사정이 없는 한 사본은 허용되지 않는다.판례 6-14

다만 판례는 다음과 같은 경우에 **사본** 제출이 허용되는 특별한 사정을 인정하였다. 즉 오랜 기간 동안 회사를 공동으로 경영해온 주주가 변호사에게 모든 의결권을 위임한다는 의사를 회사에 미리 통보하였다면 의결권 위임 사실이 충분히 증명되었다고 할 것이어서 그 변호사가 주주총회에 제출한 위임장이 사본이더라도 의결권의 대리행사를 제한할 수 없다고 판시하였다.판례 6-15

대리인이 위임장 원본을 제출하였다면 회사는 의결권 대리행사를 허용해야 한다. 회사가 위임장 외에 인감증명서나 참석장 등의 추가서류를 요구하는 것은 대리인의 자격을 보다 확실하게 확인하기 위한 것일 뿐이므로, **추가서류** 없이도 다른 방법으로 위임장의 진정성 내지 위임의 사실을 증명할 수 있다면 회사는 그 대리권을 부정할 수 없다.판례 6-11

다. 대리인의 자격

의결권을 위임받는 대리인의 자격에 대한 제한은 없다. 다만 회사에서 대리인의 자격을 주주로 제한하는 경우는 많다. 판례는 대리인의 자격을 주주로 한정하는 취지의 주식회사의 정관 규정은 주주총회가 주주 이외의 제3자에 의하여 교란되는 것을 방지하여 회사 이익을 보호하는 취지에서 마련된 것으로서 합리적인 이유에 의한 상당한 정도의 제한이라고 볼 수 있으므로 유효하다고 판시하였다. 판례 6-11

일단 대리인 자격을 주주로 제한하는 정관 규정이 유효한 것으로 판단되더라도, 예외적으로 그 위반을 인정하지 않는 경우가 있다. 즉, 판례는 주주인 국가, 지방공공단체 또는 주식회사 등이 '그 소속의 공무원, 직원 또는 피용자 등에게 의결권을 대리행사 시킬 때'에는 내부의 의사결정에 따른 대표자의 의사가 그대로 반영된다고 할 수 있고 이에 따라 주주총회가 교란되어 회사 이익이 침해되는 위험은 없으므로 규정 위반으로 보지 않는다. 판례 6-11

(5) 서면투표 및 전자투표

§368-3(서면에 의한 의결권의 행사) ① 주주는 정관이 정한 바에 따라 총회에 출석하지 아니하고 서면에 의하여 의결권을 행사할 수 있다.
§368-4(전자적 방법에 의한 의결권의 행사) ① 회사는 이사회의 결의로 주주가 총회에 출석하지 아니하고 전자적 방법으로 의결권을 행사할 수 있음을 정할 수 있다.

의결권은 주주총회에 참석하여 행사하는 것이 일반적이지만, 미리 서면으로 투표하는 방법과 전자적으로 투표하는 방법 중 하나를 선택하여 행사할 수도 있다(§368-4④). 서면투표 및 전자투표 방법을 제공하더라도 주주총회 개최를 생략할 수는 없다. 서면투표와 전자투표는 주주총회 전날까지 회사에 도달하여야 한다(시행령 §13②(ii)). 주주총회결의가 성립하기 전까지는 투표의사를 철회하거나 변경하는 것이 허용된다.

서면투표는 정관에 규정이 있어야 허용되며(§368-3①), 회사가 보낸 투표용지에 찬반의견을 표시하여 반송하는 방식으로 실시한다. 반면에 **전자투표**는 정관에 규정이 없더라도 이사회 결의로 실시할 수 있고(§368-4①), 전자서명법에 따른 본인확인 절차를 거쳐야 한다(§368-4③).

(6) 주주권 행사 관련 이익공여의 금지

> **§467-2(이익공여의 금지)**
> ① 회사는 누구에게든지 주주의 권리행사와 관련하여 재산상의 이익을 공여할 수 없다.
> ② 회사가 특정의 주주에 대하여 무상으로 재산상의 이익을 공여한 경우에는 주주의 권리행사와 관련하여 이를 공여한 것으로 추정한다. 회사가 특정의 주주에 대하여 유상으로 재산상의 이익을 공여한 경우에 있어서 회사가 얻은 이익이 공여한 이익에 비하여 현저하게 적은 때에도 또한 같다.
> ③ 회사가 제1항의 규정에 위반하여 재산상의 이익을 공여한 때에는 그 이익을 공여받은 자는 이를 회사에 반환하여야 한다. 이 경우 회사에 대하여 대가를 지급한 것이 있는 때에는 그 반환을 받을 수 있다.
> ④ 주주 대표소송 관련규정(§§403-406)은 제3항의 이익의 반환을 청구하는 소에 대하여 이를 준용한다.

주주의 권리행사와 관련하여 **회사가 누구에게든지** 재산상 이익을 제공하는 것은 금지된다(§467-2①). 누구의 명의로 제공되었는지와 상관없이, 회사의 계산으로 제공하면 본 규제가 적용된다. 주주가 직접 받는 것이 아니어도 본 규제가 적용된다.

이익 제공이 주주권행사와 **관련성**이 있다는 입증이 어려울 수 있는데, 회사가 주주에게 제공한 이익과 그에 대하여 회사가 얻은 대가 사이에 현저한 차이가 있다면 주주권 행사와 관련된 것으로 추정한다(§467-2② 제1문, 제2문).

이를 위반하여 제공받은 이익은 회사에 반환하여야 하는바 이 과정에서 회사가 나서지 않는다면 주주 대표소송에 관한 규정이 준용된다(§467-2③,④). 이익을 제공한 자와 받은 자는 형사처벌되고(§634-2①,②), 당해 주주총회결의는 하자가 인정된다. 판례 6-16

예를 들어, 갑 주식회사 대표이사가 사전투표와 직접투표를 한 주주들에게 무상으로 20만 원 상당의 상품교환권과 골프장 예약권 등을 제공한 주주총회 의결권 행사와 관련된 이익의 공여로서 사회통념상 허용되는 범위를 넘어서는 것이어서 상법상 주주의 권리행사에 관한 이익공여의 죄에 해당한다고 판시하였다. 판례 6-17

(7) 의결권 행사를 위한 소수주주권: 주주명부 열람·등사청구권

> **§396(정관 등의 비치, 공시의무)** ② 주주와 회사채권자는 영업시간 내에 언제든지 회사의 정관, 주주총회의 의사록, 주주명부, 사채원부의 열람 또는 등사를 청구할 수 있다.

주주는 정관, 주주총회 의사록, 주주명부, 사채원부에 대하여 언제든지 열람·등사청구권을 행사할 수 있다(§396②). 단독주주권이므로 주주 1명도 청구할 수 있다. 통상적으로 주주명부를 확인하는 것은 의결권의 대리행사를 권유할 때 활용된다. 다만 회사는 주주의 열람·등사청구 목적이 정당하지 아니함을 입증하여 이를 거부할 수 있다.판례 6-18 명의개서대리인의 영업소에 비치된 주주명부의 열람·등사 역시 회사에 대하여 청구해야 하며, 명의개서대리인에게 직접 청구할 수 없다.판례 6-19

(8) 의결권 행사를 위한 소수주주권: 회계장부 열람·등사청구권 ☆

> **§466(주주의 회계장부열람권)**
> ① 발행주식의 총수의 3% 이상에 해당하는 주식을 가진 주주는 이유를 붙인 서면으로 회계의 장부와 서류의 열람 또는 등사를 청구할 수 있다.
> ② 회사는 제1항의 주주의 청구가 부당함을 증명하지 아니하면 이를 거부하지 못한다.

가. 의의

주주는 회사의 재무상태를 확인하기 위하여 회계장부와 그 근거자료가 되는 서류에 대하여 언제든지 열람·등사청구권을 행사할 수 있다(§466①). 소수주주권이므로 3%의 지분을 확보해야 하며, 위 지분 요건은 열람등사의 전 기간 또는 소송 중 계속 유지되어야 한다.판례 6-20

열람·등사의 대상 범위와 관련하여 판례는 **자회사의 회계장부**라 할지라도 그것이 당해 회사에 보관되어 있고, 또한 당해 회사의 회계 상황을 파악하기 위한 근거자료로서 실질적으로 필요한 경우에는 당해 회사의 회계서류로서 열람·등사청구의 대상이라고 판시하였다.판례 6-21

나. 주주의 열람·등사청구 절차

열람·등사를 청구하는 주주는 열람·등사가 필요한 **이유를 기재**하여 서면으로 청구한다(§466①). **그 이유는 열람·등사의 대상 범위를 확인할 수 있을 정도로 청구의 경위와 행사의 목적을 구체적으로 기재해야 한다.**판례 6-22 따라서 모색적 증거 수집을 위한 투망식 열람·등사청구도 허용되지 않는다.판례 6-23 다만 합리적 의심이 생길 정도의 소명을 요구하지는 않는다. 정보가 부족한 주주에게 과중한 부담을 주어서 오히려 정보를 제공받을 주주의 권리를 부당하게 제한하기 때문이다.판례 6-23

다. 회사의 열람·등사 거부

회사는 주주의 열람·등사청구 목적이 부당함을 입증하여 이를 거부할 수 있다.판례 6-24 주주의 열람·등사권 행사가 (i) 회사업무의 운영을 방해하거나, (ii) 주주 공동의 이익을 해치거나, (iii) 주주가 회사의 경쟁자로서 취득한 정보를 경업에 이용할 우려가 있거나, (iv) 회사에 지나치게 불리한 시기를 택하여 행사하는 경우에는 **부당성**이 인정

된다. 판례 6-25

반면 적대적 기업인수를 의도한다거나 주식매수청구권을 행사하였더라도, 이와 별개로 주주의 권리를 행사할 필요성이 인정되는 한 열람·등사 청구는 정당하다. 판례 6-25

| 도표 6-2 | 소수주주권 행사요건 비교

주주권		필요지분			행사시기
		비상장회사		상장회사 특례 (§542-6)	
경영 감독 관련	이사감사 해임청구권	§385	3%	자본금 1천억 미만: 0.5% 자본금 1천억 이상: 0.25%	총회일 1월내
	회계장부 열람등사청구권	§466		자본금 1천억 미만: 0.1% 자본금 1천억 이상: 0.05%	–
	업무재산상태 검사청구권	§467		1.5%	–
주주 총회 관련	주총소집청구권	§366		1.5%	–
	주주제안권	§363－2		자본금 1천억 미만: 1% 자본금 1천억 이상: 0.5% (의결권없는 주식 불포함)	총회일 6주전
	집중투표청구권	§382－2		자산 2조 이상 대규모회사: 1% (§542-7) (의결권없는 주식 불포함)	총회일 1주전 (상장회사는 총회일 6주전)
	주주명부 열람등사청구권	§396	1주 (단독주주권)		–
	주주총회결의 하자소송제기	§376, §380			취소소송 제소기간
회사 손해 관련	이사위법행위 유지청구권	§402	1%	자본금 1천억 미만: 0.05% 자본금 1천억 이상: 0.025%	–
	대표소송	§403		0.01%	–
	다중대표소송	§406－2		0.5%	–
기타	해산판결청구권	§520	10%		–

| 도표 6-3 | 소수주주권 행사시 지분유지 필요성 상황별 비교

1. **회계장부 열람 · 등사청구권**: 소송계속 중 소수주주권의 지분요건을 유지해야 하며, 지분 감소시 원고적격을 상실함(판례).
2. **주주제안권**: 소수주주권의 지분요건을 유지해야 할지 논란이 있으나, 적어도 당해 주주총회의 주주확정 기준일(12/31)부터 주주제안권 행사시점까지 유지할 필요가 있음.
3. **대표소송**: 소수주주권의 지분요건은 제소시점에 인정되면 충분하며, 소송 중 지분 감소하여도 무방함.
4. **다중대표소송**: 소수주주권의 지분요건은 제소시점에 인정되면 충분하며, 소송 중 지분 감소하여도 무방함. 특히 모자회사 관계 역시 제소시점에 인정되면 충분하며, 소송 중 모회사의 자회사에 대한 지분이 50% 이하로 감소하여도 무방함.

* 다만 어떠한 경우에도 제소시점부터 변론종결시까지 주주의 지위가 유지되어야 함. 주주 지위를 상실하면 원고적격을 상실하여 소 각하 대상임.

| 도표 6-4 | 상장회사의 소수주주권 행사를 위한 지분 보유기간

1. 소수주주권 행사를 목적으로 주식을 취득하면 회사에 부담이 될 것을 우려하여, 상장회사에서는 6개월 이상 필요지분을 보유할 것을 추가적인 요건으로 규정한다(§542-6). 즉 상장회사 특례는 필요지분을 완화하였지만, 소수주주가 6개월 보유요건을 충족하지 못한다면 상장회사 특례에 의한 소수주주권을 행사할 수 없다.
2. 그러나 상장회사의 소수주주라도 상법상의 일반적인 소수주주권 행사를 위한 필요지분을 확보한다면 6개월 보유요건과 무관하게 소수주주권 행사가 가능하다. 종전에는 '상장회사 특례는 다른 회사법 규정에 우선하여 적용한다'(§542-2②)는 규정의 해석과 관련하여, (i) 상장회사 주주는 비상장회사의 소수주주권을 행사할 수 없다고 볼 것인지(배타적 적용설), 아니면 (ii) 상장회사 주주도 일반적인 소수주주권을 행사할 수 있다고 볼 것인지(중첩적 적용설) 논란이 되었다. 삼성물산 합병사건의 하급심에서 배타적 적용설을 취하여 문제가 되었고, 중첩적용이 가능한 것으로 명시적으로 입법하였다(§542-6⑩).
3. 반면에 집중투표에 관한 상장회사 특례에는 6개월 보유요건이 없다(§542-7).

Los Angeles

CHAPTER

7

주주총회결의

1. 주주총회결의 일반론
2. 주주총회결의의 하자
3. 주주총회결의 하자의 소

Chapter 7

주주총회결의

1 주주총회결의 일반론

(1) 의의

> **§368(총회의 결의방법과 의결권의 행사)** ① 총회의 결의는 이 법 또는 정관에 다른 정함이 있는 경우를 제외하고는 출석한 주주의 의결권의 과반수와 발행주식총수의 4분의 1 이상의 수로써 하여야 한다.
>
> **§434(정관변경의 특별결의)** 주주총회 특별결의는 출석한 주주의 의결권의 3분의 2 이상의 수와 발행주식총수의 3분의 1 이상의 수로써 하여야 한다.

주주총회결의는 주주들로 구성된 주주총회에서 단체법적 원리에 의하여 결정된 주주총회의 의사이다. 주주총회에서 토의된 안건에 관하여 실제로 가부의 의결을 하지 않은 이상 그 토의과정에서 일정한 의사표시가 있었다고 하더라도 그러한 결의가 인정되지는 않는다. 판례 7-1 주주총회결의에는 민법상 의사표시에 관한 유형(계약·단독행위·합동행위)을 적용하기 곤란하므로 다수설은 **특수한 법률행위**로 파악한다. 주주총회결의도 무효·취소가 가능하지만 회사소송의 방식은 법으로 제한되어 있다.

주주총회결의가 성립하기 위한 요건은 사안의 경중에 따라 크게 보통결의와 특별결의로 나뉜다. **보통결의**는 적어도 **'출석주주 의결권 과반수와 발행주식총수 1/4의 찬성'**이 필요하다(§368①). 즉 의사정족수가 필요하지 않기 때문에 주주총회에 주주 몇 명이 참석하든 일단 개최는 가능하며, 출석 주주들이 투표를 하여 과반수가 찬성하고 찬성 의결권의 수가 발행주식총수의 1/4 이상이라면 보통결의 요건을 충족한다. 요건이 가중된 **특별결의**는 적어도 **'출석주주 의결권 2/3와 발행주식총수 1/3의 찬성'**이 필요하다(§434). 정관으로 결의요건을 완화하는 것은 허용되지 않으나, 결의요건을 가중하는 것은 가능하다.

그 밖에 특수결의도 있다. 예를 들어 이사·감사의 회사에 대한 손해배상책임을 면제할 때에는 총주주의 동의가 필요하며(§400①, §415), 모집설립 방식에서 창립총회는 독자적인 결의요건을 갖는다.

(2) 영업양도 등에 관한 주주총회 특별결의 ☆☆☆

> **§374(영업양도, 양수, 임대등)** ① 회사가 다음 각 호의 어느 하나에 해당하는 행위를 할 때에는 제434조에 따른 결의가 있어야 한다.
> 1. 영업의 전부 또는 중요한 일부의 양도
> 2. 영업 전부의 임대 또는 경영위임, 타인과 영업의 손익 전부를 같이 하는 계약, 그 밖에 이에 준하는 계약의 체결·변경 또는 해약
> 3. 회사의 영업에 중대한 영향을 미치는 다른 회사의 영업 전부 또는 일부의 양수
>
> **§374-2(반대주주의 주식매수청구권)** ① 제374조에 따른 결의사항에 반대하는 주주는 주주총회 전에 회사에 대하여 서면으로 그 결의에 반대하는 의사를 통지한 경우에는 그 총회의 결의일부터 20일 이내에 주식의 종류와 수를 기재한 서면으로 회사에 대하여 자기가 소유하고 있는 주식의 매수를 청구할 수 있다.
>
> **§374-3(간이영업양도, 양수, 임대 등)** ① 제374조 제1항 각 호의 어느 하나에 해당하는 행위를 하는 회사의 총주주의 동의가 있거나 그 회사의 발행주식총수의 100분의 90 이상을 해당 행위의 상대방이 소유하고 있는 경우에는 그 회사의 주주총회의 승인은 이를 이사회의 승인으로 갈음할 수 있다.

가. 의의

회사가 유효하게 영업양도 등을 하려는 경우에는 주주총회의 특별결의를 얻어야 한다(§374①(i)). 이때 **영업양도란 일정한 영업목적을 위하여 조직화되고 유기적 일체를 이루는 재산을 영업의 동일성을 유지하면서 이전하는 것**을 의미한다. 판례는 상법 총칙상 규정된 영업양도(§41)와 동일한 개념으로 파악한다.

영업양도의 대상은 ① 적극재산 및 ② 소극재산(채무) 외에도 ③ 재산적 가치가 있는 사실관계(소위 영업권)를 포함하기 때문에 이에 대한 권리금이 양도대가에 포함될 수 있다. 영업양도에 의하여 합병과 같은 포괄승계의 법적 효과가 발생하는 것은 아니므로, 일일이 양도재산의 목록을 작성하여 양도합의를 하고 개별적인 재산에 대하여 권리이전절차를 이행해야 한다.

외형적으로는 개별재산의 양도를 대량으로 하는 것과 다를 바 없어 보이지만, 영업양도는 **영업의 동일성**이 인정된다는 점에서 차이가 난다. 동일성은 사회통념에 의한 사실인정의 문제인데, 판례는 상당히 완화하여 넓게 인정하는 경향이 있다. 일부 재산 등을 누락시킨 채 거래하더라도 전체적으로 영업의 동일성이 인정되면 영업양도이다.

나. 주주총회 특별결의가 필요한 영업양도 · 양수의 유형

영업 전부를 양도하는 경우뿐 아니라 **영업의 중요한 일부를 양도**하는 경우에도 주주총회 특별결의가 필요하다(§374①(i)). 한 회사가 여러 개의 영업을 영위하는 경우에 그 중 규모가 작은 영업부문 하나를 양도하는 것은 회사 입장에서 주주총회 특별결의가 필요할 정도로 극히 신중할 일은 아니기 때문에 일부 영업을 양도하는 경우에는 당해 영업이 전체 영업에서 차지하는 비중이 중요한지 여부를 고려해야 한다.

판례는 중요성 판단을 위하여, ① 양도대상 영업의 자산 · 매출액 · 수익 등이 전체 영업에서 차지하는 비중, ② 일부 영업의 양도가 장차 회사의 영업규모 · 수익성 등에 미치는 영향 등을 종합적으로 고려한다고 판시하였다. 판례 7-2

이는 **영업양수**의 경우에도 마찬가지이다(§374①(iii)). 한 회사가 다른 회사로부터 영업의 전부 또는 일부를 양수할 경우, '기존에 영위하던 전체 영업에서 당해 영업이 차지하는 비중'이 중요할 때에만 주주총회 특별결의가 요구된다.

다만 ① 회사의 주주 전원이 동의하였거나, ② 지분의 90% 이상을 영업양도 · 영업양수의 거래상대방이 소유한 경우에는 주주총회 특별결의를 이사회 승인으로 갈음할 수 있다(§374-3①). 이를 **간이영업양도 · 간이영업양수**라 하는데, 주주총회는 생략되더라도 반대주주의 주식매수청구권은 보장된다(§374-3③). 원래 영업양도의 주주총회결의에 반대하는 주주는 회사에 대하여 주식매수청구권을 행사할 수 있다(§374-2①).

다. 중요한 영업용 재산양도에 대한 유추적용

원칙적으로 영업의 양도가 아닌 단순한 영업용 재산을 양도할 때에는 주주총회 특별결의가 필요없다. 그러나 **판례는 영업용 재산의 양도라 할지라도 '회사의 존속을 위한 기초가 되는 중요재산을 처분하는 경우' 또는 '영업의 폐지나 중단을 초래하는 경우'에는 영업양도와 동등하게 평가함으로써 제374조 제1항을 유추적용하는 법리를 확립하였다.** 영업의 기반에 해당하는 인허가 또는 특허권을 양도하는 경우 등이 이에 해당한다.

판례는 모회사가 보유하는 자회사의 주식을 양도하는 경우에도 중요재산의 양도로서 주주총회 특별결의가 필요하다고 판시한바 있다. 판례 7-3 즉 의류 제조 및 판매를 주된 영업으로 하는 양도회사에게 중국 의류제조 공장을 운영하는 자회사가 없다면 사업에 막대한 차질이 생길 것이므로 자회사 지분을 전부 매도할 때에는 제374조가 유추적용되었다. 이 경우 모회사 영업과 자회사 영업 사이에 밀접한 관련성이 있다는 점에 유의할 필요가 있다.

그러나 (i) 중요재산이라 할지라도 근저당권을 설정한 경우는 **처분**에 해당하지 않으며, (ii) 재산양도 당시에 이미 사실상 영업이 중단된 상태였다면 재산처분의 행위와 영업중단의 결과 사이에 **인과관계**가 없으므로 주주총회 특별결의가 필요없다. 판례 7-4 다만 회사의 자금사정 때문에 일시적으로 영업활동을 중지한 것에 불과하다면 영업의 중단에 해당하지 않기 때문에 위 (ii)의 예외가 적용되지 않는다. 판례 7-5

라. 위반의 효과

주주총회 특별결의를 흠결한 영업양도는 거래상대방의 선의 여부와 무관하게 절대적으로 소급 무효이다. 회사가 주주총회 특별결의없이 영업을 양도한 뒤에 이러한 사정을 이유로 스스로 무효를 주장하더라도 신의칙에 반하지 않는다. 판례 7-3

예외적으로 **주주 전원이 영업양도 약정에 동의한 경우**에는 회사 스스로 주주총회 특별결의 흠결을 이유로 무효를 주장하는 것이 신의칙에 반하여 허용되지 않는다. 판례 7-6 다만 신의칙의 일반법리를 주장하는 것은 리스크가 있으므로 차라리 간이영업양도로 취급하여 이사회 승인을 얻으면 될 것이다.

참고로 주주총회 특별결의를 거쳤다면 특별한 사정이 없는 한 이사회결의는 문제되지 않는다. 원칙적으로 영업양도와 같이 중요한 사안은 제393조에 의하여 이사회 승인이 요구되지만, 통상적으로는 이사회에서 해당 안건을 주주총회에 상정하기로 의제를 정하여 주주총회 소집을 결정하는 과정에서 이사회 승인이 이루어진다.

| 도표 7-1 | 강행규정 위반 후 무효주장이 신의칙에 반하는지 상황별 비교

1. 원칙 및 판단기준 [대법원 2018. 4. 26. 선고 2017다288757 판결]

강행법규를 위반한 자가 스스로 강행법규에 위배된 약정의 무효를 주장하는 것이 신의칙에 위반되는 권리의 행사라는 이유로 그 주장을 배척한다면, 이는 오히려 강행법규에 의하여 배제하려는 결과를 실현시키는 셈이 되어 입법 취지를 완전히 몰각하게 되므로 달리 '특별한 사정'이 없는 한 위와 같은 주장은 신의칙에 반하는 것이라고 할 수 없다.

2. 예외적 재산인수 사례 [대법원 2015. 3. 20. 선고 2013다88829 판결]

갑이 을이 장래 설립·운영할 병 주식회사에 토지를 현물로 출자하거나 매도하기로 약정하고 병 회사 설립 후 소유권이전등기를 마쳐 준 다음 회장 등 직함으로 장기간 병 회사의 경영에 관여해 오다가, 병 회사가 설립된 때부터 약 15년이 지난 후에 토지 양도의 무효를 주장하면서 소유권이전등기의 말소를 구한 사안임.

갑이 병 회사 설립 후 15년 가까이 지난 다음 토지의 양도가 정관의 기재 없는 재산인수임을 내세워 자신이 직접 관여한 회사설립행위의 효력을 부정하면서 무효를 주장하는 것은 회사의 주주 또는 회사채권자 등 이해관계인의 이익 보호라는 상법 제290조의 목적에 배치되는 것으로서 신의성실의 원칙에 반하여 허용될 수 없다.

3. 예외적 영업양도 사례 [대법원 2003. 3. 28. 선고 2001다14085 판결]

영업양도 약정을 승인하기 위한 주주총회특별결의는 흠결되었으므로 양도약정은 일응 무효라고 할 것이나, 보조참가인을 제외한 나머지 주주들은 모두 소외 갑과 친인척 관계에 있는 자들로서 갑이 그들의 권한을 위임받아 행사한 것으로 볼 수 있고, 전체 주식의 2%를 소유한 보조참가인은 원고 등으로부터 금 5,500만 원을 지급받는 것을 조건으로 주주의 권리를 포기하고 이의를 제기하지 않기로 하였으며, 별소로서 원고를 상대로 주주권의 포기에 따른 보상금청구소송을 제기하여 승소판결을 받은 이상 확정적으로 그 권리를 포기한 것으로 봄이 상당하다. (실질적으로 주주전원의 동의가 있었던 것으로 인정됨)

4. 참고: 이사회 승인 없는 자기거래의 무효를 주장할 수 있는 것은 회사에 한정되며, 거래상대방 또는 제3자가 무효를 주장하는 것은 허용되지 않는다(대법원 2012. 12. 27. 선고 2011다67651 판결).

(3) 결의요건의 계산방법 ☆☆

§371(정족수, 의결권수의 계산)

① 총회의 결의에 관하여는 §344-3①(의결권의 배제·제한에 관한 종류주식)과 §369②,③(자기주식 및 상호주)의 의결권 없는 주식의 수는 발행주식총수에 산입하지 아니한다.

② 총회의 결의에 관하여는 §368③(특별이해관계)에 따라 행사할 수 없는 주식의 의결권 수와 §409②(감사선임) 및 §542-12④(상장회사의 감사선임·해임)에 따라 그 비율을 초과하는 주식으로서 행사할 수 없는 주식의 의결권 수는 출석한 주주의 의결권의 수에 산입하지 아니한다.

주주총회결의의 첫 번째 요건으로 '발행주식총수의 1/4(보통결의) 또는 1/3(특별결의)의 찬성'이 요구된다. 이때 의결권 없는 주식은 발행주식총수에 포함하지 않는다(§371①). 한편 의결권이 제한되는 주식을 발행주식총수에 포함할 것인지 논란이 있으나, 판례는 **감사선임의 경우 3%를 초과하여 의결권이 제한되는 주식은 발행주식총수에 포함하지 않는다**고 판시한바 있다. 판례 7-7

주주총회결의의 두 번째 요건으로 '출석주주 의결권의 과반수(보통결의) 또는 2/3(특별결의)의 찬성'이 요구된다. 이때 의결권 없는 주식과 의결권이 제한되는 주식 모두 출석주주 의결권의 수에 포함하지 않는다(§371②).

[대법원 2016. 8. 17. 선고 2016다222996 판결]

사실관계: 실제로 발행된 1,000주 중에서 갑이 340주, 을이 330주, 병이 330주를 소유한 경우에, 주주총회의 감사 선임안에 대하여 갑·을은 찬성하고 병은 반대하였다. 감사 선임 시 3%를 초과하는 의결권은 제한되기 때문에 갑·을은 각 30주까지만 찬성으로 인정되고 병도 30주까지 반대표로 인정되는바, 갑·을의 찬성으로 출석의결권의 과반수 찬성 요건은 충족하였다. 그런데 3%를 초과하여 의결권이 제한되는 주식을 발행주식총수에 포함하여 계산한다면 발행주식총수 1,000주의 1/4은 250주인데 갑·을·병 전원이 찬성하더라도 90주에 불과하다는 문제가 발견되었다.

판결요지: 각 주주의 지분 중 3%를 초과하는 주식의 수가 발행주식총수의 75%를 넘는 경우에는 발행주식총수의 1/4 요건을 충족하는 것이 원천적으로 불가능하므로 그런 회사에서는 감사를 선임할 수 없는 부당한 결과가 발생한다. 따라서 감사선임에서 3%를 초과하여 소유하는 주식은 제368조 제1항의 '발행주식총수'에 산입되지 않는다.

〈해설〉 위 판결요지에 의하면, (총주식수 1,000주) - (3%를 초과하여 의결권이 제한되는 주식인 갑의 310주 + 을의 300주 + 병의 300주) = 90주가 발행주식총수에 해당한다. 따라서 찬성표 60주는 발행주식총수 90주의 1/4 이상에 해당하므로 요건을 충족하였다.

(4) 반대주주의 주식매수청구권 ☆

§374-2(반대주주의 주식매수청구권)

① 제374조에 따른 결의사항에 반대하는 주주(의결권이 없거나 제한되는 주주를 포함한다)는 주주총회 전에 회사에 대하여 서면으로 그 결의에 반대하는 의사를 통지한 경우에는 그 총회의 결의일부터 20일 이내에 주식의 종류와 수를 기재한 서면으로 회사에 대하여 자기가 소유하고 있는 주식의 매수를 청구할 수 있다.

② 제1항의 청구를 받으면 해당 회사는 같은 항의 매수청구기간이 종료하는 날부터 2개월 이내에 그 주식을 매수하여야 한다.

가. 의의

주주총회에서 주주들의 의결권 행사를 통하여 결의가 성립하면 회사의 의사로 인정되기 때문에 단체법적 특성상 모든 주주에게 구속력이 미치게 된다. 주주총회 안건에 대하여 반대하였던 주주 역시 주주총회결의에 따라야 하기 때문에 이해관계가 상반되거나 미래전망을 다르게 예측하는 주주는 회사에서 투자금을 회수하여 탈퇴할 수 있는 기회를 제공받을 필요가 있다. 무의결권 주주도 포함한다.

필요에 따라 **정책적으로 인정**되는 것이므로 모든 주주총회 특별결의사항에 대하여 당연히 주식매수청구권이 보장되는 것은 아니다. 임의로 주식매수청구권을 회사 정관에 규정하더라도 출자금을 법적 근거없이 환급해주는 것이기 때문에 무효이다. 판례 7-8

회사에 대한 효력과는 별개로, 주주들 사이에서 **주주간계약**을 통해 주식매수청구권을 약정할 수는 있다. 즉 투자계약에서 투자대상회사의 의무불이행이 있는 때에 투자자에게 다른 주주 등을 상대로 주식매수청구권을 행사할 수 있도록 정할 수 있으며, 이는 형성권의 성격을 가지므로 행사기간을 정한 경우에는 제척기간으로 해석하고 행사기간을 정하지 않은 경우에는 상사소멸시효(§64)가 유추적용되어 5년이 경과하면 소멸한다. 판례 7-9

나. 절차

주식매수청구권의 행사에 관한 절차는 다음과 같다.

① 회사는 주주총회 소집을 주주에게 통지할 때 주식매수청구권의 내용 · 행사방법을 명시해야 하는데(§374②), **명시의무를 위반하였다면** 회사는 과태료 대상일뿐 아니라 **주주는 반대의사를 통지하지 않더라도 주식매수청구권을 행사할 수 있게 된다.** 판례 7-10

② 주주는 안내받은 사항에 따라 주주총회 전에 회사에 대하여 **서면으로 반대의사를 통지**해야 한다(§374-2①).

③ 반대통지를 한 주주는 주주총회에 출석하지 않아도 되며, 반드시 반대의 투표를 할 필요도 없다. 다만 찬성의 투표를 한다면 더 이상 반대주주가 아니므로 주식매수청구권을 행사할 수 없다.

④ 반대통지를 한 주주는 주주총회일로부터 20일의 기간 내에 회사에 대하여 **서면으로 주식매수를 청구**해야 한다(§374-2①).

다. 효과

주식매수청구권은 **형성권**이므로 주주의 매수청구가 있으면 바로 매매계약이 체결되는 것이고, 회사는 위 매수청구기간(20일)이 종료한 날로부터 2개월 이내에 주식을 매수할 의무를 부담하기 때문에 위 의무 이행기(2개월)가 도과하도록 매수대금을 지급하지 않으면 지체책임을 부담한다(§374-2②). **의무 이행기(2개월) 내에 매수가액이 확정되지 않았더라도 일단 회사의 지체책임이 발생하며, 나중에 매수가액이 결정되면 그에 따라 구체적인 지연손해금이 산정된다.** 판례 7-11

매수가액에 관한 당사자 협의가 이루어지지 않는다면 법원에 의하여 공정한 가액을 산정한다(§374-2③,④,⑤). 회사가 매수대금을 주주에게 지급하면 비로소 주식의 소유권이 회사에게 이전한다. 판례 7-12

라. 주식매수청구권 행사 관련 특수쟁점

① 결의사항에 반대의사를 통지한 반대주주가 회사에 대하여 **주식매수청구를 하기 전에 주식을 제3자에게 양도한 경우**, 양도인 · 양수인 모두 주식매수청구권을 행사하지 못할 것으로 본다. 일단 양도인은 주식 양도에 의하여 주식매수청구권 행사와 동일한 효과를 얻으면서 주주의 지위를 상실하였고, 양수인은 주식을 양수하면서 회사에 매수청구할 권리까지 취득할 의사가 있었을 것으로 인정하기 어렵기 때문이다.

② **주식매수청구권을 행사한 주주가 그와 동시에 당해 주주총회결의의 하자를 다투는 소송을 제기하는 것**은 가능하다(통설). 다만 양자의 효과는 선택적 관계에 있다, 즉 (i) 판결 확정 전에 매수대금을 지급받았으면 주주의 지위가 소멸하므로 원고적격 흠결로 소 각하될 것이고, (ii) 매수대금을 지급받기 전에 승소하면 매수청구의 원인이 되었던 주주총회결의가 없어지므로 매수청구 자체가 실효하게 된다.

③ 영업양도에 반대하는 주주가 **주식매수를 청구했지만 당해 주주총회결의가 무효 · 취소된 경우**에는 판결의 소급효에 의하여 매수청구는 실효되고 원상회복해야 한다. 반면에 합병 · 분할합병, 주식교환 · 이전에 반대하여 주식매수를 청구했지만 당해 주주총회결의가 무효 · 취소되었다면 판결의 장래효에 의하여 매수청구가 실효되지만, 매수대금이 이미 지급되어서 주식의 소유권이 이전되었다면 소급적인 영향을 줄 수 없으므로 그대로 확정된다.

| 도표 7-2 | 주식매수청구권 인정례 · 부정례 비교

결의사항	결의요건	주식매수청구권	근거
정관변경	주주총회 특별결의	주식매수청구권 부정	§434
감자			§438①
분할			§530-3②
해산			§518

<table>
<tr><td>영업양도 · 양수</td><td rowspan="5">주주총회 특별결의</td><td rowspan="9">주식매수청구권 인정</td><td>§374-2①</td></tr>
<tr><td>합병</td><td>§522-3</td></tr>
<tr><td>분할합병</td><td>§530-11②</td></tr>
<tr><td>주식교환</td><td>§360-5</td></tr>
<tr><td>주식이전</td><td>§360-22</td></tr>
<tr><td>간이영업양도 · 양수</td><td rowspan="4">이사회결의</td><td>§374-3③</td></tr>
<tr><td>간이합병</td><td>§527-2</td></tr>
<tr><td>간이분할합병</td><td>§530-11②</td></tr>
<tr><td>간이주식교환</td><td>§530-5②</td></tr>
</table>

2 주주총회결의의 하자

(1) 주주총회결의 하자의 유형

> **§376(결의취소의 소)** ① 총회의 소집절차 또는 결의방법이 법령 또는 정관에 위반하거나 현저하게 불공정한 때 또는 그 결의의 내용이 정관에 위반한 때에는 주주 · 이사 또는 감사는 결의의 날로부터 2월내에 결의취소의 소를 제기할 수 있다.
> **§380(결의무효 및 부존재확인의 소)** §§186-188, §190 본문, §191, §377, §378의 규정은 총회의 결의의 내용이 법령에 위반한 것을 이유로 하여 결의무효의 확인을 청구하는 소와 총회의 소집절차 또는 결의방법에 총회결의가 존재한다고 볼 수 없을 정도의 중대한 하자가 있는 것을 이유로 하여 결의부존재의 확인을 청구하는 소에 이를 준용한다.
> **§381(부당결의의 취소, 변경의 소)** ① 주주가 §368③의 규정에 의하여 의결권을 행사할 수 없었던 경우에 결의가 현저하게 부당하고 그 주주가 의결권을 행사하였더라면 이를 저지할 수 있었을 때에는 그 주주는 그 결의의 날로부터 2월내에 결의의 취소의 소 또는 변경의 소를 제기할 수 있다.

다수의 이해관계가 복잡하게 얽혀 있는 단체법적 법률관계의 획일적 처리와 법적 안정성을 위하여 주주총회결의의 하자는 소에 의하여만 다툴 수 있고, 하자의 유형도 법정되어 있다. 즉 ① 주주총회 절차상의 일반적인 하자나 결의내용의 정관 위반에 대해서는 결의취소 소송(§376), ② 결의내용의 법령 위반에 대해서는 결의무효 확인소송(§380), ③ 절차상의 중대한 하자에 대해서는 결의부존재 확인소송(§380), ④ 결의내용이 현저히 부당한 경우 부당결의 취소 · 변경소송(§381)이 가능하다.

(2) 결의취소 사유 ☆☆

다음과 같은 경우에 결의취소 사유에 해당하는 소집절차상 하자가 인정된다.

① 주주총회결의 소집은 이사회 권한임에도 불구하고, 이사회 결정이 없었던 경우 판례 7-13

② 주주총회결의 소집의 통지는 대표이사의 권한임에도 불구하고, 대표이사 아닌 이사가 소집통지를 한 경우 판례 7-14 및 **대표이사가 소집통지를 하였지만 대표이사 선임에 관한 이사회 결의에 무효사유가 발견되어서 대표이사의 소집통지도 소급적으로 무효가 된 경우** 판례 7-15

③ 주주 전원에게 소집통지를 해야 함에도 불구하고, **41%의 주식을 보유한 주주에게 소집통지를 누락한 경우** 판례 7-16 다만 예외적으로 의결권 없는 주주에게는 소집통지를 하지 않아도 무방하나, 소집통지서에 주식매수청구권의 안내가 포함된 경우에는 그러하지 아니하다(§363⑦).

④ 총회일 2주 전까지 서면으로 소집통지를 해야 함에도 불구하고, 이를 기간 내에 하지 않은 경우 판례 7-17

⑤ 심지어 주주총회결의 소집에 이사회의 결의가 없었고 구두로 소집을 통지하면서 법정소집기간을 준수하지 아니하였으며 10%의 주식을 보유한 주주에게 소집통지를 누락한 경우 판례 7-18

⑥ 은행장 선임을 위한 주주총회가 오전 10시에 예정되었으나 관치금융 낙하산이라는 이유로 노조와 대치하던 중 밤 10시에 은행장직무대행실에서 주주총회를 개최한 경우 시간적으로 사회통념상 당초 개회시각에 출석하였던 주주들의 참석권을 침해하였고 소집장소 변경의 통지가 제대로 이루어지지 않았기 때문에 참석권을 박탈하여 소집절차가 현저하게 불공정한 경우 판례 7-19

다음과 같은 경우에 결의취소 사유에 해당하는 결의방법상 하자가 인정된다.

① 주주권 행사는 주주명부를 기준으로 함에도 불구하고, **회사가 일부 명의주주의 의결권 행사를 부정하거나 명의개서 미필주주 또는 실질주주에게 의결권을 부여한 경우** 전합 7-20

② 주주 아닌 자가 결의에 참가하였거나, 의결권이 제한되는 주주가 의결권을 행사한 경우 판례 7-21

③ 의결정족수에 미달하는 하자가 있었지만 가결 처리된 경우 판례 7-22

④ 주주의 의결권 행사와 관련하여 위법하게 이익을 공여한 경우 판례 7-23

⑤ 의장 아닌 자가 정당한 사유없이 주주총회 의장이 되어 진행한 경우 판례 7-24

↔ 다만 주주들의 추궁을 받은 의장이 일방적으로 자진 퇴장한 경우에 임시의장을 선출하여 진행한 것은 적법함. 판례 7-25

⑥ 주주가 A(지분 57%)와 B(지분 43%) 둘뿐인 회사에서 주주총회 개최시각 무렵에 도착한 주주 B에게 방문일지 작성 등을 요구하며 10분간 부당하게 입장을 지체시키는 사이에 이를 기화로 특별결의가 필요한 정관변경을 가결 처리함으로써 현저하게 불공정한 방식으로 의사진행한 경우 판례 7-26

↔ 다만 국민은행 합병사건에서 노동조합 대표자가 의결권 불통일행사를 하지 않고 1주씩의 참석장 9,000장을 노조 원들에게 나누어주고 의결권을 행사하게 한 것에 대하여 주주총회개최 방해금지 가처분결정을 얻어 노조 원들의 입장을 저지한 것은 적법함. 판례 7-27

그 밖에 이사 정원을 정관상 7명으로 정하였는데 이를 초과하여 선임한다거나, 사외이사의 자격을 정관상 재무전문가로 제한하였는데 이를 준수하지 못하였다면 결의 **내용이 정관에 위반**하여 취소사유가 될 수 있다.

(3) 결의무효 사유

이익배당을 하면서 배당가능이익을 초과하였다거나, 주주평등의 원칙을 위반하였다거나, 주주유한책임의 원칙을 위반한 경우 등에는 **결의내용이 법령에 위반**하여 결의무효 사유에 해당한다.

예를 들어, 상장회사의 감사의 선임·해임에 있어서 최대주주가 아닌 주주에 대하여 특수관계인의 지분을 합산하여 일정 비율을 초과하는 주식에 대하여 의결권을 제한하는 주주총회결의는 무효이다. 판례 7-28

(4) 결의부존재 사유

주주총회 절차상의 일반적인 하자는 결의취소 사유에 해당하지만, 그 하자의 정도가 중대하여 사실상 주주총회결의가 존재하지 않는 것과 다름없게 평가될 경우라면 결의부존재 사유에 해당한다. 절차상 하자가 중첩된다고 하여 당연히 결의부존재 사유가 되는 것은 아니다. 판례 7-29 다만 여러 하자가 중첩될수록 결의부존재 사유로 인정될 가능성은 높아진다.

다음과 같은 경우에 결의부존재 사유가 인정된다.

① 주주 전원에게 소집통지를 해야 함에도 불구하고, 대부분의 주주에게 소집통지를 누락한 경우 판례 7-30

② 주주총회 소집을 이사회에서 결정하지 않았고 소집통지를 대표이사가 하지도 않은 경우 판례 7-31 및 주주총회 소집을 이사회에서 결정하지 않았고 소집통지를 대표이사가 하지 않았으며, 나아가 일부 주주에게만 구두로 소집통지를 한 경우 판례 7-32

③ 주주총회가 소란으로 인하여 종료된 후 73.66%의 지분을 소유한 주주들이 남아서 같은 날 다른 시각 다른 장소에서 결의를 한 경우 판례 7-33

④ 98%의 지분을 소유한 지배주주가 소집절차를 거치지 않고 주주총회를 개최하지 않은 채 주주총회결의가 있었던 것처럼 의사록을 허위로 작성한 경우 판례 7-34

3 주주총회결의 하자의 소 ☆☆

(1) 의의 및 소의 성질

결의 취소소송과 부당결의 취소·변경소송은 **형성소송**에 해당하므로 원고승소의 확정판결에 의하여 주주총회결의가 취소되기 전에는 주주총회결의가 유효한 것으로 다루어진다. 2개월의 **제소기간**이 경과하면 하자에도 불구하고 적법한 결의로 확정된다. 형성소송의 특성상 주주총회결의의 하자 또는 유효성에 관하여 다른 소송에서 공격방어 방법으로 주장할 수 없다.

2개월의 제소기간은 결의별로 적용되는 제척기간이기 때문에, 임시주주총회에서 이사선임과 정관변경을 결의하고 2개월 내에 이사선임결의 취소소송을 제기하였으나 2개월 이후 추가적으로 병합한 정관변경결의 취소소송은 제소기간을 도과하여 부적법하다. 판례 7-35 다만 **소집절차의 하자를 이유로 결의부존재 확인소송을 2개월 내에 제기하였다가 2개월 이후 동일한 하자를 원인으로 하여 결의 취소소송으로 변경·추가한 경우에는 결의부존재 확인소송 제기시점에 결의 취소소송이 제기된 것과 동일하게 취급하여 제소기간을 준수한 것으로 본다.** 판례 7-36

한편 결의무효 확인소송과 결의부존재 확인소송의 법적 성질에 대해서는 확인소송설과 형성소송설이 대립한다. 확인소송설과 형성소송설을 구분하는 가장 큰 실익은 주주총회결의의 하자에 관한 확정 판결을 받지 않고서도 다른 소송에서 '주주총회결의에 하자가 있으니 당해 결의에 효력이 없다'는 주장을 공격방어방법으로 제기할 수 있는지 여부이다. **판례는 주주총회결의 효력이 회사 아닌 제3자 사이의 소송에서 선결문제로 된 경우에 당사자는 주주총회결의가 처음부터 무효 또는 부존재한다고 주장할 수 있다고 판시함으로써 확인소송설을 취하였다.** 판례 7-37

(2) 주주총회결의 취소소송

결의취소의 소를 제기할 수 있는 원고적격은 주주·이사·감사에게 있다. 결의 시점이 아닌 **제소 시점**에 주주명부에 명의개서가 경료된 주주에게 원고적격이 인정된다. 의결권없는 주주도 포함한다(통설). 원고적격은 변론종결 시점까지 유지되어야 하는바, 소송계속 중 원고가 주주의 지위를 상실하면 원칙적으로 당사자적격 상실에 의하여 소 각하 대상이다.

이러한 주주의 제소권은 **공익권**에 해당한다. 설사 원고인 주주 본인은 주주총회에 참석하였기 때문에 참석권의 침해를 받지 않았더라도, 다른 주주에 대한 소집통지가 누락되었음을 문제삼아 결의취소를 구할 수 있다. 판례 7-38 또한 주주총회의 목적사항으로 통지되지 않은 의제에 대한 결의가 이루어진 경우에 투표에 참여했던 주주가 소집절차상 하자를 이유로 결의취소를 구하더라도 신의성실의 원칙에 반하지 않는다. 판례 7-39

| 도표 7-3 | 주주총회결의 하자소송과 대표소송의 원고적격 상실여부 비교

예를 들어 원래 하나은행의 소수주주들이 이익배당에 관한 주주총회결의 하자소송을 제기하여 계속되던 중, 하나은행과 하나금융지주가 포괄적 주식교환 계약에 의하여 하나금융지주가 하나은행의 지분 100%를 보유하게 되면서 하나은행의 소수주주들은 하나은행의 주주로서의 지위를 상실하고 하나금융지주의 주주의 지위를 취득하였다. 이 경우 주주총회결의 하자소송에서 원고인 주주들은 당사자적격을 상실한다고 판시하였다(대법원 2016. 7. 22. 선고 2015다66397 판결).

참고로 A회사의 소수주주 B가 A회사의 이사를 상대로 대표소송을 제기하였는데, 포괄적 주식교환에 의하여 A회사가 C회사의 100% 자회사가 되면서 B는 A회사 주주의 지위를 상실하고 C회사의 주주로 지위가 이전되었다면 원칙적으로 B의 대표소송은 당사자적격을 상실하는 것이지만(대법원 2018. 11. 29. 선고 2017다35717 판결), 만약 개정상법에 의하여 다중대표소송의 요건을 갖추었다면 B는 다중대표소송의 원고로서 당사자적격을 유지할 수 있다.

(3) 주주총회결의 무효·부존재 확인소송

확인소송의 특성상 원고적격이 제한되지 않으며 확인의 이익이 인정되면 제소할 수 있다. 제소 시점에 주주명부에 명의개서가 경료된 주주는 일반적으로 확인의 이익이 인정되며, 이 경우 주주의 지위는 변론종결 시점까지 유지되어야 한다는 점에서는 취소소송과 다름없다. 피고적격은 회사에게만 인정된다(통설·판례). 대표이사 선임에 관한 결의의 하자를 다투는 소송에서도 여전히 그 대표이사가 회사를 대표할 수는 있지만, 이러한 경우라면 당해 대표이사의 직무집행을 정지시키고 직무대행자를 선임하는 가처분을 신청할 수 있다. 전합 7-40 판례 7-41

다음과 같은 경우에 확인의 이익이 인정된다.

① 퇴임이사는 후임이사가 선임될 때까지 법률에 의하여 이사의 지위가 인정되는바, 후임이사를 선임한 주주총회결의의 부존재·무효 사유를 주장하며 퇴임이사가 제소하는 경우 판례 7-42

② **1차 주주총회에서 선임된 이사들이 전부 사임하여 2차 주주총회에서 후임이사를 선임하였으나 2차 주주총회결의의 부존재·무효가 인정되거나 취소되었다면 1차 주주총회결의에서 선임되었던 이사들이 사임에도 불구하고 퇴임이사로서 이사의 지위를 유지하므로 1차 주주총회결의의 부존재·무효의 확인을 구할 법률상 이익이 인정된다.** 판례 7-43

↔ 다만 위 사안에서 2차 주주총회에 하자사유가 인정되지 않는다면 후임이사들이 적법하게 선임된 이상 1차 주주총회결의의 부존재·무효의 확인을 구할 법률상 이익이 부정된다. 판례 7-43

③ 이사 A를 해임한 주주총회결의에 대하여, 해임된 이사 A가 당해 결의의 부존재·무효의 확인을 구하는 경우 판례 7-44

↔ 다만 **1차 주주총회에서 이사 A를 해임하는 과정에서 결의의 하자가 존재하였더라도 2차 주주총회에서 후임이사 B를 적법하게 선임하였다면 해임된 이사 A가 1차 주주총회결의의 부존재·무효의 확인을 구하는 것은 과거의 법률관계의 확인을 구하는 것에 불과하여 확인을 구할 법률상 이익이 부정된다.** 판례 7-44 판례 7-45

↔ 그럼에도 불구하고 위 사안에서 후임이사 B를 선임한 2차 주주총회결의에도 부존재·무효 사유가 존재하고 위법하게 해임된 이사 A가 퇴임이사의 지위를 가질 수 있다면 1차 주주총회 해임결의의 부존재·무효의 확인을 구할 법률상 이익이 인정된다. 판례 7-45

(4) 소송절차와 효력

주주총회결의 하자소송은 회사의 본점소재지의 지방법원 전속관할에 해당한다(§186). 결의취소 소송의 경우 특이하게 **재량기각**이 가능하다(§379). 즉 하자가 인정되어서 결의를 취소하여도 회사 또는 주주에게 이익이 되지 않든가 이미 결의가 집행되었기 때문에 이를 취소하여도 아무런 효과가 없는 경우에는 법원이 직권으로 재량에 의하여 청구를 기각할 수 있다. 판례 7-46

원고승소의 판결은 제3자에게도 **대세효**를 미친다(§380, §381, §190 본문). 즉 주주총회결의 하자소송의 판결이 확정되면 제3자도 이를 다툴 수 없으므로 청구의 인낙이나 그 결의의 부존재·무효를 확인하는 내용의 화해·조정은 허용되지 않는다. 판례 7-47 반면 원고패소 판결은 대세효가 없으므로 다른 제소권자가 다시 다툴 수 있다.

또한 원고승소의 판결은 **소급효**를 갖는데, **거래상대방의 선의 여부는 고려하지 않으며 주주총회결의 사항은 소급하여 절대적으로 무효가 된다.** 다만 거래상대방은 표현대표이사(§395) 또는 부실등기의 효력(§39)에 의하여 구제될 수 있다.

| 도표 7-4 | 회사소송 무효판결의 소급효 인정여부 비교

판결의 유형	판결의 효력	근거
이사회결의 무효판결	원칙적으로 소급효 (전단적 대표행위에 유의)	일반원칙
주주총회결의 취소판결	원칙적으로 소급효 (흡수설에 유의)	§376②
주주총회결의 무효판결		§380
감자 무효판결	소급효	§446
회사설립 무효판결	장래효	§190 단서
신주발행 무효판결	장래효	§431②
전환사채발행 무효판결	장래효	§429 유추적용(판례)
신주인수권부사채발행 무효판결	장래효	§429 유추적용(판례)
합병 무효판결	장래효	§530, §240
분할 무효판결	장래효	§530－11
분할합병 무효판결	장래효	§530－11
주식교환 무효판결	장래효	§360－14④, §431
주식이전 무효판결	장래효	§360－23④

(5) 주주총회결의를 다툴 수 없는 경우

주주총회결의를 근거로 하여 회사의 후속행위가 이루어진 경우에 당해 후속행위의 효력을 특정한 소에 의해서만 다툴 수 있도록 법정되어 있다면 주주총회결의 하자소송을 제기할 수 없다(통설 · 판례). 이를 '**흡수설**'이라 한다.

예를 들어, (i) 신주발행의 효력이 발생한 뒤에는 제429조에 의한 소로만 신주발행의 하자를 다툴 수 있으므로 별도로 신주발행에 관한 결의하자소송을 제기할 수 없다. 판례 7-48 (ii) 합병등기 이후 합병의 무효는 제529조에 의한 소로만 다툴 수 있으므로 합병에 관한 결의하자소송을 제기할 수 없다. 판례 7-49 (iii) 감자등기 이후 자본금감소의 무효는 제445조에 의한 소로만 다툴 수 있으므로 감자에 관한 결의하자소송을 제기할 수 없다. 판례 7-50 위 세 가지 무효소송 모두 6개월의 제소기간이 적용된다.

후속행위인 합병 · 감자의 등기가 이루어지지 않아서 그 **효력이 발생하기 전**에는 합병 · 감자의 무효소송을 제기할 수 없으므로 주주총회결의 자체의 하자를 다투는 소송을 제기할 수 있다. 다만 후속행위의 등기가 경료되어서 효력이 발생하면 합병 · 감자의 무효소송으로 변경해야 한다.

한편 주주총회결의에 취소사유에 해당하는 하자가 존재하였다면 **2개월의 제소기간**이 적용되는데, 이러한 제한 역시 후속행위에 대한 무효소송에 흡수될 것이므로 신주발행 · 합병 · 감자 무효소송은 결의일로부터 2개월 이내에 제기되어야 한다. 만약 후속행위인 합병 · 감자의 등기가 이루어지지 않았다면 일단 2개월 이내에 주주총회결의의 취소소송을 제기하고, 등기 경료 이후에 합병 · 감자의 무효소송으로 변경해야 한다.

Dubai

CHAPTER

8

이사 및 이사회

Chapter 8

이사 및 이사회

1 이사의 선임

(1) 이사의 법적 지위

§382(이사의 선임, 회사와의 관계 및 사외이사)
① 이사는 주주총회에서 선임한다.
② 회사와 이사의 관계는 「민법」의 위임에 관한 규정을 준용한다.
③ 사외이사는 해당 회사의 상무에 종사하지 아니하는 이사로서 다음 각 호의 어느 하나에 해당하지 아니하는 자를 말한다. 사외이사가 다음 각 호의 어느 하나에 해당하는 경우에는 그 직을 상실한다.
2. 최대주주가 자연인인 경우 본인과 그 배우자 및 직계 존속 · 비속
6. 회사와 거래관계 등 중요한 이해관계에 있는 법인의 이사 · 감사 · 집행임원 및 피용자
§383(원수, 임기)
① 이사는 3명 이상이어야 한다. 다만, 자본금 총액이 10억 원 미만인 회사는 1명 또는 2명으로 할 수 있다.
② 이사의 임기는 3년을 초과하지 못한다.
③ 제2항의 임기는 정관으로 그 임기 중의 최종의 결산기에 관한 정기주주총회의 종결에 이르기까지 연장할 수 있다.

이사는 이사회의 구성원으로서 이사회를 통하여 회사의 업무를 집행하고 대표이사 등의 직무집행을 감독한다. 회의체인 이사회를 구성해야 하므로 적어도 3인 이상의 이사를 선임해야 한다(§383①).

이사는 주주총회에서 선임되는데(§382①), 주주총회의 전속적 권한이므로 위임할 수도 없다. 적법한 선임절차를 거치지 않았다면 회사로부터 이사라는 직함을 부여받더라도 소위 **비등기이사**에 불과하며 상법상 이사의 지위를 인정받지 못한다. 판례 8-1

이사는 회사와 **위임관계**에 있는 것으로 인정된다(§382②). 다만 상법상 이사라 할지라도 실제로는 대표이사 등의 지휘 · 감독 아래 일정한 근로를 제공하면서 그 대가로

보수를 받는 관계에 있다면 근로기준법상의 근로관계로 보호받을 수도 있다. 판례 8-1

이사의 임기를 정하지 않고 선임할 수도 있으며, 임기를 정할 경우에는 3년을 초과하지 못한다(§383②). 임기를 정하지 않았다고 하여 당연히 3년의 임기를 인정받는 것은 아니다. 판례 8-2 일반적인 위임의 종료사유에 의하여 이사 역시 종임된다.

이사는 3가지 종류가 있다. 즉 ① 결격사유가 적용되지 않고 상근인 **사내이사**, ② 독립성이 요구되므로 결격사유(§382③)가 적용되는 **사외이사**, ③ 결격사유가 적용되지 않고 비상근인 **그 밖에 상무에 종사하지 아니하는 이사**로 구분하여 등기된다(§317②(viii)). 특히 2025년 개정상법에서는 업무집행 감독기능을 강화하기 위하여 상장회사가 선임하는 사외이사의 명칭을 **'독립이사'**로 변경하고 사내이사·집행임원·업무집행지시자로부터 독립적인 기능을 수행하도록 정하였다(§542-8①). 상장회사는 이사 총수의 1/3 이상을 독립이사로 선임해야 하며 이는 2026. 7.부터 시행된다. 다른 법령에서 상장회사의 사외이사로 인용하는 경우에는 독립이사를 의미하는 것으로 본다(부칙 §3).

사외이사에 대한 결격사유 이외에는 이사 자격에 아무런 제한이 없으므로 회사는 자신의 판단으로 얼마든지 제한능력자를 이사로 선임하는 것도 가능하다. 모험사업을 수행하기 위하여 개인의 어떤 능력을 중시할지는 주주총회가 자신의 위험부담으로 결정하는 것이다. 다만 법인을 이사로 선임하는 것은 현행법상 불가능하다.

(2) 이사선임의 주주총회결의 ☆

> **§382-2(집중투표)**
> ① 2인 이상의 이사의 선임을 목적으로 하는 총회의 소집이 있는 때에는 의결권없는 주식을 제외한 발행주식총수의 3% 이상에 해당하는 주식을 가진 주주는 정관에서 달리 정하는 경우를 제외하고는 회사에 대하여 집중투표의 방법으로 이사를 선임할 것을 청구할 수 있다.
> ③ 제1항의 청구가 있는 경우에 이사의 선임결의에 관하여 각 주주는 1주마다 선임할 이사의 수와 동일한 수의 의결권을 가지며, 그 의결권은 이사 후보자 1인 또는 수인에게 집중하여 투표하는 방법으로 행사할 수 있다.
> ④ 제3항의 규정에 의한 투표의 방법으로 이사를 선임하는 경우에는 투표의 최다수를 얻은 자부터 순차적으로 이사에 선임되는 것으로 한다.

주주총회에서 이사를 선임할 때에는 이사 후보자 각 1인에 대하여 개별적으로 찬반투표를 실시하여 가부 결의를 한다. 2인 이상의 이사를 선임하려는 경우, 일반적인 **단순투표제**에 의한다면 지배주주가 과반수 찬성으로 모든 이사를 선임할 수도 있기 때문에 소수주주의 입장을 대변할 수 있는 이사를 선임할 수 있게 보장하기 위하여 집중투표제가 제공된다(§382-2①).

집중투표란 주식 1개당 선임할 이사의 수와 동일한 수의 의결권을 부여받아서 이를 이사 후보자 1인 또는 수인에게 집중하여 투표하는 의결권 행사방법을 의미한다(§382-2③). 집중투표의 결과 각 이사 후보자에 대하여 출석한 주주 의결권의 과반수가 찬성하였는지와 무관하게 최다득표자부터 순차적으로 이사에 선임된 것으로 처리하여 하나의 주주총회결의로 동시에 선임한다(§382-2④). 집중투표를 실시하더라도 정관상 정해진 의사정족수 규정이 있다면 이를 지켜야 한다. 판례 8-3

집중투표를 활용할 수 있으려면 일단 **정관**에 '집중투표를 배제하는 규정'이 없어야 한다(§382-2①). 즉 정관에 특별한 규정이 없다면 집중투표를 활용할 수 있는 것이 원칙이다. 이와 같이 정관에 의하여 예외적으로 배제할 수 있도록 규정하는 것을 opt-out 방식이라 한다. 한편 상장회사에서 정관을 변경하여 집중투표를 배제할 때에는 3% 지분을 초과하는 주식에 대하여 의결권이 제한된다(§542-7③).

집중투표의 방법으로 이사를 선임하려면 3% 이상의 지분을 갖춘 소수주주가 주주총회일 7일 전까지 회사에 대하여 서면 또는 전자문서로 **집중투표의 청구**를 해야 한다(§382-2①,②). 소수주주의 집중투표 청구서를 제출받은 회사는 다른 주주들이 이를 열람할 수 있도록 본점에 비치하고(§382-2⑥), 주주총회에서 의결에 앞서 집중투표가 청구되었음을 알려야 한다(§382-2⑤).

(3) 이사선임의 시점 ☆

이사의 지위는 단체법적 성질을 가지는 것이므로 주주총회에서 이사로 선임된 사람과 대표이사 사이에 체결되는 계약에 기초한 것이 아니며, 이사 선임은 주주총회의 전속적 권한으로서 단체법적으로 결정된다.

종전의 판례와 다수설은 주주총회결의로 이사 선임을 결정하면 이를 실행하기 위하여 대표이사가 청약을 하고 이사로 선임된 자가 승낙을 함으로써 위임계약이 체결되는 것으로 보았다. 그러나 이사 선임을 대표이사에 의한 계약으로 파악하는 것은 이사의 단체법적 지위에 부합하지 않을 뿐만 아니라 주주총회결의에도 불구하고 대표이사가 이에 불응하여 청약을 하지 않으면 이사의 지위를 취득하지 못하는 부당한 상황이 발생할 수 있다.

이에 대법원은 전원합의체 판결에 의하여 종전의 판례를 명시적으로 폐기하면서, **이사선임결의와 피선임자의 승낙만 있으면, 피선임자는 대표이사와 별도의 임용계약을**

체결하였는지와 관계없이 이사의 지위를 취득한다고 판시하였다. 판례 8-4

이사가 선임되면 등기를 해야 하지만 이사선임의 등기에 창설적 효력이 있는 것은 아니다. 따라서 이사 지위를 취득하였는지 여부는 등기와 무관하다.

2 이사의 해임

(1) 해임에 관한 이사와 회사의 법률관계 ☆☆

> **§385(해임)**
> ① 이사는 언제든지 제434조의 규정에 의한 주주총회의 결의로 이를 해임할 수 있다. 그러나 이사의 임기를 정한 경우에 정당한 이유없이 그 임기만료 전에 이사를 해임한 때에는 그 이사는 회사에 대하여 해임으로 인한 손해의 배상을 청구할 수 있다.

주주총회는 언제든지 특별결의에 의하여 이사를 해임할 수 있다(§385① 제1문). 주주총회에서 이사해임안이 부결된 경우, 당해 이사의 직무관련 부정행위 또는 중대한 법령·정관 위반행위가 있었다면 지분 3%를 확보한 소수주주는 법원에 당해 이사의 해임을 청구할 수 있다(§385②).

임기를 보장받는 이사라 할지라도 그와 무관하게 주주총회는 언제든지 이사를 해임할 수 있으며 해임의 **정당한 이유**는 필요하지 않다. 소유와 경영이 분리된 주식회사에서 주주가 회사에 대한 지배권을 확보하도록 하기 위함이다. 판례 8-5 다만 경영자 지위의 안정이라는 가치도 중요하기 때문에 임기가 정해진 이사를 **임기 중 부당하게 해임하였다면 회사는 손해배상책임을 부담한다**(§385① 제2문). 애초에 임기를 정하지 않은 이사라면 정당한 이유없이 해임하여도 손해배상책임이 없다. 판례 8-6

해임의 정당한 이유란, 불화가 있다는 등 단순히 주관적인 신뢰관계가 상실된 것만으로는 부족하고 '직무수행에 장해가 될 객관적 상황이 발생한 경우'를 의미한다. 예를 들어 이사가 (i) 직무와 관련하여 법령이나 정관을 위반한 경우, (ii) 정신적·육체적으로 직무를 감당하기 현저하게 곤란한 경우, (iii) 직무수행능력에 대한 근본적인 신뢰관계가 상실된 경우 등이 이에 해당한다. 판례 8-7 해임사유는 해임결의 당시 객관적으로 존재하는 사정으로 판단하며, 주주총회에서 참작한 사유나 인식한 사정에 한정되지 않는다. 판례 8-8 정당한 이유 없이 해임되었다는 사실은 손해배상을 청구하는 이사가 입증

책임을 부담한다. 판례 8-9

정당한 이유 없이 임기 중 해임당한 이사는 원칙적으로 **잔여 임기 동안 받을 수 있었던 보수 상당액**에 대하여 손해배상을 청구할 수 있다(통설 · 판례). 다만 잔여 임기 중 다른 직장에 종사하면서 얻은 이익이 있다면 해임과 상당인과관계가 인정될 수 있으므로 **손익상계** 법리가 적용되어 손해배상액에서 공제된다. 판례 8-7

(2) 이사 결원을 방지하기 위한 조치 ☆

> **§383(원수, 임기)** ③ 이사의 임기는 정관으로 그 임기 중의 최종의 결산기에 관한 정기주주총회의 종결에 이르기까지 연장할 수 있다.
> **§386(결원의 경우)**
> ① 법률 또는 정관에 정한 이사의 원수를 결한 경우에는 임기의 만료 또는 사임으로 인하여 퇴임한 이사는 새로 선임된 이사가 취임할 때까지 이사의 권리의무가 있다.
> ② 제1항의 경우에 필요하다고 인정할 때에는 법원은 이사, 감사 기타의 이해관계인의 청구에 의하여 일시 이사의 직무를 행할 자를 선임할 수 있다. 이 경우에는 본점의 소재지에서 그 등기를 하여야 한다.

이사의 임기가 결산기 말일과 정기주주총회일 사이에 만료되면 회사의 원활한 업무수행이 곤란할 수 있으므로 결원이 생기지 않도록 정관에 의하여 정기주주총회가 종결될 때까지 이사의 임기가 연장되도록 규정할 수 있다(§383③).

어떤 사유로든 이사의 수가 정원에 미치지 못하게 되면 이사회의 원활한 업무수행이 곤란할 수 있다. 따라서 이사의 임기만료 또는 사임으로 인하여 이사 정원이 부족하게 될 경우에는 후임이사가 선임될 때까지 이사의 지위를 유지하도록 강제한다(§386①). 이를 특히 '**퇴임이사**'라 한다. 퇴임이사의 법리는 사외이사 규모에 정원이 있는 경우에도 적용되며, 대표이사에도 준용되므로(§389③), 사외이사 또는 대표이사의 지위가 유지될 수 있다.

한편 퇴임이사에게 이사의 지위를 유지시키는 것이 불가능하거나 부적당한 경우에는 법원이 '**임시이사**'를 선임할 수 있다(§386②). 예를 들어 이사가 중병으로 사임하거나 장기간 부재중인 경우가 이에 해당하며, 반면에 회사 동업자들 사이에 분쟁이 계속되고 있다는 사정이 있더라도 퇴임이사 대신 임시이사를 선임해야 할 사유로 인정하지 않는다. 판례 8-10

임시이사와 퇴임이사 모두 이사의 지위를 완전히 인정받는 것이므로 권한 범위가 제한되지 않는다. 이 점에서 **직무대행자**의 권한범위가 상무로 제한되는 것과 구별된다. **퇴임이사는 주주총회에서 해임할 수 없다.** 판례 8-5 그 대신 주주총회가 후임이사를 선임하거나 임시이사가 선임되면 퇴임이사의 지위가 당연히 상실됨과 동시에 이사 결원을 해소할 수 있다.

(3) 이사의 직무집행정지 및 직무대행자선임 가처분 ☆

§407(직무집행정지, 직무대행자선임)
① 이사선임결의의 무효나 취소 또는 이사해임의 소가 제기된 경우에는 법원은 당사자의 신청에 의하여 가처분으로써 이사의 직무집행을 정지할 수 있고 또는 직무대행자를 선임할 수 있다. 급박한 사정이 있는 때에는 본안소송의 제기 전에도 그 처분을 할 수 있다.
② 법원은 당사자의 신청에 의하여 전항의 가처분을 변경 또는 취소할 수 있다.
③ 전 2항의 처분이 있는 때에는 본점의 소재지에서 그 등기를 하여야 한다. [2024년 개정]

가. 의의

(i) 이사선임의 효력을 다투거나 (ii) 해임을 청구하는 소송이 제기되었다면, 판결 확정 전이라도 가처분에 의하여 이사의 직무집행을 정지함과 동시에 당해 이사를 대신할 직무대행자를 선임할 수 있다(§407① 제1문). 아직 이사의 지위를 다투는 소송을 제기하지 않았더라도 급박한 사정이 있다면 가처분을 신청할 수 있다(§407① 제2문).

가처분의 신청인은 본안소송의 원고이며, 피신청인은 회사가 아니라 그 지위가 다투어지는 당해 이사이다. 판례 8-11

나. 요건

일반적인 가처분의 요건을 갖추어야 하므로 (i) **피보전권리**가 인정되어야 하고, (ii) 회사에 회복할 수 없는 손해가 발생할 위험을 방지하기 위한 **보전의 필요성**이 요구된다.

피보전권리가 문제되는 경우는 다음과 같다.

① 이사선임결의에 하자가 있었더라도 이사가 사임하였다면 가처분 신청인에게 피보전권리가 인정되지 않으며, 이후 2차 선임결의에 의하여 다시 선임되어 이사 직무를 수행하고 있더라도 더 이상 1차 선임결의에 대한 하자를 주장할 수 없게 되었으므로 이에 관한 피보전권리가 인정될 수 없다. 판례 8-11

② 퇴임이사에 대한 직무집행정지 가처분은 허용되지 않으나, 이사가 사임할 당시에 이사 정원에 결원이 발생하지 않아서 퇴임이사가 될 수 없음에도 불구하고 마치 퇴임이사인 것처럼 이사로서 권리의무를 실제로 행사하고 있다면 이사지위 부존재확인 청구권을 피보전권리로 하여 직무집행정지 가처분을 신청할 수 있다. 판례 8-12

다. 효과

직무집행정지 및 직무대행자선임의 가처분은 법원의 취소판결에 의해서만 소멸하며 그 전까지는 유효하게 존속한다. **위 가처분 결정에 위반한 행위의 효력은 당사자 사이는 물론 제3자에 대한 관계에서도 절대적으로 무효이다.** 판례 8-13

이사의 직무집행정지 및 직무대행자선임의 가처분결정은 등기사항인바(§407③), 이를 등기하지 않더라도 가처분 신청의 당사자인 이사에게는 대항할 수 있지만, 선의 제3자에게는 대항하지 못한다(§37①). 다만 가처분이 등기되지 않는 경우는 거의 없기 때문에 별로 문제되지 않는다. 가처분의 효력이 문제되는 경우는 다음과 같다.

① **직무집행정지 가처분결정에 의해 회사를 대표할 권한이 정지된 대표이사가 그 정지기간 중에 체결한 계약은 절대적으로 무효이고, 그 후 가처분이 취소되더라도 효력이 소급적으로 소멸하는 것은 아니므로 무효인 계약이 유효하게 되지는 않는다.** 판례 8-14 이때 거래상대방은 대표이사의 행위가 가처분에 위반하여 무효라는 사정에 대하여 선의였더라도 대항할 수 없다. 판례 8-15

② 대표이사의 직무집행정지 및 직무대행자선임의 가처분이 이루어진 이상, 그 후 대표이사가 해임되고 새로운 대표이사가 선임되었다 하더라도 가처분결정이 취소되지 아니하는 한 직무대행자의 권한은 유효하게 존속하는 반면 새로이 선임된 대표이사는 그 선임결의의 적법 여부에 관계없이 대표이사로서의 권한을 가지지 못한다. 판례 8-13 판례 8-15 판례 8-16 다만 사정변경으로 인하여 더 이상 직무집행정지 가처분을 유지할 필요가 없다면 피신청인은 위 가처분의 취소를 구할 수 있다. 판례 8-17

라. 직무대행자의 권한범위

> **§408(직무대행자의 권한)**
> ① 제407조의 직무대행자는 가처분명령에 다른 정함이 있는 경우 외에는 회사의 상무에 속하지 아니한 행위를 하지 못한다. 그러나 법원의 허가를 얻은 경우에는 그러하지 아니하다.
> ② 직무대행자가 전항의 규정에 위반한 행위를 한 경우에도 회사는 선의의 제삼자에 대하여 책임을 진다.

직무대행자의 권한은 회사의 상무로 제한된다(§408① 본문). 이때 '**상무**'란 회사의 통상적인 업무범위 내의 사무, 즉 회사의 경영에 중요한 영향을 미치지 않는 보통의 업무를 뜻한다. 판례 8-18 일반적으로 유지·관리를 위한 행위만 상무로서 허용되고, 처분행위는 법원의 허가가 필요한 것으로 이해한다.

직무대행자가 주주총회를 소집할 때 대상 안건이 회사의 경영 및 지배에 영향을 미칠 수 있다면 그러한 주주총회를 소집하는 것 자체가 상무에 속하지 않기 때문에 법원의 허가 없이 주주총회를 소집하여 결의한 때에는 소집절차상의 하자가 인정되며 결의 취소사유에 해당한다. 판례 8-19

다만 직무대행자가 상무에 속하지 않는 행위를 법원의 허가 없이 하였음을 알지 못하는 선의의 제3자는 보호받는다(§408②).

3 이사의 보수

(1) 보수청구권의 발생과 보수의 결정 ☆

§388(이사의 보수) 이사의 보수는 정관에 그 액을 정하지 아니한 때에는 주주총회의 결의로 이를 정한다.

이사와 회사의 관계는 기본적으로 위임의 법률관계에 해당하므로 보수는 특별한 약정이 없는 한 **무상**이 원칙이다(§686①). 이사에게 월급 및 퇴직금 등 일체의 보수를 지급하려면 정관에서 근거규정을 두거나 아니면 주주총회결의로 정해야 하는데(§388), 이는 이사가 자신의 보수와 관련하여 개인적 이익을 도모하는 폐해를 방지하기 위한 **강행규정의 성격을 가지므로 정관이나 주주총회결의에 의한 근거가 없다면 이사의 보수청구권은 발생하지 않는다.** 판례 8-16 판례 8-20 정관에서 이사의 보수를 주주총회결의로 정한다고 규정한 경우, 그 금액 · 지급시기 · 지급방법 등에 관한 주주총회결의가 있었음을 인정할 증거가 없다면 이사는 보수를 청구할 수 없다. 판례 8-20

반면에 위와 같은 절차에 의하여 적법하게 이사 보수의 금액이 결정되었다면 이를 사후적으로 박탈하거나 제한하는 주주총회결의를 하여도 무효이다. 판례 8-21 정관에서 이사의 퇴직금 지급에 관하여 '주주총회결의를 거친 임원퇴직금지급규정에 의한다'고 규정하면서 퇴직금액의 하한도 구체적으로 정하고 있다면, 주주총회에서 위 규정을 만들지 않았거나 퇴직금 지급에 관한 결의를 하지 않았더라도 회사는 그 하한 범위의 퇴직금 지급을 거절할 수 없다. 판례 8-22 또한 정관에서 퇴직하는 이사에 대한 퇴직금액의 범위를 구체적으로 정해 놓으면서 이사회가 여러 사정을 고려하여 그 금액을 결정할 수 있도록 한 경우, 이사회로서는 이사의 퇴직금 청구권을 아예 박탈하는 결의를 할 수는 없으므로 이사회결의가 없더라도 회사는 정관에 구체적으로 정한 범위 안에서의 퇴직금 지급을 거절할 수는 없다. 판례 8-23

1인 회사의 경우 이사의 보수를 정하는 주주총회의 소집절차에 하자가 있거나 주주총회의사록이 작성되지 않았더라도, 1인 주주의 의사가 주주총회의 결의내용과 일치한다면 그러한 결의가 있었던 것으로 볼 수 있다. [판례 8-24] 그러나 100% 지분을 소유한 주주가 아니라면 1인 회사의 법리가 적용될 수 없다. 주주총회결의 없이 지배주주 또는 과반수 주주의 동의가 있다는 사정만으로 주주총회결의를 대체할 수는 없다. [판례 8-25]

(2) 보수 결정의 방법과 범위 ☆

주주총회에서 이사의 보수를 정할 경우에는 모든 이사에게 지급할 일체의 보수 총액에 대한 상한만 결정하고 개별 이사에게 지급할 보수액은 이사회 또는 대표이사가 정하도록 위임하는 것이 보편적인 실무례이다. 이때 이사의 보수에 대한 규제가 형해화되는 것을 방지하기 위하여, **이사의 보수는 월급 · 상여금 등 명칭을 불문하고 이사의 직무수행에 대한 보상으로 지급되는 대가가 모두 포함된다.** [판례 8-20]

퇴직금 및 **퇴직위로금**, **퇴직금의 중간정산금**도 이사의 보수에 포함되는데, 퇴직금 중간정산금은 퇴직금과 달리 퇴직 전에 지급의무가 발생한다. 그런데 이사가 중간정산의 형태로 퇴직금을 지급받을 수 있는지 여부는 퇴직금의 지급시기와 지급방법에 관한 매우 중요한 요소이므로 이에 관한 주주총회결의가 없다면 이사에게 지급할 수 없다. [판례 8-16]

특정 이사의 재직기간 동안 이사의 퇴직금 지급률에 관한 정관 규정이 여러 차례 변경되었더라도 당해 이사의 퇴직에 의하여 청구권이 발생하는 시점에 적용되는 지급률에 의해 계산하며, 이사로서 근무한 기간과 그 전에 직원으로 근무한 기간을 합산하는 것도 허용된다. [판례 8-23]

해직보상금의 경우 엄밀하게는 보수의 성격이 인정되기 어렵지만, 이사들이 개인적인 이득을 취할 목적으로 과다한 해직보상금을 약정하는 것을 방지하려는 제388조의 입법취지를 고려한다면 해직보상금 역시 제388조가 유추적용할 필요가 있다. [판례 8-9] 참고로 적대적 M&A에 대한 경영권 방어를 위하여 거액의 해직보상금을 정관에 규정하는 방식을 황금낙하산(golden parachute)이라 한다.

(3) 보수의 제한

정관 또는 주주총회결의에 의하여 이사의 보수를 정하였다면, 실질적인 업무를 수행하지 않는 경우라도 이사의 지위에서 법적 책임을 부담하므로 **소극적인 직무수행**만 가지고 보수청구권을 부정하지는 않는다. [판례 8-26]

다만 이사의 직무와 보수 사이에는 **합리적 비례관계**가 유지되어야 하며, 회사의 채무 상황이나 영업실적에 비추어 합리적인 수준을 벗어나서 현저히 균형성을 잃을 정도로 과다해서는 안 된다. 판례 8-27

합리적 수준을 벗어나서 현저히 균형성을 잃을 정도로 보수가 과다하거나, 오로지 회사 자금을 개인에게 지급하기 위한 방편으로 이사로 선임하였다면 보수청구권의 일부 또는 전부에 대한 행사가 제한되고 회사는 합리적이라고 인정되는 범위를 초과하여 지급된 보수의 반환을 구할 수 있다. 판례 8-26

예를 들어, 퇴직을 앞둔 이사가 회사에서 최대한 많은 보수를 받기 위하여 합리적 수준을 현저히 벗어나는 과다한 보수의 지급기준을 마련하고 주주총회에 영향력을 행사함으로써 주주총회결의가 성립되도록 하였다면, 당해 이사는 회사를 위하여 직무를 충실하게 수행할 충실의무를 위반한 것이며 주주총회결의를 거쳤더라도 위법행위가 유효하게 되는 것은 아니다. 판례 8-27

(4) 주식매수선택권 (stock option)

§340-2(주식매수선택권) ① 회사는 정관으로 정하는 바에 따라 주주총회 특별결의로 회사의 설립·경영 및 기술혁신 등에 기여하거나 기여할 수 있는 회사의 이사, 집행임원, 감사 또는 피용자에게 미리 정한 가액(주식매수선택권의 행사가액)으로 신주를 인수하거나 자기의 주식을 매수할 수 있는 권리(주식매수선택권)를 부여할 수 있다. 다만, 주식매수선택권의 행사가액이 주식의 실질가액보다 낮은 경우에 회사는 그 차액을 금전으로 지급하거나 그 차액에 상당하는 자기의 주식을 양도할 수 있다. 이 경우 주식의 실질가액은 주식매수선택권의 행사일을 기준으로 평가한다.
§340-4(주식매수선택권의 행사) ① 주식매수선택권은 주주총회결의일부터 2년 이상 재임 또는 재직하여야 이를 행사할 수 있다.

주식매수선택권이란 회사에 대하여 신주발행을 청구하여 인수하거나 회사의 자기주식을 매수할 수 있는 형성권을 의미한다. 소유와 경영이 분리된 주식회사에서 주주와 경영진의 이해관계를 일치시킴으로써 경영진에게 주주이익을 극대화할 동기를 강화시키려는 성과보상제도이다. 주식매수선택권은 양도할 수 없다(§340-4② 본문).

주식매수선택권은 경영과 기술혁신에 기여할 수 있는 자에게 부여한다(§340-2①). 다만 주요주주 등 경영에 영향력을 행사하는 자와 그 특수관계인에게는 부여할 수 없다(§340-2②).

주식매수선택권을 부여하여 발행할 수 있는 신주 및 양도할 수 있는 자기주식은 발행주식총수의 10%로 제한된다(§340-2③). 상장회사에서는 발행주식총수의 15%로 제한된다(시행령 §30③).

주식매수선택권 방식을 활용하려면 일단 정관에 근거규정을 마련해야 한다(§340-2①, §340-3①). 그리고 이에 근거하여 실제로 주식매수선택권을 부여하기 위해서는 주주총회의 특별결의가 필요하다(§340-2①). 주주총회결의 이후에 회사는 주식매수선택권을 부여받은 자와 계약을 체결하고, 계약서는 공시한다(§340-3③,④).

주식매수선택권의 내용으로 신주를 발행받도록 정한 경우(**신주교부방식**)에는 주식매수선택권 부여일의 실질가액과 액면금액 중 높은 금액 이상으로 행사가액을 미리 정해야 하고, 주식매수선택권의 내용으로 회사의 자기주식을 매수하도록 정한 경우(**자기주식교부방식**)에는 주식매수선택권 부여일의 실질가액 이상으로 행사가액을 미리 정해야 한다(§340-2①,④). 한편 미리 정해진 행사가액과 실질가액(주식매수선택권의 행사일 기준)의 차액을 정산하여 현금으로 지급해주는 방식(**주가차액정산방식**)도 가능하다(§340-2① 단서).

주식매수선택권은 주주총회결의일부터 **2년 이상 재직**해야 행사할 수 있다(§340-4①). 위 기간 내에는 사망 등 본인의 귀책사유가 아닌 사유로 퇴직하더라도 주식매수선택권이 제한된다. 판례 8-28 상장회사에서도 2년 내 정년퇴직한 경우에는 주식매수선택권을 행사할 수 없다. 다만 상장회사의 경우 결의일로부터 2년 내에 사망 등 본인의 귀책사유가 아닌 사유로 퇴직한 경우에는 주식매수선택권을 행사할 수 있도록 시행령에서 예외를 허용한다(§542-3④, 시행령 §30⑤).

주식매수선택권을 언제까지 행사할 수 있는지는 회사의 자율적 결정에 맡겨져 있다. 주식매수선택권 계약서에서 **행사기간을 단축**하는 조항(예: 2년간 재직한 뒤에는 5년 내에 행사하여야 하며 행사기간 종료시까지 행사되지 않는 주식매수선택권은 소멸한 것으로 간주한다. 다만 2년 재직 후에 5년의 행사기간 중 퇴직한 경우에는 퇴직일로부터 3개월 이내에 행사하여야 한다)을 규정하더라도 당사자간 이익의 균형을 해치지 않으므로 유효하다. 판례 8-29

4 이사회

(1) 이사회의 법적 지위

> **§393(이사회의 권한)**
> ① 중요한 자산의 처분 및 양도, 대규모 재산의 차입, 지배인의 선임 또는 해임과 지점의 설치 · 이전 또는 폐지 등 회사의 업무집행은 이사회의 결의로 한다.
> ② 이사회는 이사의 직무의 집행을 감독한다.
> ③ 이사는 대표이사로 하여금 다른 이사 또는 피용자의 업무에 관하여 이사회에 보고할 것을 요구할 수 있다.
> ④ 이사는 3월에 1회 이상 업무의 집행상황을 이사회에 보고하여야 한다.

이사회는 회사의 업무를 집행하고 대표이사 등의 직무집행을 감독하는 주식회사의 필요적 상설기관이며, 이사 전원으로 구성되는 회의체 기관이다. 이사회는 대표이사의 직무집행의 타당성 또는 합목적성에 대해서도 감독할 수 있다는 점에서 개별 이사 및 감사의 역할과 구별된다. 예외적으로 자본금 총액 10억 원 미만의 소규모회사는 이사를 1~2명만 선임할 수도 있기 때문에 이 경우 이사회가 구성되지 않는다(§383① 단서).

이사회는 회사의 중요한 업무집행을 결정할 권한을 갖는다(§393①). 제393조 제1항이 적용되는 경우에는 이사회가 직접 결의하지 않고 대표이사에게 일임할 수 없으며 반드시 이사회결의를 거쳐야 한다.판례 8-30 이는 이사회가 실질적인 의사결정기관의 역할을 담당하도록 권한을 강화하려는 취지이다.전합 8-31

이때 **중요한 업무**인지 여부를 판단하는 기준으로 판례는 처분하려는 재산의 가액, 총자산에서 차지하는 비율, 회사의 규모, 회사의 영업 또는 재산의 상황, 경영상태, 자산의 보유목적, 회사의 일상적 업무와 관련성, 당해 회사에서의 종래의 취급 등에 비추어 대표이사의 결정에 맡기는 것이 상당한지 여부에 따라 판단한다.판례 8-32

이러한 기준에 의하여 중요한 업무로 판단된다면, 회사 내규상 이사회 결의사항으로 정해져 있는지와 상관없이 법률에 의하여 이사회의 결의가 요구된다.판례 8-30

(2) 이사회의 운영 ☆

가. 소집절차의 완화

> **§390(이사회의 소집)**
> ① 이사회는 각 이사가 소집한다. 그러나 이사회의 결의로 소집할 이사를 정한 때에는 그러하지 아니하다.
> ③ 이사회를 소집함에는 회일을 정하고 그 1주간 전에 각 이사 및 감사에 대하여 통지를 발송하여야 한다. 그러나 그 기간은 정관으로 단축할 수 있다.
> ④ 이사회는 이사 및 감사 전원의 동의가 있는 때에는 제3항의 절차없이 언제든지 회의할 수 있다.

개별 이사는 이사회를 소집할 수 있는바, 이사회일의 1주일 전까지 통지해야 한다(§390①,③). 소집절차에 하자가 있다면 이사회결의는 무효이다(통설). 이사회 소집절차는 다음과 같이 주주총회에 비하여 매우 완화되어 있다.

① 소집통지기간이 주주총회에서는 2주일이고 단축할 수 없지만, 이사회에서는 1주일이고 정관으로 단축할 수 있다(§390③).

② 통지방법이 주주총회에서는 서면 또는 전자문서로 제한되었으나, 이사회에서는 제한이 없으며 핸드폰 문자나 메시지도 가능하다.

③ 회의의 목적사항을 주주총회에서는 통지해야 하지만, 이사회에서는 특별한 사정이 없는 한 통지할 필요가 없다. 판례 8-33

④ 이사회에서는 이사 및 감사 전원의 동의가 있으면 법률 규정에 의하여 소집절차를 생략하고 언제든지 회의할 수 있다(§390④). 한편 주주총회에서 인정되는 전원출석총회의 법리는 이사회에서도 적용될 수 있으므로, 일부 이사에게 소집통지를 누락하였더라도 이사 전원이 출석하여 만장일치로 결의한다면 유효하다.

나. 결의방법과 원칙

> **§391(이사회의 결의방법)**
> ① 이사회의 결의는 이사 과반수의 출석과 출석이사의 과반수로 하여야 한다. 그러나 정관으로 그 비율을 높게 정할 수 있다.
> ② 정관에서 달리 정하는 경우를 제외하고 이사회는 이사의 전부 또는 일부가 직접 회의에 출석하지 아니하고 모든 이사가 음성을 동시에 송수신하는 원격통신수단에 의하여 결의에 참가하는 것을 허용할 수 있다. 이 경우 당해 이사는 이사회에 직접 출석한 것으로 본다.

이사회의 결의는 일반적인 다수결과 마찬가지로 의사정족수로서 이사 과반수 출석이 필요하고, 결의정족수로서 출석이사 과반수의 찬성이 필요하다(§391①). 특이하게 이사의 회사기회이용에 대한 승인(§397-2), 이사의 자기거래에 대한 승인(§398), 감사위원의 해임(§415-2③)의 경우 이사회 재적 2/3의 찬성이 요구되는 것으로 결의요건이 가중되어 있다. 그 밖에 정관에 의하여 이사회 결의요건을 가중하는 것도 가능하다(§391① 제2문). 이사회 투표결과 가부동수인 상황에서 대표이사 등의 특정 이사에게 캐스팅 보트를 허용하는 정관 규정이 있더라도 의결권을 2개 부여하는 것이어서 무효이다.

이사회에서는 주주총회와 달리 **의결권의 대리행사**가 허용되지 않으며 이를 위반하면 이사회결의가 무효이다.판례 8-34 이사회는 중요사항을 결정하는 업무집행기관으로서 이사들의 개별적인 역량에 의한 실질적인 토론과정을 거치는 것을 기대하고 선임하였기 때문이다. 이때 화상회의나 전화회의 방식을 취하더라도 직접 출석한 것으로 본다(§391②).

다. 특별이해관계인의 의결권 제한

§391(이사회의 결의방법) ③ §368③ 및 §371②의 규정은 제1항의 경우에 이를 준용한다.

이사회의 결의에 관하여 특별이해관계가 있는 자는 의결권을 행사하지 못한다(§391③, §368③). 특정 이사가 이사의 입장을 떠나 당해 이사회결의와 개인적으로 이해관계를 가지는 것이 명백한 경우에는 특별이해관계가 인정된다(개인법설). 다만 대표이사를 선임·해임하는 이사회 결의를 할 때 선임·해임의 당사자인 이사는 특별이해관계가 부정된다.

특별이해관계가 있는 이사는 의사정족수 산정의 기초가 되는 이사의 수에는 포함된다.판례 8-35 그러나 결의성립에 필요한 출석이사에는 산입되지 않는다(§391③, §371②). 예를 들어 총 이사 3명 중 A, B가 이사회에 출석하여 만장일치로 결의하였는데 A가 특별이해관계인이라면, 이사 3명 중 과반수인 2명이 출석하여 의사정족수를 충족하였고 특별이해관계인 A를 제외한 B의 찬성으로 만장일치가 되어서 결의정족수를 충족한다.판례 8-36

라. 의사록 작성

§391-3(이사회의 의사록)
① 이사회의 의사에 관하여는 의사록을 작성하여야 한다.
② 의사록에는 의사의 안건, 경과요령, 그 결과, 반대하는 자와 그 반대이유를 기재하고 출석한 이사 및 감사가 기명날인 또는 서명하여야 한다.
③ 주주는 영업시간내에 이사회의사록의 열람 또는 등사를 청구할 수 있다.
④ 회사는 제3항의 청구에 대하여 이유를 붙여 이를 거절할 수 있다. 이 경우 주주는 법원의 허가를 얻어 이사회의사록을 열람 또는 등사할 수 있다.

이사는 이사회의사록에 서명할 권한이 있으며, 나아가 서명거부사유를 기재하고 그에 대해 서명할 권한도 갖는다. 이 경우 기재된 서명거부사유도 의사록의 일부를 구성한다. 판례 8-37

이사회의사록은 회사의 중요정보가 포함되는 경우가 많아서 주주총회의사록과 취급을 달리 한다. 이사회의사록은 주주총회의사록과 달리 본점에 비치할 의무가 없다. 주주는 이사회의사록의 열람·등사를 청구할 수 있지만(§391-3③), 주주총회의사록과 달리 채권자는 청구할 수 없다. 회사는 정당한 이유에 의하여 열람·등사청구를 거절할 수 있다(§391-3④).

(3) 이사회결의의 하자 ☆☆

상법은 이사회결의의 하자에 대한 효력을 규정하고 있지 않다. 따라서 **이사회결의에 어떤 식으로든 하자가 있는 경우에는 민법상 일반원칙에 의하여 결의가 무효인 것으로 본다(통설 · 판례).** 이사회결의의 하자는 이사회결의 무효확인 소송에 의하여 다툴 수 있다. '확인소송'이므로 다른 소송에서 공격방어방법으로 주장할 수 있다.

일단 하자가 인정되면 무효라는 극단적 효과 밖에 없는바, 판례는 하자를 기계적으로 인정하지는 않는 것으로 보인다. 즉 어느 이사에게 소집통지가 흠결되었더라도 그가 회사 경영에 전혀 참여하지 않는 명목상의 이사에 불과하다면 어차피 결과에 영향이 없었을 것이라며 하자를 인정하지 않았고, 특별이해관계인이 의결권을 행사하였더라도 그를 제외한 출석이사 과반수가 찬성한 것이라면 결의는 적법하다고 판시하였다. 판례 8-36

이사회결의가 무효인 경우 당해 이사회결의에 기초하여 이루어진 회사의 행위의 효력이 문제된다. 일단 후속적인 절차의 효력을 다투는 소가 따로 마련되어 있다면, 이사회결의의 하자가 흡수된 것으로 보아서 이사회결의의 무효를 별도로 다툴 수 없다. 즉 이사회결의에 의하여 주주총회를 소집하였거나, 신주를 발행한 경우에는 주주총회 하자소송 또는 신주발행 무효소송에 의해서만 다툴 수 있고, 이사회결의의 하자를 별도로 다툴 수 없다.

이사회결의에 기초한 행위에 별도의 소가 인정되지 않는다면 다음과 같이 구분한다.

첫째, 하자있는 이사회결의에 따른 회사의 행위가 순수하게 내부적인 성격을 갖는다면 모두 절대적으로 소급하여 무효가 된다. 대표이사 선임의 이사회결의가 여기에 해당한다. **이사회결의에 하자가 있다면 대표이사 선임도 무효가 되므로 그동안 대표이**

사로서 한 행위는 대표권이 없는 자의 행위로서 무효가 된다. 이때 선임결의가 무효인 대표이사가 제3자와 계약을 체결하였더라도 무효인데, 이때 표현대표이사(§395) 및 부실등기의 효력(§39)에 의하여 선의의 제3자를 구제한다.

둘째, 하자있는 이사회결의에 따른 회사의 행위에 대외적으로 제3자가 관여된 경우라면 전단적 대표행위로 취급한다. 즉 거래상대방인 제3자에게 이사회결의의 하자에 대한 악의·중과실이 인정된다면 이사회결의 및 후속행위는 무효이다. 전합 8-31

(4) 이사회내 위원회

§393-2(이사회내 위원회)
① 이사회는 정관이 정한 바에 따라 위원회를 설치할 수 있다.
② 이사회는 다음 각 호의 사항을 제외하고는 그 권한을 위원회에 위임할 수 있다.
③ 위원회는 2인 이상의 이사로 구성한다.
④ 위원회는 결의된 사항을 각 이사에게 통지하여야 한다. 이 경우 이를 통지받은 각 이사는 이사회의 소집을 요구할 수 있으며, 이사회는 위원회가 결의한 사항에 대하여 다시 결의할 수 있다.

이사회는 효율적인 업무수행 및 공정성 확보를 위하여 2인 이상의 이사로 구성된 위원회를 설치하여 운영할 수 있다(§393-2①,③). 위원회는 이사회의 권한을 위임받아서 결정하는 것이므로(§393-2②), 위원회의 결정은 이사회결의와 같은 효력이 있다. 그러나 위원회 결정에 대하여 이사회가 번복하여 결의하는 것은 가능하다(§393-2④). 다만 감사위원회의 결정을 이사회가 번복하는 것은 불가능하다(§415-2⑥). 감사위원회 결정의 독립성과 공정성을 보장하기 위함이다. 감사위원회는 3인 이상의 이사로 구성하되, 사외이사가 2/3 이상이어야 한다(§415-2②). 특히 자산총액 2조 원 이상의 대규모 상장회사는 감사위원회와 사외이사후보추천위원회를 반드시 두어야 한다.

Different
The world has lost
a visionary. And there
may be no greater
tribute to Steve's
success than the fact
that much of the world
learned of his passing
a device he invented.
President Barack Obama
In his public life,
Steve was known
as a visionary; in
his private life, he
cherished his family.
Steve Jobs' Family

Steve Jobs

CHAPTER 9

대표이사

1. 대표이사의 법적 지위
2. 대표이사의 권한
3. 공동대표이사
4. 표현대표이사

Chapter 9

대표이사

1 대표이사의 법적 지위

§389(대표이사) ① 회사는 이사회의 결의로 회사를 대표할 이사를 선정하여야 한다. 그러나 정관으로 주주총회에서 이를 선정할 것을 정할 수 있다.

(1) 의의

대표이사는 대외적으로 회사를 대표하고 대내적으로 회사의 업무를 집행할 권한을 갖는 필요적 상설기관이다. 전합 9-1 대표이사의 행위는 곧 회사의 행위가 된다.

이사회의 의사결정을 대표이사가 실현하는 관계에 있으므로 대표이사의 법적 지위는 이사회의 파생기관이 아닌, 이사회로부터 독립되어 있는 독립기관으로 보는 것이 다수설이다. **독립기관설**은 이사회가 대표이사를 감독하는 역할을 강조하는 현대적 경향에도 부합한다.

(2) 자격과 선임 ☆

대표이사 선임은 원칙적으로 이사회 권한사항이다(§389① 본문). 다만 정관에 의하여 주주총회에서 대표이사를 선임하도록 달리 규정할 수도 있다(§389① 단서). 간혹 주주총회결의로 대표이사를 선임하는 사안에 관한 판례들이 있는데 이와 같이 예외적인 상황인 것으로 이해하면 된다.

대표이사는 이사 중에서 선임하므로 **이사의 지위**를 전제로 한다(§389① 본문). 따라서 대표이사가 이사의 지위를 상실하면 자동적으로 대표이사의 자격도 상실한다. 그 역이 성립하는 것은 아니므로 대표이사 지위를 상실한다고 해서 이사 지위까지 상실하지는 않는다. 그 밖에 대표이사에게 일정한 자격을 요구하지는 않는다.

이사회결의에 의하여 대표이사로 선임되면 대표이사의 지위를 취득한다. 대표이사의 인적 사항은 등기사항이지만(§317②(ix)), 등기자체에 창설적 효력이 있는 것은 아니다.

(3) 종임과 해임 ☆

대표이사 역시 회사와 **위임관계**가 인정되며, 민법상 위임의 종료사유에 의하여 대표이사도 종임된다. 대표이사 공석의 경우 퇴임이사 및 임시이사에 관한 규정이 준용된다(§389③, §386). 회사는 언제든지 대표이사를 정당한 이유 없이도 해임할 수 있다.

대표이사의 임기 종료 전에 정당한 이유 없이 해임할 경우 회사가 손해배상책임을 질 것인지, 즉 이사에 관한 §385① 단서 규정을 유추적용할 것인지 문제된다. (i) 통설은 이사와 마찬가지로 회사와 위임관계에 있는 대표이사에게 동일한 효과를 인정할 수 있다고 해석한다. (ii) 그러나 판례는 §385① 단서 규정의 취지가 보수청구권을 보장하려는 것이 아니며, 주주의 회사에 대한 지배권 확보와 경영자 지위의 안정이라는 주주와 이사의 이익을 조화시키려는 규정에 불과하므로 대표이사 해임의 경우에 유추적용할 필요는 없다고 판시하였다. 판례 9-2 따라서 주주총회의 해임결정으로 이사직과 대표이사직을 동시에 상실하였다면 이사 해임으로 인한 손해배상청구권만 행사할 수 있다. 판례 9-3

[대법원 2022. 11. 10. 선고 2021다271282 판결]

① 대표이사 A의 임기가 만료하였으나 후임이사 및 후임대표이사가 선임되지 않았기 때문에 A가 퇴임이사 및 퇴임대표이사로서 지위를 유지하게 되었다.

② 이후 A는 특정재산범죄로 유죄판결을 받아서 5년간 당해 회사의 취업이 제한되었고(경제범죄 가중처벌 등에 관한 법률 §14), 이에 퇴임이사 및 퇴임대표이사 지위를 당연 상실하게 되었다.

③ 그럼에도 불구하고 전체 이사 3인 중 A, B가 출석하여 찬성한 이사회결의는 의사정족수 부족으로 무효이며, 무효인 이사회결의로 주주총회 소집을 결정하고 소집권한 없는 A가 소집하여 이루어진 주주총회결의는 법률상 존재하지 않는다고 보아야 한다(주주총회결의 부존재).

2 대표이사의 권한

§389(대표이사) ③ §208②, §209, §210, §386의 규정은 대표이사에 준용한다.
§209(합명회사 대표사원의 권한)
① 회사를 대표하는 사원은 회사의 영업에 관하여 재판상 또는 재판외의 모든 행위를 할 권한이 있다.
② 전항의 권한에 대한 제한은 선의의 제3자에게 대항하지 못한다.

(1) 권한의 범위

이사회에서 의사결정을 하면 대표이사가 이를 실행할 **업무집행권**을 갖는다. 또한 법률·정관에 의하여 주주총회·이사회의 결의가 필요한 것으로 정해진 사항이 아니라면 이사회는 대표이사에게 구체적·일반적으로 업무를 위임할 수 있으며, 위임받지 않은 업무라도 회사의 일상적인 업무에 해당하는 사항은 대표이사에게 의사결정권 및 업무집행권이 인정된다. 판례 9-4

또한 대표이사는 회사의 영업에 관하여 재판상 또는 재판외의 모든 행위를 할 대표권을 갖는바, 대표권에 대한 제한은 선의의 제3자에게 대항하지 못한다(§389③, §209). 즉 대표권의 범위는 포괄적으로 인정되며, 임의로 제한하지 못하는 획일성을 갖는다.

(2) 대표권의 제한

§394(이사와 회사간의 소에 관한 대표)
① 회사가 이사에 대하여 또는 이사가 회사에 대하여 소를 제기하는 경우에 감사는 그 소에 관하여 회사를 대표한다.
② §415-2의 규정에 의한 감사위원회의 위원이 소의 당사자인 경우에는 감사위원회 또는 이사는 법원에 회사를 대표할 자를 선임하여 줄 것을 신청하여야 한다.

대표이사의 재판상 대표권이 법률에 의하여 제한되는 경우가 있다. 즉 (i) 회사의 소송 상대방이 이사인 경우에 대표이사는 회사를 대표할 수 없으며, **감사**가 회사를 대표한다(§394①). (ii) 감사 대신 감사위원회를 설치한 회사라면 **감사위원**이 회사를 대표하는데(§415-2⑦), (iii) 소송 상대방이 감사위원 중 1명이라면 다른 감사위원이 회사를 대표하는 것이 아니라 **법원이 대표자를 선임**해야 한다(§394②).

예외적으로 소송 상대방이 ① 이미 사임한 전직 이사, ② 법원이 선임한 임시이사 등 공정한 소송수행을 우려할 만한 특별한 사정이 없는 경우라면 대표권이 제한되지

않으며, 대표이사가 회사를 대표한다. 판례 9-5

대표권 제한을 위반한 대표이사는 소송상 회사를 대표할 권한이 없기 때문에 회사의 소송행위는 일단 무효가 된다. 판례 9-6

(3) 전단적 대표행위 ☆☆☆

§389(대표이사) ③ §209의 규정은 대표이사에 준용한다. **§209(합명회사 대표사원의 권한)** ② 대표권에 대한 제한은 선의의 제3자에게 대항하지 못한다.

가. 의의

법률·정관에 의하여 주주총회결의 또는 이사회결의가 필요하도록 대표권이 제한될 수 있는데, 대표이사가 이러한 대표권 제한에 위반하여 독단적으로 대표행위를 하는 경우를 **전단적 대표행위**라고 한다.

전단적 대표행위의 적용범위는 (i) 대표이사가 처음부터 **법률·정관에 의하여 요구되는 주주총회결의 또는 이사회결의를 흠결한 채** 대표행위를 하는 경우와 (ii) 대표이사가 원래는 법률·정관에 의하여 요구되는 주주총회결의 또는 이사회결의에 근거하여 대표행위를 하였지만, **당해 승인결의가 하자로 인하여 소급 무효가 되었기 때문에 결과적으로 대표권 제한을 위반하게 된 경우**를 포함한다.

참고로 대표이사 선임의 이사회결의가 무효라면 대표이사의 법률행위는 거래상대방인 제3자의 선의와 무관하게 대표권 없는 자의 대표행위로서 절대적으로 무효가 된다는 점에서 전단적 대표행위와 구별해야 한다.

나. 효과

전단적 대표행위가 (i) 순수하게 내부적인 효과에 그친다면 절대적으로 무효이지만, (ii) 대외적인 관계에서는 다음과 같이 경우를 나누어서 위반의 효력을 검토한다.

첫째, **법률에 의하여 주주총회결의가 요구되는 경우에 이를 흠결한 채 대표행위를 하였다면, 전단적 대표행위는 절대적으로 무효이다(통설·판례).**

예를 들어 대표이사가 주주총회결의 없이 영업양도를 하였다면 영업양도는 거래상대방의 선의 여부와 무관하게 절대 무효이다.

둘째, **정관**에 의하여 **주주총회결의**가 요구되는 경우에 이를 흠결한 채 대표행위를 하였다면, 대표권의 내부적 제한에 불과하기 때문에 이를 선의·무중과실인 제3자에게 대항하지 못한다(§389③, §209).

다만 법률에서 주주총회결의를 요구하는 사항이 아님에도 불구하고 정관으로 주주총회결의를 요구하는 경우는 찾아보기 어렵기 때문에 실제로 거의 문제되지 않는다.

셋째, **정관**에 의하여 **이사회결의**가 요구되는 경우에 이를 흠결한 채 대표행위를 하였다면, 대표권의 내부적 제한에 불과하기 때문에 회사는 이사회결의 흠결에 관하여 선의 · 무중과실인 제3자에게 대항하지 못한다(§389③, §209②).

나아가 거래 상대방이 대표권의 제한을 알지 못하였다면 대표권의 획일성에 대한 제3자의 신뢰는 보호되어야 하는바(§209②), **거래상대방의 입장에서는 '회사의 대표자가 거래에 필요한 이사회결의 등 회사의 내부절차를 마쳤을 것'으로 신뢰하였다고 보는 것이 경험칙에 부합한다.** 전합 9-1 따라서 거래상대방은 특별한 사정이 없는 한 이사회결의를 거쳤는지에 대하여 '확인의무'가 없다. 대표권 제한에 위반한 대표행위라는 점에 대하여 거래상대방이 악의·중과실이라는 점은 회사가 입증책임을 부담한다.

다만 거래 협상과정에서 계약을 수정한지 하루 만에 대표이사가 계약을 체결하였다면 이사회결의를 받을 시간적 여유가 없었기 때문에 내부절차를 마쳤을 것으로 신뢰하기 어려운 특별한 사정이 인정되는바, 거래상대방이 이사회결의를 확인하는 조치를 취하지 않았다면 중과실이 인정될 수 있다. 판례 9-7

넷째, **법률**에 의하여 **이사회결의**가 요구되는 경우에 이를 흠결한 채 대표행위를 하였다면, 회사의 정관에 의한 내부적 제한과는 구별되기 때문에 엄밀히는 대표권의 내부적 제한에 해당하지 않지만 달리 그 효과에 관한 법적 근거가 마련되어 있지는 않다. 이에 판례는 다시 다음과 같이 경우를 나누고 사안의 유형별로 회사와 거래 상대방의 이익을 형량하여 달리 접근하는 것으로 보인다.

① 거래 상대방의 이익을 고려할 필요가 없는 무상증자와 같은 경우에는 전단적 대표행위를 무효로 본다.

② 반면에 거래의 안전을 중요하게 고려하는 신주발행과 같은 경우에는 이사회결의가 흠결되었다는 사정만으로 신주발행을 무효화시키지 않으며, 전단적 대표행위임에도 불구하고 일단 유효로 본다. 판례 9-8

③ 한편 일률적인 이익형량이 곤란한 사안에서는 거래상대방인 제3자에게 이사회결의 흠결에 대한 악의·중과실이 없는 한 유효한 것으로 본다.

예를 들어 대표이사가 중요한 자산을 처분하려는 경우라면 제393조 제1항에 의하여 이사회결의가 필요하며 이를 흠결한 채 중요한 자산을 처분한다면 전단적 대표행위에 해당하는데, 이때 **판례는 대표권의 내부적 제한을 위반한 경우의 효력**(제389조

제3항, 제209조)과 마찬가지로 볼 수 있는 것이어서, '회사는 거래 상대방인 제3자가 이사회결의 흠결에 대하여 선의 · 무중과실이라면 대항할 수 없다'고 판시하면서 종전의 판례를 변경하였다.전합 9-1 따라서 정관상 요구되는 이사회결의를 흠결한 전단적 대표행위의 효력에 관한 판례의 법리가 이 경우에도 유추적용된다.

(4) 대표권의 남용 ☆☆☆

가. 의의 및 효과

대표이사가 대표권을 행사하면서 회사가 아닌 자기 또는 제3자의 이익을 위하여 대표권을 남용하였더라도, **객관적으로 대표권의 범위 내에서 이루어진 대표행위라면 회사의 행위로서 유효하다.**판례 9-9 즉 대표이사의 주관적 의도는 원칙적으로 대표행위의 효력에 영향을 주지 않는다.

그러나 **거래상대방이 대표이사의 남용적 의사를 알았거나 알 수 있었다면 그러한 거래를 통하여 취득한 권리를 회사에 대하여 주장하는 것이 신의칙에 반하므로 회사는 그 행위의 효과를 부인할 수 있다.**판례 9-10 거래상대방이 대표이사의 남용적 의사에 대하여 알았거나 알 수 있었다는 점에 대한 입증책임은 회사가 부담한다.판례 9-11

예를 들어 대표이사가 개인적 채무의 변제를 위하여 회사 명의로 약속어음을 발행한 경우판례 9-12, 대표이사가 제3자의 자금조달에 편의를 제공하기 위하여 어음에 회사 명의로 배서한 경우판례 9-13 등이 대표권 남용에 해당한다.

나. 근거

대표권 남용을 무효인 행위로 판단하는 근거가 무엇인지에 관한 논의는 다음과 같다.

① **심리유보설**은 거래 상대방이 대표이사의 비진의 표시(남용적 의사)에 대하여 알았거나 과실로 알지 못하였다면 민법 §107① 단서를 준용하여 무효가 된다고 본다.

② **권리남용설**은 거래 상대방이 대표이사의 남용적 의사를 알았거나 중과실로 알지 못하였다면 거래의 유효를 주장하는 것이 권리남용에 해당하여 무효가 된다고 본다.

③ 판례는 대표권 남용 상황에 대하여 민법 §제107① 단서의 유추해석상 무효가 된다고 판시하는바 **심리유보설**에 해당한다.판례 9-14

다. 대표이사의 책임

대표권 남용행위가 무효로 된다면 당해 대표행위로 인한 회사의 의무부담 역시 효력이 없으므로 회사에 현실적인 손해가 발생하지 않는다.전합 9-15 손해가 인정되지 않으면 대표이사의 손해배상책임도 부정된다.

그러나 대표이사의 남용적 의사에 대하여 거래 상대방이 선의·무과실이어서 대표행위가 유효라면 회사에 손해가 발생한다. 따라서 대표이사는 자기 또는 제3자의 이익을 위한 남용적 행위를 한 것과 관련하여 회사에 대해 선관의무 위반 또는 충실의무 위반에 의한 손해배상책임을 부담한다.

예를 들어 대표이사가 회사를 대표하여 제3자에게 금전반환소송을 제기하여 1심에서 승소했음에도 불구하고 항소심 판결 선고 직전 회사에 아무런 이득 없이 일방적으로 제3자의 반환채무를 면제하는 약정을 한 것은 제382조의3에서 정한 충실의무에 반하는 대표권 남용에 해당한다. 이때 채무를 면제받은 제3자가 선의라면 원칙적으로 채무면제약정이 유효하고 이로 인한 회사의 손해에 대해서는 대표이사가 손해배상책임을 부담하는 것이지만, 본 사안의 경우 채무를 면제받은 제3자가 금전반환소송의 피고이자 채무면제약정의 당사자로서 대표권 남용행위에 가담한 지위에 있기 때문에 신의칙상 채무면제약정의 유효를 주장할 수 없다. 판례 9-9

3 공동대표이사 ☆☆

§389(대표이사)
② 전항의 경우에는 수인의 대표이사가 공동으로 회사를 대표할 것을 정할 수 있다.
③ §208②와 §210의 규정은 대표이사에 준용한다.
§208(합명회사의 공동대표) ② 공동대표를 정하는 경우에도 제3자의 회사에 대한 의사표시는 공동대표의 권한있는 사원 1인에 대하여 이를 함으로써 그 효력이 생긴다.
§210(손해배상책임) 회사를 대표하는 사원이 그 업무집행으로 인하여 타인에게 손해를 가한 때에는 회사는 그 사원과 연대하여 배상할 책임이 있다.

(1) 의의

대표이사를 여러 명 선임할 수 있으며 이 경우에는 여러 명의 대표이사가 각자 단독으로 대표권을 행사할 수 있다. 이를 **각자대표의 원칙**이라 한다.

반면에 여러 명의 대표이사를 선임할 때 공동으로만 대표권을 행사할 수 있도록 정할 수도 있다(§389②). 이를 **공동대표이사**라 한다. 업무집행의 통일성을 확보하고, 대표권 행사에 신중을 기하며, 공동대표이사 상호간의 견제를 통해 대표권의 남용을 방지함을 그 취지로 한다. 공동대표이사 선임은 등기사항이다(§317②(x)).

(2) 공동대표이사의 권한

공동대표이사 중 1인이 다른 공동대표이사에게 대표권을 포괄적으로 위임한다면 공동대표의 취지를 몰각하고 실질적인 단독대표를 가능하게 하므로 **포괄적 위임**은 허용되지 않지만, 공동대표이사 사이에 거래 내용에 관한 합의가 된 상태에서 의사표시만 위임에 의하여 단독으로 하는 방식의 **개별적 위임**은 가능한 것으로 해석한다(다수설). 판례 역시 공동대표의 취지상 공동대표이사 중 1인이 특정사항에 관하여 개별적으로 다른 공동대표이사에게 대표권을 위임하는 것은 가능하지만, 일반적·포괄적으로 위임하는 것은 허용되지 않는다고 판시한다. 판례 9-16

회사에 대한 의사표시는 공동대표이사 중 1인에게 하면 효력이 발생한다(§389③, §208②). 즉 **수동대표권**에 대해서는 공동대표의 제한이 적용되지 않는다. **불법행위**에 대해서도 공동대표의 제한이 적용되지 않는다. 따라서 공동대표이사 중 1인의 업무상 불법행위는 회사의 불법행위가 된다(§389③, §210).

(3) 단독대표행위의 효력

공동대표이사 중 1인이 다른 공동대표이사의 동의 없이 단독으로 대표행위를 하였다면 **무권대표행위**에 해당하므로 거래 상대방의 선의 여부와 무관하게 절대적으로 무효이다.

이때 거래의 효력과 별개로 거래상대방은 단독대표행위를 한 공동대표이사에게 불법행위에 의한 손해배상책임을 물을 수 있고 이때 회사는 공동대표이사와 함께 연대책임을 부담한다(§389③, §210).

무권대표행위의 **추인**도 가능하다. 명시적이든 묵시적이든 무방하며 본인이 그 행위로 처한 법적 지위를 충분히 이해하고 진의에 기하여 그 행위의 효과가 자신에게 귀속하도록 승인한 것으로 볼만한 사정이 있으면 추인으로 인정된다. 판례 9-17

나머지 공동대표이사 전원이 무효인 거래를 추인함으로써 유효하게 될 수 있다. 추인의 의사표시는 거래상대방 또는 단독으로 행위한 공동대표이사에게 하면 된다. 판례 9-18

참고로 공동대표이사의 단독대표행위에 의하여 거래는 절대적으로 무효가 되었어도, 거래상대방은 등기의 효력(§37) 또는 표현대표이사(§395)에 의하여 구제될 가능성이 있다.

① 공동대표이사는 등기사항임에도 불구하고 이를 등기하지 아니하면 선의의 제3자에게 대항하지 못한다(§37). 따라서 공동대표이사의 등기가 미처 경료되지 않은 상

황이었다면 공동대표이사로 정해졌다는 사정에 대하여 선의인 거래상대방은 단독대표행위가 유효임을 회사에게 주장할 수 있다.

② 공동대표이사로 등기를 경료했더라도, 제395조에 의한 표현대표이사의 요건을 갖추었다면 거래 상대방은 회사에 대하여 거래가 유효임을 주장할 수 있다.

4 표현대표이사 ☆☆☆

§395(표현대표이사의 행위와 회사의 책임) 사장, 부사장, 전무, 상무 기타 회사를 대표할 권한이 있는 것으로 인정될 만한 명칭을 사용한 이사의 행위에 대하여는 그 이사가 회사를 대표할 권한이 없는 경우에도 회사는 선의의 제3자에 대하여 그 책임을 진다.

(1) 의의

대표권 없는 자의 무권대표행위는 절대적으로 무효이지만, 외관법리에 기초하여 대표권이 있는 것처럼 참칭하는 자의 외관 형성에 대하여 회사에 귀책사유가 있고 거래 상대방이 그런 외관을 신뢰하였다면 회사에게 당해 거래에 대한 책임을 인정한다(§395). 이를 **표현대표이사** 제도라 한다.

(2) 제37조와 제395조의 충돌 여부

대표이사 선임은 등기사항이기 때문에 회사가 이를 제대로 등기하였다면, 대표권 없는 자와 거래하면서 대표권 없다는 사정에 대하여 선의인 제3자에 대해서도 회사는 등기의 적극적 공시력에 의하여 대항할 수 있다(§37).

그러나 표현대표이사 제도는 대표이사 등기를 경료한 회사 역시 (등기의 적극적 공시력에도 불구하고) 일정한 요건 하에 책임을 지도록 하는 것이어서, 서로 모순적인 관계인지에 대하여 다음과 같은 논의가 있다.

① **이차원설**은 §37와 §395를 동일평면에서 비교한다면 모순적일 수 있으나, 등기제도와 표현대표이사 제도는 서로 차원 및 법익을 달리하는 별개의 제도인 것으로 파악한다. 따라서 §37에 의하여 회사가 대항할 수 있는 상황이라도 §395에 의하여 회사가 책임을 지는 상황이 서로 독립적으로 발생할 수 있다.

② **예외규정설**은 §395가 §37의 예외규정인 것으로 파악한다. 따라서 §37에도 불구하고 예외적으로 §395에 의하여 회사의 책임이 성립할 수 있는 것으로 이해한다.

③ **판례는 §395가 상업등기와 다른 차원에서 회사의 표현책임을 인정한 규정이라고 판시하여, 이차원설의 입장을 취하였다.** 판례 9-19

(3) 요건

표현대표이사의 행위에 대하여 회사의 책임을 인정하려면 세 가지 요건, 즉 (i) 외관의 존재, (ii) 외관에 대한 회사의 귀책사유, (iii) 외관에 대한 제3자의 신뢰가 인정되어야 한다.

첫째, 표현대표이사는 회사를 대표할 권한이 있는 것으로 인정될 만한 표현적 명칭, 즉 **외관**을 갖추었어야 한다.

§395에서는 외관의 예시로 사장 · 부사장 · 전무 · 상무를 열거하고 있다. 그 밖에 회장 · 부회장 · 이사장 · CEO 등 거래통념에 비추어 대표권이 존재하는 것으로 인정될 만한 표현적 명칭을 포함한다. 다만 경리담당이사는 외관으로 인정되지 않았다. 판례 9-20

§395에서는 문언상 표현대표이사가 **이사의 자격**을 갖출 것을 전제하여 규정되어 있다. 그러나 통설은 이사의 자격을 요건으로 삼지 않는다. 실제로 이사인지 여부가 외관 형성에 반드시 필요한 것은 아니기 때문이다. 판례 역시 §395의 취지가 외관법리에 의하여 외관을 신뢰한 제3자를 보호하기 위한 것이므로 **이사의 자격이 없는 자가 표현대표이사의 명칭을 사용한 경우에도 위 규정이 유추적용되는 것으로 해석한다.** 판례 9-21

대표이사의 **권한 내 행위**를 한 경우에만 외관으로 인정할 수 있다는 견해도 있다. 법률 · 정관에 의하여 주주총회결의 또는 이사회결의가 필요함에도 불구하고 이를 흠결한 경우에 판례는 표현대표이사에도 전단적 대표행위의 법리를 적용한다. 즉 **표현대표이사가 이사회결의 없이 전단적 대표행위를 한 경우, 거래 상대방이 이사회결의의 흠결에 대하여 선의 · 무중과실이라면 유효하다**고 판시하였다. 전합 9-1

둘째, 회사는 표현대표이사의 외관에 대하여 귀책사유가 있어야 한다. 과실책임과 달리 외관법리의 귀책사유는 비난가능성과 무관하다.

회사가 표현적 명칭을 적극적으로 부여했거나 표현적 명칭의 사용을 **명시적 · 묵시적으로 허락 · 승인**한 경우에 귀책사유가 인정된다. 판례는 표현적 명칭의 사용을 회사가 알면서도 방치한 경우에 묵시적 승인에 해당한다고 판시한바 있다. 판례 9-22

반면에 회사가 표현적 명칭이 사용되고 있음을 **몰랐다면** 귀책사유가 인정되지 않는다. 회사가 표현적 명칭이 사용되는 것을 몰랐다면, 설사 이를 제지하지 못하였음에 회사의 과실이 인정된다고 하더라도 귀책사유가 인정되지 않는다. 판례 9-23

회사가 표현적 명칭을 허락한 경우는 ① 진정한 대표이사가 이를 허용하거나, ② 이사회의 결의의 성립을 위하여 회사의 정관에서 정한 이사의 수, 그와 같은 정관의 규정이 없다면 최소한 이사 정원의 과반수의 이사가 적극적 또는 묵시적으로 표현대표를 허용한 경우를 포함한다. 판례 9-24

셋째, 거래상대방인 제3자는 표현대표이사의 외관에 의하여 적법한 대표권이 있는 것으로 신뢰했어야 한다.

이때 제3자의 범위는 거래의 직접 상대방뿐 아니라 표현적 명칭을 신뢰한 모든 자를 포함한다는 **제3취득자 포함설**이 통설·판례의 입장이다. 특히 표현대표이사로부터 직접 어음을 취득한 상대방뿐 아니라 그로부터 어음을 다시 양도받은 제3취득자도 회사에 대하여 표현대표이사 책임을 물을 수 있다. 판례 9-25

선의·무중과실인 제3자는 보호받을 수 있다. 판례는 §395가 표현대표이사의 명칭으로 전무·상무 명칭을 예시하고 있더라도 그 명칭에 대하여 거래통념상 제3자가 가질 수 있는 신뢰의 정도는 한결같다고 할 수 없으며, 특히 대규모 주식회사에서 전무·상무 명칭을 만연히 신뢰하면 중과실이 인정될 수 있다. 판례 9-26 제3자의 악의·중과실에 대한 입증책임은 회사에 있다. 판례 9-27

(4) 효과

§395의 세 가지 요건을 충족하면 표현대표이사의 행위를 대표이사의 행위와 마찬가지로 인정하여, 회사는 제3자와의 관계에서 그로 인한 권리의무를 취득한다. 따라서 제3자는 회사에게 표현대표이사가 체결한 거래의 이행을 청구하거나 관련 책임을 물을 수 있다.

판례는 표현대표이사에도 대표권 남용의 법리를 적용한다. 즉 **표현대표이사가 회사의 이익과 관계없이 자기 또는 제3자의 이익을 도모할 목적으로 대표권 남용적 행위를 한 경우에도 거래상대방이 표현대표이사의 남용적 의사를 알았거나 알 수 있었을 때에는 회사에 대하여 무효이다.** 판례 9-28

(5) 적용범위

판례는 §395를 다음과 같이 다양한 상황에 대한 유추적용을 허용하고 있다.

첫째, 원래 **대표이사 선임의 결의가 무효**라면 대표이사의 법률행위는 거래상대방인 제3자의 선의와 무관하게 대표권 없는 자의 대표행위로서 절대적으로 무효가 된다. 이사의 지위는 대표이사 자격의 전제조건이기 때문에 이사선임의 결의가 무효인 경우에도 마찬가지이다.

이 경우 판례는 대표이사를 선임한 이사회결의가 무효라서 소급효에 의해 '무권대표행위'가 된 사안에 대해서도 §395가 유추적용된다고 판시한다.판례 9-29 따라서 **대표이사 선임이 무효라는 사정에 대하여 선의·무중과실인 거래상대방은 제395조에 의하여 보호받을 수 있다.** 참고로 거래 상대방은 거래 당시 대표이사로 등기되어 있는 자와 거래했던 것이므로 부실등기의 효력에 관한 §39에 의한 보호를 주장할 수도 있다.

§395의 유추적용에 의하여 요건을 검토할 때 대표이사 선임결의가 무효·취소되었지만 **결의과정에 회사의 깊은 관여**가 있었기 때문에 회사의 귀책사유가 인정된다. 즉 ① 대표이사 선임을 위한 이사회결의의 성립을 위하여 회사의 정관에서 정한 이사의 수, 그와 같은 정관의 규정이 없다면 최소한 이사 정원의 과반수의 이사가 결의과정에서 찬성하였다면 회사의 귀책사유로 인정된다. 또는 위 숫자의 이사 또는 ② 진정한 대표이사가 적극적 또는 묵시적으로 표현적 명칭의 사용을 허용하였다면 회사의 귀책사유가 인정된다.판례 9-24

또한 판례는 주주총회 또는 이사회가 **전혀 개최되지 않았더라도** 특별한 사정이 있으면 회사의 귀책사유를 인정한다. (이사선임의 주주총회결의가 무효라면 이사 및 대표이사의 자격이 상실되고 결과적으로 무권대표행위가 인정될텐데) **대표이사인 이사의 선임을 위한 주주총회를 실제로 개최하지도 않고 의사록만 작성하여 회사의 귀책사유가 불분명한 경우라 할지라도, 적어도 ① 적법한 대표이사 또는 ② 사실상 회사의 운영을 지배하는 자가 허위 의사록을 작성하여 등기를 신청하였다면 외관 현출에 대한 회사의 귀책사유를 인정할 수 있다.**판례 9-30

둘째, **공동대표이사 중 1인이 단독대표행위**를 한 경우에도 '무권대표행위'로서 절대적으로 무효이지만, 판례는 이 경우에도 §395를 유추적용하면서 공동대표이사의 대표이사 명칭 사용을 방임한 회사에게 귀책사유를 인정하였다.판례 9-18 거래 상대방은 공동대표의 제한에 위반한 무권대표행위라는 사정에 대하여 선의·무중과실이어야 한다.

만약 회사에서는 공동대표이사의 등기를 경료하였는데 공동대표이사가 대표이사라는 표현적 명칭을 사용한 경우라면 등기의 적극적 공시력(§37)과 충돌할 수 있다. 그러나 통설·판례는 이런 경우에도 각 제도는 서로 차원 및 법익을 달리 하는 것이며, 대표이사라는 명칭은 틀림없이 대표권이 있는 것으로 보이는 외관이기 때문에 그러한 외관을 신뢰한 제3자를 보호하는 것이 §395의 취지에 부합한다고 본다.

셋째, 표현대표이사가 자신의 명의로 대표행위를 한 경우가 아니라 대행적 방식에 의하여 진정한 대표이사의 명의로 대표행위를 한 경우에 거래상대방은 표현대표이사의 대표권을 신뢰한 것이 아니기 때문에 엄밀히 §395가 적용될 상황은 아니지만, 판례는 이 경우에도 §395가 유추적용된다고 판시한다.판례 9-31 즉 **표현대표이사가 다른 대표이사의 명칭을 사용하여 행위한 '대표권 무권대행'의 경우에도 거래상대방이 '표현대표이사에게 진정한 대표이사를 대행하여 법률행위를 할 권한이 있었다'고 신뢰하였다면 §395의 유추적용에 의하여 보호받을 수 있다.** 현실적으로 전무이사가 대표이사를 대행하는 것은 거래 관행상 수긍할 여지가 있지만, 일반 직원이 대표이사를 대행하겠다고 주장한다면 이를 만연히 신뢰한 거래상대방에게 악의·중과실이 인정될 가능성이 높다.

반면에 거래상대방이 표현대표이사에게 대표이사의 대행권한이 있다고 신뢰한 것이 아니라, **'다른 대표이사 명의를 사용하는 표현대표이사에게 온전한 대표권이 있다'고 신뢰한 경우에도 판례는 §395를 적용한다.** 환언하자면, 표현대표이사가 성립할 상황에서는 다른 대표이사의 명칭을 사용하여 행위한 경우에도 §395가 적용된다.판례 9-32 예를 들어, 전무이사가 진정한 대표이사의 명칭을 사용하여 어음에 배서하여 거래 상대방에게 교부한 경우에도 거래 상대방의 신뢰가 인정된다면 회사는 어음금 지급책임을 부담할 수 있다.판례 9-33

| 도표 9-1 | 대표권 복합사례 해결방식 정리

판례는 표현대표이사에 대해서도 전단적 대표행위 법리와 대표권 남용 법리가 함께 적용될 수 있다고 판시하는바, 사례의 검토 순서는 다음과 같다.

1. 서론: 일단 거래 상대방은 회사의 채무불이행에 대하여 계약상 효과를 주장하며 이행을 요구하는 상황이다. ↔ 이에 대하여 회사는 대표권 없는 자의 행위임을 이유로 계약이 무효임을 주장할 수 있다.
2. 쟁점 (1): 회사의 무권대표행위 주장에 대하여, 거래 상대방은 표현대표이사(§395)의 성립을 주장할 수 있다. ↔ 이에 대하여 회사는 거래 상대방이 '대표권 없는 자의 행위'라는 사정에 대하여 악의·중과실임을 입증하여 표현대표이사의 행위에 따른 회사의 책임을 부정할 수 있다.
3. 쟁점 (2): 표현대표이사가 성립하여 회사의 책임이 인정되더라도, 회사는 대표권 제한을 위반하는 전단적 대표행위임을 이유로 계약이 무효임을 주장할 수 있다. 이때 회사는 거래 상대방이 '표현대표이사의 대표행위가 이사회결의 등을 흠결하여 대표권 제한

을 위반하였다'는 사정에 대하여 악의·중과실임을 입증하여야 한다.

4. 쟁점 (3): 전단적 대표행위임에도 불구하고 선의 제3자에게 대항할 수 없는 상황이라 할지라도, 회사는 대표권 남용을 이유로 계약이 무효임을 주장할 수 있다. 이때 회사는 거래 상대방이 '표현대표이사가 회사가 아닌 자기 또는 제3자의 이익을 위한 남용적 의사로 대표행위를 하였다'는 사정에 대하여 알았거나 알 수 있었음을 입증하여야 한다.

* 유의사항 1.

쟁점(1), (2), (3)에서 거래 상대방에게 요구되는 선의의 대상이 차별적이므로 사실관계에 드러난 각기 다른 사정에 기초하여 구체적으로 포섭할 필요가 있다.

* 유의사항 2.

대표권 없는 자가 이사회결의 요건을 흠결한 채 대표행위를 한 경우에 대해서도 판례는 표현대표이사 법리와 전단적 대표행위 법리를 함께 적용할 수 있다고 판시하였다.

따라서 일단 표현대표이사 요건 중 '외관의 존재'를 검토할 때, 대표권 제한을 위반하는 전단적 대표행위임에도 불구하고 거래 상대방의 선의·무중과실에 의하여 결과적으로 '대표이사의 권한 내 행위'인 것으로 인정할 수 있다고 가정적으로 판단해도 괜찮다. 다만 "전단적 대표행위의 구체적인 요건 검토는 이하 전단적 대표행위 쟁점에서 자세히 다루겠다"고 단서를 달아두면 되겠다.

또는 표현대표이사의 외관 요건에서는 대표권 제한의 위반 여부를 언급하지 않고 검토를 마친 다음 효과를 검토하면서 "표현대표이사의 요건을 충족하여 대표이사의 행위로 인정되기 때문에 대표권 제한도 적용되지만, 판례는 표현대표이사에 대해서도 전단적 대표행위의 법리를 적용한다"고 언급하면서 다음 쟁점으로 전단적 대표행위를 검토하는 것도 가능하다.

CHAPTER 10

이사의 의무

Chapter 10

이사의 의무

1 일반론

§382(이사의 회사와의 관계) ② 회사와 이사의 관계는 「민법」의 위임에 관한 규정을 준용한다. **§382-3(이사의 충실의무 등)** ① 이사는 법령과 정관의 규정에 따라 회사 및 주주를 위하여 그 직무를 충실하게 수행하여야 한다. 〈2025. 7. 개정; 2025. 7. 시행〉 ② 이사는 그 직무를 수행함에 있어 총주주의 이익을 보호하여야 하고, 전체 주주의 이익을 공평하게 대우하여야 한다. 〈2025. 7. 신설; 2025. 7. 시행〉

(1) 이사 의무의 체계

이사가 부담하는 의무는 회사와의 위임관계에서 당연히 인정되는 **선관의무** 및 상법상 규정들에 의한 **충실의무**로 설명하는 것이 일반적이다. 그런데 역사적으로 제382조의3(이사의 충실의무)이 입법되기 전에는 상법상 충실의무로 경업금지의무(§397)와 자기거래금지의무(§398)만 있었기 때문에 영미법적 성격의 충실의무가 인정되는 것인지 다음과 같은 논란이 있었다.

① **동질설**은 선관의무의 내용은 탄력적으로 해석될 수 있는 것이며, '회사에 최선의 이익이 되는 결과를 추구해야 할 의무'까지 포함할 수 있다고 본다. 즉 이사는 위임자인 회사의 최선의 이익을 위해 행동해야 하므로 경업 및 자기거래와 같은 방식으로 회사에 손해를 끼쳐서는 안 된다고 해석하였다. ② **이질설**은 선관의무와 충실의무는 본질적으로 구별되는 것이며, '위임과 관계없는 개인적 사항에 대해서도 이사가 자신의 이익 대신 회사의 이익을 앞세워야 한다'는 이해상충 회피의무가 선관의무에서 도출될 수는 없다고 보았다. ③ **판례**는 전통적으로 이사가 '선관의무 및 충실의무에 위반'하여 책임을 부담한다고 판시함으로써 선관의무와 충실의무를 명확히 구별하지 않고 동질설의 입장을 취하였다고 보는 것이 일반적이다.

1998년 상법 제382조의3 규정의 입법취지는 영미법상의 신인의무 내지 충실의무를 명시적으로 도입함으로써 논란을 종식하려는 것이었다. 즉, ① 동질설에 의하면 선관의무가 어차피 충실의무 내용을 포함하고 있는데 제382조의3 규정은 충실의무의 법적 근거를 확인적으로 입법한 것이고, ② 이질설에 의하면 충실의무가 별도의 법적 근거를 필요로 하기 때문에 제382조의3 규정에 의하여 입법적으로 보완한 셈이다. 따라서 이제는 어느 입장에 의하든 우리 상법상 영미법적 성격의 충실의무도 인정된다고 보면 된다. 그렇다면 판례와 같이 상법상 이사의 선관의무를 넓게 해석함으로써 글로벌 스탠다드에 부합하는 경영이 가능하도록 행위기준을 강화하는 방식으로 동질설을 취하는 것도 효과적일 수 있다.

나아가 2025년 상법 제382조의3 개정에 의하여 제목을 "이사의 충실의무"에서 "이사의 충실의무 등"으로, 제1항에서는 "회사 및 주주를 위하여" 이사가 의무를 부담하는 것으로 변경하였고, 제2항을 신설하여 이사의 주주보호의무를 명시하였다. 동질설의 입장에서는 선관의무라는 큰 틀 안에 일반적인 주의의무를 비롯하여 영미법적 충실의무(§397, §397-2, §398)도 있고, 주주보호의무(§382-3②) 및 비밀유지의무(§382-4)도 있으며, 판례에 의한 감시의무도 포함되는 것으로 이사의 의무를 기능적 관점에서 파악할 수 있다. 참고로 이질설의 입장에서는 충실의무의 내용이 제382조의3에 의하여 더 확대되고 구체화되었다고 볼 수 있다.

| 도표 10-1 | 영미법상의 신인의무 · 주의의무 · 충실의무

영미법에서는 타인을 위하여 권한을 부여받은 자(fiduciary)에게 그 타인의 이익을 해하지 않을 '신인의무(fiduciary duty)'를 부담시킨다. 이는 계약관계 없이도 그러한 사실관계가 존재하는 것만으로 인정되는 의무(fact-based duty)라는 점에서 우리에게 생소하다.

미국 판례법리는 경영진(이사 · 임원)에게 회사 및 주주에 대한 신인의무를 인정하며, 지배주주가 소수주주에게 신인의무를 부담하기도 한다. 이사의 신인의무는 크게 주의의무(duty of care)와 충실의무(duty of loyalty)로 구분된다. 한편 성실의무(good faith)는 이해상충 상황과 별개로 인정되기 때문에 이를 신인의무 중 제3의 유형으로 인정한 판례도 있었으나, 이후 판례는 성실의무의 독자성을 인정하기 보다는 '성실의무 위반에 의하여 결과적으로 충실의무 위반책임이 문제된다'며 충실의무의 외연이 확장된 것으로 평가한다. 또한 감시의무 및 공개의무도 충실의무 내지 성실의무에 연원하는데, 이렇게 새롭게 부각되는 의무 유형들을 체계적으로 어떻게 분류할지 논란이 많으나 궁극적으로 신인의무에 해당함에는 이론이 없다. 미국 판례법리에서 신인의무는 시대적 필요에 맞추어 새로운 의무유형을 계속적으로 만들어내는 원천 역할을 수행하고 있기 때문에 개별적인 의무의 특성에 적합한 법리를 고안해내는 방향으로 발전하고 있다.

반면에 우리나라에서는 성실의무나 감시의무가 선관의무에 더 가까운 것처럼 어차피 영미법상의 구별체계가 우리나라에서 정확히 들어맞기는 어렵다. 더군다나 영미법상 주의의무와 충실의무를 구별하는 가장 큰 실익은 경영판단원칙이 적용되는지 여부였는데, 이미 미국 판례법리는 충실의무 사안이라도 소수주주의 과반수(MoM)가 승인하였다면 경영판단원칙을 적용하는 등 실용적인 관점을 취하면서 형식적 이분법을 지양하고 있다. 즉 영미법상의 주의의무·충실의무 이분법이 많은 한계를 노정하고 있는 상황에서 우리가 굳이 그러한 체계를 엄격하게 도입할 필요는 없다. 신인의무처럼 시대에 맞게 선관의무의 외연을 확장시키면서 그에 속하는 개별 의무를 기능적으로 발전시키는 것이 실용적이며 우리 법 체계의 완결성을 유지하는 데 도움이 될 것이다.

(2) 이사의 회사 및 주주에 대한 의무 ☆

이사는 회사와의 위임관계에서 직접적인 의무를 부담하므로 1차적으로는 회사의 이익을 위하여 최선을 다하여야 할 것이지만, 회사라는 법인격은 법적 의제에 불과하기 때문에 형식적으로는 회사이익과 무관해 보일지라도 회사라는 울타리 안에 있는 배후자의 이익을 고려해야 적절한 의무 이행이 가능한 특별한 상황이 발생할 수 있다. 이와 관련하여 주주중심주의 내지 이해관계자 중심주의 등의 논의가 있다.

우리나라의 회사제도는 역사적으로 정부·은행 등 특정 이해관계자가 영향을 미쳤고 암묵적으로 국익이 고려되기도 했으나, 정경유착 등 많은 문제가 파생되었고 일반주주의 이익이 희생되는 부작용을 가져왔는바 현재는 '주주중심주의'가 부각되고 있다. 즉 총주주의 이익을 증대시키는 것이 궁극적으로 회사의 이익을 위한 것으로 본다. 이는 법경제학적 분석을 따른 것인데 엄격히 말하자면 주주이익과 회사이익이 일치하는 개념은 아니다. 회사이익 중에서 이해관계자들에게 약속된 대가를 모두 지급한 뒤 남는 금전적 이익을 주주에게 분배하는 것이므로, 주주에게 분배될 이익이 증대되려면 그만큼 회사이익도 증대되어야 하기 때문에 '**주주 전체의 이익을 위한 것이 회사의 이익을 증진시키는 것이다**'라고 단순화하여 표현하는 것이다. 따라서 법적으로는 위임 관계에서 이사 의무의 상대방이 회사라 하더라도 회사에 대한 의무의 연장선상에서 이사 의무의 내용에 주주이익 보호가 당연히 포함되는 것으로 해석함으로써 시장의 신뢰를 확보하려는 것이 세계적인 추세이다.

2025년 상법개정에 의하여 이사가 '회사 및 주주를 위하여' 의무를 부담하는 것으로 규정한 입법취지 역시 **주주중심주의 관점에서 마땅히 주주이익이 보호되어야 한다는 확인적 취지**인 것으로 이해된다.

개정상법 제382조의3 제2항에서는 이사의 주주이익 보호의무의 내용을 구체화하고 있다. ① 전단에서는 주주 전체를 하나의 집단으로 보아서 이사에게 총주주의 집합적 이익 내지 **주주 공동의 이익을 증진**하도록 하였다. ② 후단에서는 **각 주주의 이익을 상호간 공평하게 대우**하도록 규정하였는바 특히 지배주주의 이익을 위하여 소수주주의 이익이 희생되지 않도록 해야 한다.

이때 이사가 고려해야 할 '주주이익'의 의미는 **주주의 지위에서 기대할 수 있는 이익**에 제한된다. 즉 특정 주주가 주주의 입장을 떠나 개인적으로 갖는 일체의 이익을 포괄하는 무분별한 개념일 수는 없으며, 이사가 개별 주주의 개인적 이익까지 감안할 필요는 없다. 오히려 이사가 지배주주의 개인적 이익을 위한 결정을 함으로써 다른 주주들이 지분에 비례하여 보장받아야 할 이익(비례적 주주이익; ratable benefit of shareholders)을 침해하였다면 위 후단 규정에 위반하는 것이다.

그동안 법원이 이러한 취지를 해석상 도출하여 재판규범으로 적용하는 것에는 소극적이었기 때문에 향후 다음의 상황에서 특히 입법의 실익이 있을 것으로 예상된다. 즉 ① 이사가 특정주주의 이익을 위하여 다른 주주들의 이익을 희생시켜서는 안 됨에도 불구하고, 지배주주와 일반주주 사이에 이해상충이 발생하는 합병·분할을 하는 경우, ② 신주·자사주 등을 활용한 경영권 방어·강화 조치가 기업가치 보호 및 총주주의 이익을 위하여 이루어진 것이라고 볼 수 없는 경우, ③ 이사가 기업가치 및 주식가치 산정을 위한 정확한 정보를 제공하여 각 주주의 합리적인 주식보유 판단을 도와야 함에도 불구하고, 불공정한 합병비율을 제공한다거나 공개매수 상황에서 중요정보를 은폐·왜곡하는 경우에 이사는 주주이익 보호의무 위반에 따른 책임을 부담한다. ④ 이사의 위법행위에 대하여 유지청구권을 행사하려면 회사의 손해가 염려되어야 하지만(§402), 주주이익 침해가 염려되는 경우에는 위 규정에 근거한 가처분을 신청함으로써 이해상충 상황이 진행되는 것을 막을 수 있다.

2 선관의무

(1) 의의 ☆

§382(이사의 회사와의 관계) ② 회사와 이사의 관계는 「민법」의 위임에 관한 규정을 준용한다.

이사 선임은 단체법적 원리에 의하여 주주총회의 선임 결정과 이사의 승낙이 있으면 선임의 효력이 발생한다. 판례 10-1 이사의 지위에 대하여 상법은 회사와 **위임관계**를 인정하는바(§382②), 이사는 회사에 대하여 선량한 관리자의 주의의무를 다하여야 한다(민법 §681). 이사의 선관의무란 **이사의 지위에 있는 자에게 회사의 업무처리와 관련하여 일반적으로 요구되는 정도의 주의의무**를 의미한다. 따라서 이사는 회사의 최선의 이익을 적극적으로 추구하면서 위험을 감수하는 한편 회사에 손해가 발생하지 않도록 필요한 조치를 적절히 취해야 한다. 다만 개별 이사의 주관적 능력 차이에 따라 주의의무 수준이 달라지는 것은 아닌 객관적 주의의무에 해당하므로 통상의 신중하고 합리적인 이사를 기준으로 한다.

비상근이사가 아닌 법적 의미의 이사라면 대표이사·상근이사·비상근이사·사외이사 등 **명칭과 직무에 상관없이 동일하게 선관의무를 부담**하며 그 위반에 대한 법적 책임을 져야 한다는 점에서 다를 바 없다. 판례 역시 "이러한 의무는 비상근이사라고 하여 면할 수 있는 것은 아니므로 이사회에 참석하지도 않고 사후적으로 이사회의 결의를 추인하는 등 실질적으로 이사의 임무를 전혀 수행하지 않은 이상 그 자체로서 임무해태가 된다"고 판시한다. 판례 10-2

다만 선관의무의 내용은 개별 이사가 수행하는 업무의 내용이나 관여 정도 등 구체적인 상황에 기초하여 개별적으로 판단된다. 따라서 회사의 일상적인 업무를 집행하는 업무집행이사는 업무집행을 전혀 담당하지 않는 평이사에 비하여 보다 높은 주의의무를 부담한다. 판례 10-3 한편 구체적인 손해배상액을 결정하는 단계에서 법원은 이사의 직책에 따라 책임제한 비율을 달리 적용하기도 한다.

참고로 은행의 이사는 은행의 공공적 성격에 걸맞는 내용의 선관의무까지 다할 것이 요구된다. 판례 10-4 이는 은행에게 고객보호를 위한 무거운 의무가 부담되기 때문에 은행의 이사에게도 이에 상응하는 내용의 선관의무가 부담되는 것으로 이해할 수 있다. 서브프라임 금융위기 당시 사회적 물의를 일으켰던 KIKO 사태에서, 판례는 파생상품의 위험성을 충분히 설명하지 않은 채 판매하였던 은행의 책임을 인정하면서 '은행은 더 큰 공신력을 가지고 있어서 다른 금융기관에 비하여 더 무거운 고객보호의무를 부담한다'고 확인하였다. 전합 10-5

[참고: 대법원 2019. 5. 16. 선고 2016다260455 판결 (강원랜드 사건)]

사실관계: 태백시가 주주로 있는 태백관광개발공사에서 운영하는 오투리조트에 자금난이 발생하였는바, 인근 지역의 카지노사업자인 강원랜드 주식회사에 자금지원을 요청하였다. 강원랜드는 폐광지역의 경제진흥을 통한 균형발전 및 주민의 생활향상이라는 공익에 기여한다는 명목으로 폐광지역 협력사업비 150억 원 기부안을 이사회에서 의결하였다.

판시사항: 강원랜드의 기부행위가 폐광지역 전체의 공익 증진에 기여하는 정도가 그다지 크지 않고, 기부의 대상 및 사용처에 비추어 공익 달성에 상당한 방법으로 이루어졌다고 보기 어려울 뿐만 아니라 강원랜드 이사회에서 결의를 할 당시 위와 같은 점들에 대해 충분히 검토하였다고 보기도 어려우므로 이사의 선관의무에 위배되는 행위에 해당한다.

(2) 경영판단의 원칙 ☆☆

가. 배경

이사는 불확실성 속에서 결정을 내려야 하는 상황이 많은데 제반 사정이 확실해질 때까지 기다리기 어려울 수 있다. 그런 상황에서도 고유의 비전으로 경영판단을 내릴 수 있는 전문경영인을 선임하고 그로 인한 책임이 주주에게 전가되지 않도록 함으로써 모험경영이 장려되도록 설계한 것이 주식회사이다. 모험경영의 위험을 사회가 흡수하는 대신 혁신적 성과가 사회에 전파되길 기대하는 것이다.

그런데 위임관계에서 선관의무를 부담하는 이사가 회사에 손해를 야기하는 결정을 하였다면 원칙적으로 그 결정 과정에서 과실이 없었어야 책임이 부정된다. 이러한 과실책임의 일반법리를 이사에게 엄격하게 적용한다면 모험경영을 장려하는 회사제도의 취지에 반할뿐 아니라 전문성 없는 법원이 경영판단을 사후적으로 심사하는 것이어서 바람직하지 않다. 이에 이사의 결정을 보호하는 경영판단의 원칙(Business Judgment Rule; BJR)이 미국 판례법리에 의하여 형성되었다. 이사에게 과실없이 경영할 것을 기대하는 행위기준(standard of conduct)의 수준과는 별개로, 이사에게 법적인 책임을 묻는 심사기준(standard of review)을 까다롭게 운용하는 이원화 방식으로 이사의 부담을 완화한다.

나. 대법원의 적용방식

국내에서도 이런 취지에서 경영판단원칙이 언급된다. 우리나라 대법원은 **이사가**

행위 당시 ① 필요한 정보를 최대한 조사하고 검토하는 절차를 거친 다음 ② 이를 근거로 회사의 최대 이익에 부합한다고 신뢰하면서 ③ 신의성실에 따라 경영상의 판단을 내렸고 ④ 그 내용이 합리적으로 선택할 수 있는 범위 안에 있는 것이라면, 비록 사후에 결과적으로 손해가 발생하였다고 하더라도 **그 이사의 행위는 '허용되는 경영판단의 재량 범위 내'에 있는 것이어서 회사에 대한 손해배상책임을 지지 않는다**는 법리를 확립하였다. 판례 10-6

다. 적용 배제사유

특히 **법령위반 행위**에 대하여는 경영판단원칙이 적용될 여지가 없다. 판례 10-7 이때 법령은 법률 및 법규명령을 의미한다. 예를 들어, 뇌물제공 판례 10-8 및 분식회계 판례 10-9 사안 등에서 경영판단원칙의 적용이 배제되었다.

주주중심주의적 관점에서는 전체 주주의 총의에 따르는 것이 회사의 이익에 부합하는 것이지만, 그러한 결정의 내용이 위법하다면 이사가 이를 따라도 될지 문제된다. 이사는 위임관계에서 독자적인 역량에 의하여 회사 및 주주의 이익을 위해 판단할 선관의무가 있기 때문에 **주주총회의 위법 · 부당한 결정**을 만연히 따른 경우에 이사의 의무위반이 정당화되지 않는다. 판례 10-10

또한 주주총회를 좌우하는 **지배주주의 의사**라 할지라도 지배주주에게 고유한 이익을 위한 것이라면 회사 또는 소수주주의 이익과 충돌할 수도 있다. 지배주주의 지시라고 하여 이사가 따라야 할 의무가 인정되지는 않는다. 판례 10-2 판례 10-11

| 도표 10-2 | 우리나라와 미국의 경영판단원칙 비교

경영판단의 원칙에 관하여 우리나라 대법원에서 제시하는 적용요건은 미국의 BJR과 흡사하다. 즉 미국 판례법리에 의한다면, 이해관계에서 자유로운 이사가(not interested) 충분한 정보에 기반하여(informed) 신의성실하게(in good faith), 회사의 최선의 이익에 부합하도록(for the best interest of corporation) 결정을 내렸다면 BJR이 적용되어서 '이사의 경영판단은 의무를 위반하지 않았다'는 추정을 자동적으로 받기 때문에 특별한 사정이 없는 한 이사는 면책된다.

다만 우리나라의 판례는 경영판단원칙을 운용할 때 나항의 ①, ②, ③ 요건을 갖추었다고 하여 자동적으로 경영판단원칙에 의한 보호효과를 부여하지 않는다. 즉 이사가 결정을 내렸던 상황에서 위 ①, ②, ③ 요건에 의하여 제한되는 합리적 선택범위 ④를 법원에서 재구성하고, 이사가 허용되는 재량의 범위를 벗어나는 결정을 하였는지에 대하여 적극적으로 심사

한다. 즉 판례는 경영판단에 대하여 사후적·개별적·구체적인 합리성 심사를 한다는 점에서 미국 판례법리와 상이하다. 이러한 과정을 통해 이사에게 허용되는 재량의 범위를 벗어났다고 판단되면 판례는 경영판단원칙의 적용여부를 명시적으로 언급하지 않은채 과실책임을 인정하는 경우가 대부분이다. 다만 재량범위 내에서 결정하였다면 특별히 주주이익극대화 여부를 판단하지는 않는다.

(3) 비밀유지의무 및 보고의무

§382-4(이사의 비밀유지의무) 이사는 재임중 뿐만 아니라 퇴임후에도 직무상 알게된 회사의 영업상 비밀을 누설하여서는 아니된다.

이사회는 회사 경영상 가장 비밀스런 업무를 취급하기 때문에 **비밀유지의무**를 부담시키는 것이 마땅하다. 따라서 이사는 재직 중에는 물론이고 퇴임한 후에도 비밀유지의무를 부담한다(§382-4). 통상적으로 영업비밀의 개념은 부정경쟁방지 및 영업비밀 보호에 관한 법률 §2에 규정된 정의(공공연히 알려져 있지 아니하고, 독립적인 경제적 가치를 가지는 것으로서, 비밀로 관리된 생산방법·판매방법·기타 영업활동에 유용한 기술상 또는 경영상의 정보)를 따르는데, 이사에게 요구되는 비밀유지의무의 대상은 이보다 넓게 인정되어야 할 것으로 본다. 회사 내에서의 비밀유지가 강력하게 보호되어야 자유로운 의견교환 및 원활한 이사회 기능이 가능하기 때문이다.

§393(이사회의 권한) ④ 이사는 3월에 1회 이상 업무의 집행상황을 이사회에 보고하여야 한다.
§412(감사의 직무와 보고요구, 조사의 권한) ② 감사는 언제든지 이사에 대하여 영업에 관한 보고를 요구하거나 회사의 업무와 재산상태를 조사할 수 있다.
§412-2(이사의 보고의무) 이사는 회사에 현저하게 손해를 미칠 염려가 있는 사실을 발견한 때에는 즉시 감사에게 이를 보고하여야 한다.

이사회는 적어도 분기별로 개최되어야 하며, 이때 이사는 이사회에 **업무의 집행상황을** 보고할 의무를 부담한다(§393). 특히 **회사에 현저한 손해를 미칠 수 있는 사실을** 알게 되었다면 이사는 감사 또는 감사위원회에 이를 보고할 의무가 있다(§412-2). 알게 된 경위는 상관없으며, 보고 방법에도 제한이 없다.

(4) 감시의무 ☆☆

가. 의의

이사의 업무집행을 감독하는 기능을 수행하는 이사회의 구성원인 이사는 다른 이사가 법령을 준수하여 업무를 수행하도록 감시·감독할 의무를 부담한다. 이러한 **감시의무**는 사외이사 및 비상근이사도 동일하게 부담한다.판례 10-12 물론 업무집행이사는 더 주의할 필요가 있다.판례 10-3

다른 이사의 업무집행이 위법하다고 '의심할만한 사유'가 있음에도 불구하고 이를 방치한 때에는 이로 말미암아 회사가 입은 손해에 대하여 배상책임을 부담한다.판례 10-13

나. 내부통제시스템의 구축 및 실질적 운영의 필요성

감시의무의 구체적인 내용은 회사의 규모·업종·규제 등에 따라 달라질 수 있다. 고도로 분업화되고 전문화된 대규모 회사에서는 이사가 내부적인 사무분장에 따라 각자의 전문 분야를 전담하여 처리하는 것이 불가피한 경우라고 할지라도 이사의 감시의무를 면할 수 없다. 따라서 **대규모 회사의 이사는 합리적인 내부통제시스템을 구축하고 그것이 제대로 작동하도록 배려할 의무가 있다.**판례 10-3

내부통제시스템은 (i) 회사가 준수해야 하는 법규를 체계적으로 파악하여 임직원의 준법경영을 관리하고 (ii) 위반사실은 즉시 보고되어 시정조치할 수 있도록 실질적으로 구현·운영되어야 이사의 감시의무가 정상적으로 수행되었다고 평가할 수 있다.판례 10-14

따라서 내부통제시스템이 구축되었더라도 (i) 감시의무 이행을 의도적으로 외면하였거나, (ii) 지속적·조직적인 감시 소홀로 다른 이사의 위법·부당한 업무집행을 알지 못하였다면, 이사의 감시의무 위반으로 인한 손해배상책임을 진다.판례 10-3 판례 10-15

다. 대표이사의 감시의무

특히 대표이사는 다른 이사에 대한 감시의무와 더불어 모든 직원의 직무집행을 감시할 의무를 부담한다. 따라서 대표이사는 회계부정이나 업무상 오류 등에 대해서도 사전적으로 예방하고 사후적으로 적발·시정할 수 있는 내부통제시스템을 구축하고 그것이 제대로 작동하도록 노력을 다해야 한다. **만일 대표이사가 이러한 노력을 전혀 하지 않거나 내부통제시스템을 통한 감시의무의 이행을 의도적으로 외면한 결과 다른 이사 등의 위법·부당한 업무집행을 방지하지 못하였다면, 대표이사로서 감시의무를 위반한 것이다.**판례 10-14

[대법원 2021. 11. 11. 선고 2017다222368 판결]

사실관계: (1) 오랜 기간 영업담당임원과 영업팀장 모임을 통하여 여러 품목에 관하여 지속적이고 조직적으로 가격담합이 이루어졌음에도, 가격담합에 직접 관여한 임직원들은 대표이사인 피고를 비롯한 다른 임직원들로부터 그 어떠한 제지나 견제도 받지 않았다. 이는 회사의 업무 전반에 대한 감시.감독의무를 이행하여야 하는 대표이사인 피고가 가격담합 행위를 의도적으로 외면하였거나 적어도 가격담합의 가능성에 대비한 그 어떠한 주의도 기울이지 않았음을 의미한다.

(2) 철강산업은 자본집약적 장치산업으로 대량 생산을 하면서도 가격을 일정한 수준 이상으로 유지하기 위하여 동종 업체들이 담합하여 공동으로 가격을 인상하고 인상된 가격을 유지하려는 노력을 지속하려는 경제적 유인이 있다.

(3) 그럼에도 유니온스틸은 위와 같이 높은 법적 위험이 있는 가격담합 등 위법행위를 방지하기 위하여 합리적인 내부통제시스템을 갖추지 못하였던 것으로 보이고, 피고가 이를 구축하려는 노력을 하였다고 볼 만한 자료도 없다.

판결요지: 대표이사인 피고가 이 사건 담합행위를 구체적으로 알지 못하였고 임원들의 행위를 직접 지시하지 않았다는 이유만으로는 그 책임을 면할 수 없고, 위와 같이 피고가 대표이사로서 마땅히 기울였어야 할 감시의무를 지속적으로 게을리한 결과 회사에 손해가 발생하였다면 피고는 이에 대해 배상할 책임이 있다고 보아야 한다.

(5) 계열사 지원행위

가. 기업집단 관계에서 이사가 부담하는 원칙적 의무

기업집단의 공동목표에 따른 공동이익의 추구가 사실적, 경제적으로 중요한 의미를 갖는 경우라도 기업집단을 구성하는 개별 계열회사는 별도의 독립된 법인격을 가지고 있는 주체로서 각자의 채권자나 주주 등 다수의 이해관계인이 관여되어 있고, 사안에 따라서는 **기업집단의 공동이익**과 상반되는 **계열회사의 고유이익**이 있을 수 있다. 판례 10-16 그럼에도 불구하고 원칙적으로 개별 계열회사의 이사는 기업집단이나 다른 계열회사와 관련된 직무를 수행할 때에도 자신이 소속된 회사에 대한 선관주의의무와 충실의무를 부담한다. 판례 10-6

예를 들어, 회사의 이사가 이미 채무변제능력을 상실한 다른 계열회사를 위하여 회사자금을 대여할 경우 자기 회사에 손해가 발생하리라는 점을 충분히 알면서도 대여했거나, **충분한 담보를 제공받는 등 상당하고도 합리적인 채권회수조치를 취하지 아니한 채 만연**

히 대여해 주었다면, 그와 같은 자금대여는 회사에 대하여 임무위배행위가 된다. 판례 10-16

[참고: 대법원 2007. 10. 11. 선고 2006다33333 판결 (대우그룹 사건)]

회사의 이사가 법령에 위반됨이 없이 관계회사에게 자금을 대여하거나 관계회사의 유상증자에 참여하여 그 발행 신주를 인수함에 있어서, 관계회사의 회사 영업에 대한 기여도, 관계회사의 회생에 필요한 적정 지원자금의 액수 및 관계회사의 지원이 회사에 미치는 재정적 부담의 정도, 관계회사를 지원할 경우와 지원하지 아니할 경우 관계회사의 회생가능성 내지 도산가능성과 그로 인하여 회사에 미칠 것으로 예상되는 이익 및 불이익의 정도 등에 관하여 합리적으로 이용가능한 범위 내에서 필요한 정보를 충분히 수집·조사하고 검토하는 절차를 거친 다음, 이를 근거로 회사의 최대 이익에 부합한다고 합리적으로 신뢰하고 신의성실에 따라 경영상의 판단을 내렸고, 그 내용이 현저히 불합리하지 않은 것으로서 통상의 이사를 기준으로 할 때 합리적으로 선택할 수 있는 범위 안에 있는 것이라면, 비록 사후에 회사가 손해를 입게 되는 결과가 발생하였다 하더라도 그 이사의 행위는 허용되는 경영판단의 재량범위 내에 있는 것이어서 회사에 대하여 손해배상책임을 부담한다고 할 수 없다.

그러나 단순히 회사의 경영상의 부담에도 불구하고 관계회사의 부도 등을 방지하는 것이 회사의 신인도를 유지하고 회사의 영업에 이익이 될 것이라는 일반적·추상적인 기대하에 일방적으로 관계회사에 자금을 지원하게 하여 회사에 손해를 입게 한 경우 등에는, 그와 같은 이사의 행위는 허용되는 경영판단의 재량범위 내에 있는 것이라고 할 수 없다. 피고들은 아무런 채권확보나 채권회수조치 없이 이미 채무상환능력이 결여되어 있고 결국은 도산에 이르게 될 대우인터내셔날에 대하여 거액의 자금을 일방적으로 지원하게 하여 대우로 하여금 그 지원금을 회수하지 못하는 손해를 입게 하였는바 이사의 임무를 해태한 것으로서 그에 대한 손해배상책임을 져야 할 것이다.

나. 경영판단원칙의 고려사항 확대

종전에 계열사 지원행위에 대하여 엄격하게 책임을 물었던 입장과 달리 최근의 판례는 기업집단의 공동이익을 고려한 이사에게 경영판단의 원칙을 적용한 경우가 있다. 즉, 동일한 기업집단에 속한 계열회사 사이의 지원행위가 합리적인 경영판단의 재량범위 내에서 행하여진 것인지를 판단하기 위해서는 ① 지원을 주고받는 계열회사들이 자본과 영업 등 실체적인 측면에서 결합되어 공동이익과 시너지 효과를 추구하는 관계에 있는지, ② 이러한 계열회사들 사이의 지원행위가 지원하는 계열회사를 포함하여 기업집단에 속한 계열회사들의 공동이익을 도모하기 위한 것으로서 특정인 또는 특정 회사만의 이익을 위한 것은 아닌지, ③ 지원 계열회사의 선정 및 지원 규모 등이 당해 계열회사의 의사나 지원 능력 등을 충분히 고려하여 객관적이고 합리적으로 결정된 것인지, ④ 구체적인 지원행위가 정상적이고 합법적인 방법으로 시행된 것인지, ⑤ **지원을 하는 계열회사에 지원행위로 인한 부담이나 위험에 상응하는 적절한 보상을 객관적으로 기대할 수 있는 상황이었는지** 등까지 충분히 고려해야 한다고 판시하였다. 판례 10-16 이러한 방식은 '계열사 지원 이후 1년 이내에 상당한 보상이 실제로 이루어질 것'까지 요구하는 독일·프랑스의 규제보다 허술하다는 비판을 받는다.

다. 경영판단원칙의 적용범위 확대

심지어 기업집단의 지배권 유지를 위한 행위에 대해서도 이사에게 경영판단의 원칙이 고려될 수 있다는 판례가 있다. 즉, 기업집단에 속한 소속 회사가 자신이 이미 지배하고 있는 계열회사에 대하여 적대적 M&A가 시도될 우려가 있는 상황에서 이를 저지하기 위해 계열회사 주식을 추가로 취득하는 경우, 소속 회사의 계열회사에 대한 경영권이 방어되는 한편 이를 통해 기업집단이 유지되면서 지배주주의 기업집단에 대한 지배권도 전과 같이 유지되게 된다. 이 경우 이사는 ① 소속 회사와 계열회사 사이의 영업적·재무적 관련성 유무와 정도, ② **소속 회사의 계열회사에 대한 경영권 유지와 상실에 따른 이익과 불이익의 정도**, ③ **기업집단의 변경이나 지배주주의 지배권 상실에 따른 소속 회사의 사업지속 가능성**, ④ 소속 회사의 재무상황과 사업계획을 고려한 주식취득 비용의 적정성 등을 객관적 자료를 바탕으로 구체적으로 검토하여야 한다고 판시하였다. 판례 10-6

3 충실의무

(1) 의의 및 일반조항

§382-3(이사의 충실의무) ① 이사는 법령과 정관의 규정에 따라 회사 및 주주를 위하여 그 직무를 충실하게 수행하여야 한다. 〈2025.7. 개정; 2025.7. 시행〉

이사가 회사를 경영함에 있어서 자신의 이익을 위하여 회사의 이익을 희생시킬 수 있는 우려가 있기 때문에 일단 **이해상충**이 예견되는 상황이라면 더 이상의 진행이 금지되며, 이사회에서 이사와 회사의 이해상충을 심의하여 이를 승인할 경우에만 진행할 수 있도록 한다. 이와 같이 이사가 회사의 이익을 우선해야 하는 의무를 이사의 '**충실의무**'라 하며, 기본적으로 이해상충 행위를 금지하는 **부작위의무**의 성격을 갖는다.

이사와 회사의 이해상충이 발생할 수 있는 상황을 미리 한정적으로 규정하는 방식으로는 다양한 이해상충의 가능성을 선제적·포괄적으로 규율할 수 없기 때문에 상법은 이사의 충실의무에 관한 일반조항을 규정하였다(§382-3①). 따라서 본 규정은 선언적인 효력에 머무를 것이 아니라 경제현실에서 독자적인 효력이 인정될 수 있도록 적극적인 해석에 의하여 적용범위를 넓혀갈 필요가 있다.

최근의 판례는 이사가 회사의 이익보다 자신의 이익을 우선한 이해상충 상황에서 충실의무 일반조항을 적용하여 이사에게 책임을 인정한 바 있다.

① 퇴직을 앞둔 이사가 회사에서 최대한 많은 보수를 받기 위하여 그에 동조하는 다른 이사와 함께 합리적 수준을 현저히 벗어나는 과다한 보수의 지급기준을 마련하고 주주총회에 영향력을 행사함으로써 소수주주의 반대에도 불구하고 이에 관한 주주총회결의가 성립되도록 하였다면, 당해 이사는 회사를 위하여 직무를 충실하게 수행할 충실의무(§382-3)를 위반한 것이며 주주총회결의를 거쳤더라도 위법행위가 유효하게 되는 것은 아니라고 판시하였다. 판례 10-17

② 대표이사가 회사를 대표하여 제3자에게 금전반환소송을 제기하여 1심에서 승소했음에도 불구하고 항소심 판결 선고 직전 회사에 아무런 이득 없이 일방적으로 제3자의 반환채무를 면제하는 약정을 한 것은 충실의무(§382-3)에 반한다고 판시하였다. 판례 10-18 참고로 본 사안에서는 대표권 남용 법리도 함께 적용되었다.

(2) 경업금지의무 ☆

> **§397(경업금지)**
> ① 이사는 이사회의 승인이 없으면 자기 또는 제3자의 계산으로 회사의 영업부류에 속한 거래를 하거나 동종영업을 목적으로 하는 다른 회사의 무한책임사원이나 이사가 되지 못한다.
> ② 이사가 제1항의 규정에 위반하여 거래를 한 경우에 회사는 이사회의 결의로 그 이사의 거래가 자기의 계산으로 한 것인 때에는 이를 회사의 계산으로 한 것으로 볼 수 있고 제3자의 계산으로 한 것인 때에는 그 이사에 대하여 이로 인한 이득의 양도를 청구할 수 있다.
> ③ 제2항의 권리는 거래가 있은 날로부터 1년을 경과하면 소멸한다.

가. 의의

제397조에서는 이사와 회사의 이해상충을 방지하기 위한 경업 및 겸직 금지의무를 함께 규정하고 있다. 즉, 이사는 (i) 자기 또는 제3자의 계산으로 회사의 영업부류에 속한 거래를 할 수 없으며(**경업금지의무**), (ii) 동종영업을 목적으로 하는 다른 회사의 무한책임사원이나 이사가 될 수 없다(**겸직금지의무**).

나. 이해충돌 상황

경업금지의 대상은 '**회사의 영업부류에 속한 거래**'이다. 이때 회사의 영업부류에 해당하는지 여부는 **회사가 착수하여 실제로 수행하고 있는 업무인지**를 기준으로 판단한다. 회사 정관에 목적사항으로 기재되지 않았더라도 무관하다.

겸직금지의 대상은 '**동종영업을 목적으로 하는 다른 회사**'이다. 이때 회사의 동종영업에 해당하는지 여부 역시 회사가 실제로 수행하는 업무의 범위로 판단한다. 회사의 동종영업에 해당한다면 다른 회사가 아직 **설립되기 전 단계**에서 관여하였다거나, 영업준비작업을 하다가 영업개시 전에 사임하였더라도 의무위반에 해당한다.판례 10-19 또한 이사는 겸직금지 대상회사의 이사가 되는 경우뿐만 아니라 다른 회사의 **지배주주**가 되어 의사결정과 업무집행에 관여할 수 있게 되는 경우에도 겸직금지의무가 적용된다.판례 10-20

경업금지의무와 겸직금지의무의 대상은 서로 다르지만 각각을 넓게 파악하다 보니 실제 사안에서는 중첩되거나 모호한 영역이 있을 수 있는데, 판례는 양자를 엄격히 구별하여 개별적으로 적용하기 보다는 규정의 취지에 입각하여 이사의 경업 또는 겸직으로 인해 **회사와 이익충돌의 여지가 있는지를 기준으로** 제397조의 적용여부만 판단한다.

예를 들어, 서울 소재 A백화점의 이사가 광주 소재 B백화점의 지배주주가 된 경우에 A백화점의 영업부류에 속한 거래를 B백화점도 하고 있다면 그 당시 서로 영업지역을 달리하고 있다고 하여 그것만으로 두 회사가 경업관계에 있지 않다고 단정할 것은 아니지만, 두 회사의 지분관계 · 지배구조 · 영업형태 · 상호의 유사성 · 시장에서 두 회사가 경쟁자로 인식되는지 여부 등 제반사정에 비추어 볼 때 B백화점이 실질적으로 A백화점의 지점 내지 영업부문으로 운영되고 공동의 이익을 추구하는 관계에 있다면 두 회사 사이에는 서로 이익충돌의 여지가 있다고 볼 수 없으므로 제397조를 적용하지 않았다. 판례 10-20

다. 이사회 승인

제397조가 적용되는 상황에서 당해 이사는 **이사회 승인**이 있어야 경업 · 겸직이 허용된다. 이때 이사회의 결의요건은 가중되지 않으며 일반 원칙에 의한다. 다만 당사자인 이사는 특별이해관계인으로서 의결권이 제한된다.

당사자인 이사는 경업 · 겸직의 대상에 관한 중요한 사항을 이사회에 알려야 할 **개시의무**를 부담한다. 결의 대상의 중요한 사항이 공개된 상태에서 결정한 경우(informed decision)에 한하여 정당한 효과를 부여하는 것은 일반적인 법리이다.

제397조가 적용되는 상황이라도 이사회 승인을 받아서 경업 · 겸직을 하였다면 위법사유가 없기 때문에 회사에 대한 손해배상책임도 발생하지 않는다.

라. 효과

제397조를 위반하여 이사회 승인 없이 이루어진 경업 · 겸직도 그 자체는 유효하다. 경업 거래의 상대방 또는 겸직한 다른 회사에서 이러한 사정에 대하여 악의라도 무방하다. 물론 이사회 승인 없이 제397조를 위반한 이사는 회사에 대하여 손해배상책임을 부담한다.

제397조를 위반하여 이사회 승인 없이 이루어진 경업에 대하여 회사는 개입권을 행사할 수 있는바(§397②), 경업의 경제적 이익을 회사에 귀속시킬 수 있다. 개입권은 형성권으로서 1년의 제척기간이 적용된다(§397③).

한편 이사회결의 없이 이루어진 경업 · 겸직을 사후적으로 이사회에서 추인할 수 있을지 문제된다. (i) **부정설**은 이사회추인에 의하여 경업금지의무를 위반한 이사의 손해배상책임을 면제한다면 이사의 손해배상책임을 면제하기 위하여 총주주의 동의가 필요하다고 규정한 제400조 제1항의 취지를 몰각한다고 보며, (ii) **긍정설**은 이사회 추인에 의하여 손해배상책임까지 면제하는 것은 아니며 거래의 하자를 치유하는 취지인 것으로 본다. 어떤 입장이든 제397조를 위반한 이사의 손해배상책임을 이사회 추인에 의하여 면제할 수는 없다. 그렇게 본다면 부정설의 근거가 무의미해지며, 굳이 사후추인을 막을 이유가 없으므로 긍정설이 타당하다.

(3) 자기거래 금지의무 ☆☆☆

> **§398(이사 등과 회사 간의 거래)** 다음 각 호의 어느 하나에 해당하는 자가 자기 또는 제3자의 계산으로 회사와 거래를 하기 위하여는 미리 이사회에서 해당 거래에 관한 중요사실을 밝히고 이사회의 승인을 받아야 한다.
> 1. 이사 또는 §542-8② 제6호에 따른 주요주주
> 2. 제1호의 자의 배우자 및 직계존비속
> 3. 제1호의 자의 배우자의 직계존비속
> 4. 제1호부터 제3호까지의 자가 단독 또는 공동으로 의결권 있는 발행주식 총수의 100분의 50 이상을 가진 회사 및 그 자회사
> 5. 제1호부터 제3호까지의 자가 제4호의 회사와 합하여 의결권 있는 발행주식총수의 100분의 50 이상을 가진 회사

가. 의의

이사·주요주주 및 그 특수관계인(이사 등)과 회사 사이에 이루어지는 이해상충 거래를 **자기거래**(self-dealing)라 하는바 세계적으로 가장 엄격히 규제하는 유형 중 하나이다. 회사의 경영진 또는 지배주주가 사익을 추구하는 현상을 터널링(tunneling)이라는 명칭으로 경제학적 연구가 이루어져 왔다. 자기거래는 경영진이 자기 또는 제3자의 이익을 위하여 회사에 손해를 가하는 터널링의 대표적 유형으로서 이사회 승인 없이는 원칙적으로 금지된다(§398).

나. 행위주체

제398조의 행위주체인 이사인지 여부는 **거래 당시**를 기준으로 판단한다. 따라서 대표이사 취임의 조건으로 일정금액을 투자하였다가 이사직을 사임한 뒤에 투자금을 돌려받았다면 반환 시점에는 이사에 해당하지 않기 때문에 제398조가 적용되지는 않는다. 판례 10-21 집행임원·이사직무대행자·청산인 등은 이사에 준하여 제398조가 적용된다.

제398조에서 규정한 행위주체에 해당하지는 않지만, '**쌍방대표**'의 행위에 대해서도 자기거래인 것으로 파악한다(통설·판례). 즉 **별개 두 회사의 대표이사를 겸하고 있는 자가 양쪽 회사의 대표자로서 계약을 체결한 쌍방대표행위는 자기거래로서 제398조가 적용된다.** 판례 10-22

한편 쌍방대표 법리를 확장하여, 한 회사의 이사가 다른 회사의 대표이사를 겸하는 '**겸임이사**'의 경우에도 제398조를 유추적용하자는 견해가 있으나 아직 이러한 입장을 취하는 판례는 없다.

종래 상법은 이사에 대해서만 자기거래 금지의무를 부과하였지만 2011년 상법개정에 의하여 행위주체를 확대하여 주요주주와 특수관계인을 포함시킴으로써 사익추구방지 규제를 강화하였다(§398 각 호). 이때 **주요주주**란 10% 이상의 지분을 소유하거나 회사 경영에 사실상 영향력을 행사하는 주주를 의미한다.

예를 들어, A회사가 B회사의 지분 20%를 소유하고 A회사의 대표이사 갑의 배우자인 정이 B회사의 지분 80%를 소유하고 있는 상황에서 A회사와 B회사가 물품공급계약을 체결하려면, ① A회사 입장에서는, 이사의 배우자가 단독으로 지분 50% 이상을 가진 B회사와 자기거래를 체결하는 것이어서 A회사 이사회의 승인이 필요하며(§398(iv)), ② B회사 입장에서는, B회사의 지분 10% 이상 소유하고 있는 주요주주인 A회사와 자기거래를 체결하는 것이어서 B회사 이사회의 승인이 필요하다(§398(i)).

다. 적용대상

제398조의 적용대상은 회사와 이사 등 사이에 체결되는 **모든 재산적 거래**이다. 어음·수표행위 및 신주·사채발행 등의 자본거래를 포함하는 것으로 해석한다.

판례는 재산적 거래의 범위에서 '거래의 성질상 이해상충으로 인하여 회사에 불이익이 생길 염려'가 없는 무이자·무담보 대여와 같은 경우에는 이사회 승인이 필요없는 것으로 판시한다. 판례 10-23 다만 어떤 상황에서도 회사에 손해를 미치지 않을 것임이 명백한 거래 조건일 경우에만 이처럼 해석할 수 있다. 손해발생 여부가 구체적 상황에 의존한다거나 결과적으로 손해가 발생하지 않은 것에 불과하다면 거래의 성질상 회사에 불이익이 생길 염려가 없는 경우에 해당하지 않는다.

이때 거래방식은 회사와 이사 등 사이에 직접 체결되는 **직접거래** 및 회사와 제3자 사이에 체결되는 거래를 통하여 이사 등에게 실질적인 이익이 되고 회사에 불이익을 주는 **간접거래**도 포함한다. 예를 들어, **이사의 개인 채무에 대하여 회사가 이사를 위하여 채권자와 연대보증을 하는 간접거래의 경우에도 이사에게 이익이 되고 회사에 불이익을 주는 이익상반 행위로서 제398조가 적용된다.** 판례 10-24

자기거래에 대하여 이사회 승인을 받지 않았더라도 선의·무중과실의 제3자에게 대항할 수 없는데(**상대적 무효설**), **간접거래** 방식으로 자기거래가 이루어졌다면 회사와 직접 거래한 상대방이 제3자에 해당한다. 판례 10-24 판례 10-25

라. 이사회 승인

§398(이사 등과 회사 간의 거래) 다음 각 호의 어느 하나에 해당하는 자가 자기 또는 제3자의 계산으로 회사와 거래를 하기 위하여는 미리 이사회에서 해당 거래에 관한 중요사실을 밝히고 이사회의 승인을 받아야 한다. 이 경우 이사회의 승인은 이사 3분의 2 이상의 수로써 하여야 하고, 그 거래의 내용과 절차는 공정하여야 한다.

자기거래에 대한 승인은 이사회 권한사항이며(제398조), 대표이사에게 위임할 수 없다. 다만 정관에 의하여 자기거래 승인을 주주총회 권한사항으로 변경할 수 있다.판례 10-26

이러한 정관 규정이 없더라도, 자기거래에 대한 **주주 전원의 동의**가 있었다면 회사는 이사회 승인이 없었음을 이유로 그 책임을 회피할 수 없다.판례 10-27 주주 전원의 동의가 아니라면, 자기거래 승인권한이 없는 주주총회에서 승인하더라도 무효이다.판례 10-26

이사회 승인의 결의요건은 **재적이사 2/3 이상 찬성**으로 가중되었다(§398 제2문). 자기거래의 당사자 및 특수관계인의 중간매개자도 개인법설에 의한 **특별이해관계인**이므로 의결권이 제한되는데(§391③, §368③), 자기거래의 당사자가 재적이사의 1/3 이상이라면 승인 자체가 불가능할 수 있다. 계열사가 많은 우리나라의 실정을 감안하여 특별이해관계인을 재적이사수에서 제외해야 한다는 견해가 많다.

마. 이사회 승인의 방법

각 자기거래에 대하여 **사전**에 **개별적 이사회 승인**을 받아야 하는 것이 원칙이다. 다만 계열사간 거래가 빈번한 현실을 고려한다면, 반복적·정형적인 거래의 기간·한도를 제한하여 **포괄적 승인**을 할 수 있다.

자기거래의 당사자는 이사회 심의과정에서 이해상충에 관한 중요 사항을 제공할 **개시의무**를 부담한다.판례 10-28 **자기거래의 이해관계가 개시되지 아니한 채 단순히 통상의 거래로서 심의되었다면 이사회결의가 있더라도 제398조에서 요구하는 이사회 승인에 해당하지 않는다.**판례 10-26 제393조 제1항에 의한 중요업무에 대한 이사회 승인이 성립하는지 여부와 제398조에 의한 자기거래에 대한 이사회 승인이 성립하는지 여부는 별개로 검토해야 한다.

자기거래는 이사회 승인을 받더라도 자기거래의 내용과 절차가 공정해야 한다(§398 제2문). 이해상충의 상황에서도 회사의 이익이 온전히 보호될 수 있도록 거래가격·거래조건·거래구조·협상과정 등 거래 전반에서 **공정성**이 준수될 것이 요구된다.

이러한 공정성 요건은 미국 판례법리의 완전한 공정성(entire fairness)에 의한 심사기준에서 유래한 개념으로 본다.

자기거래가 이사회 승인을 받았더라도 공정성을 흠결하였다면, 불공정한 자기거래를 체결하여 회사에 손해를 입힌 이사는 손해배상책임을 부담한다.판례 10-29 이사회 승인을 받은 자기거래가 회사에 손해를 입혔다면 자기거래의 불공정성이 의심된다.

바. 위반의 효과

이사회 승인이 없는 자기거래의 효력에 관한 논의가 있다. (i) 제398조를 강행규정으로 파악하는 **무효설**, (ii) 제398조를 단속규정으로 파악하는 **유효설**이 있지만, (iii) **회사와 거래 상대방 사이에서 자기거래가 무효이지만, 이사회 승인의 흠결에 대하여 선의 · 무중과실인 제3자에 대하여 회사는 무효를 주장하지 못한다는 상대적 무효설이 통설 · 판례이다.**

이사회 사전승인은 자기거래의 유효요건으로 파악한다. 무효인 자기거래가 사후추인에 의하여 유효로 될 수도 없다.판례 10-30 한편 자기거래로 인하여 회사에 손해를 입혔다면 이사회 승인을 받고 자기거래를 체결하였더라도 이사의 회사에 대한 손해배상책임이 면제되는 것은 아니다.판례 10-29

제3자의 악의 · 중과실에 대한 입증책임은 자기거래의 무효를 주장하는 회사가 부담한다. 자기거래로 인한 회사의 손해를 방지하려는 제398조의 취지에 비추어 자기거래의 무효를 주장할 수 있는 자는 회사에 한정되며, **이사회 승인없는 자기거래에 대하여 거래상대방 또는 제3자가 무효를 주장하는 것은 허용되지 않는다.**판례 10-31

사. 위반의 책임

제398조에 위반한 이사 등은 회사에 대하여 손해배상책임을 부담한다(§399). 다음과 같이 구체적인 상황에 따라서 개별적으로 검토할 필요가 있다.

① 이사회 승인 없이 자기거래를 체결하였다면 그 자체로 제398조 위반이며, 충실의무를 위반한 것이어서 경영판단원칙의 보호를 받을 수도 없고 책임제한 대상에서도 제외된다(§400② 단서). 다만 이사의 의무를 부담하지 않는 주요주주 등은 회사에 대하여 손해배상책임을 부담하지 않는다.

② **이사회 승인을 얻어서 자기거래를 체결하였더라도 자기거래가 공정성을 흠결하여 회사에 손해를 입혔다면 이사 등은 회사에 대하여 손해배상책임을 부담한다.**판례 10-29

③ **불공정한 자기거래를 승인한 이사회결의에 찬성한 이사들은 회사에 대하여 선관의무 위반에 의한 손해배상책임을 부담할 수 있다(제399조).** 이사회에서 성실하게

심의하지 않았다면 선관의무 위반에 해당하는데, 이 과정에서 경영판단원칙을 적용받을 수 있다. 충실의무 위반이 아니므로 책임제한도 가능하다(§400② 본문).

아. 상장회사 특례

> **§542-9(주요주주 등 이해관계자와의 거래)**
> ① 상장회사는 다음 각 호의 어느 하나에 해당하는 자를 상대방으로 하거나 그를 위하여 신용공여를 하여서는 아니 된다.
> 1. 주요주주 및 그의 특수관계인
> 2. 이사 및 집행임원
> 3. 감사
>
> ③ 자산 규모 등을 고려하여 대통령령으로 정하는 상장회사는 최대주주, 그의 특수관계인 및 그 상장회사의 특수관계인으로서 대통령령으로 정하는 자를 상대방으로 하거나 그를 위하여 다음 각 호의 어느 하나에 해당하는 거래(제1항에 따라 금지되는 거래는 제외한다)를 하려는 경우에는 이사회의 승인을 받아야 한다.

상장회사에서는 자기거래의 특칙을 규정하고 있는바, 상장회사는 이사, 주요주주 및 그의 특수관계인에게 대여·보증 등 신용을 제공하는 것이 금지되고(§542-9①), 상장회사가 최대주주 및 그의 특수관계인과 **대규모거래**를 하려면 이사회 승인이 필요하다(§542-9③).

특히 신용공여는 이사회 승인 유무와 관계없이 무조건 금지되는 것이고, 신용공여 금지의무를 위반하여 무효라는 점은 누구나 주장할 수 있다.판례 10-32 이는 자기거래 금지의무 위반의 경우와 구별되는 점이다. 다만 제3자가 신용공여 금지의무 위반에 대하여 선의·무중과실이라면 회사는 그 제3자에게 대항할 수 없다.판례 10-32

(4) 회사기회유용 금지의무

> **§397-2(회사의 기회 및 자산의 유용 금지)**
> ① 이사는 이사회의 승인 없이 현재 또는 장래에 회사의 이익이 될 수 있는 다음 각 호의 어느 하나에 해당하는 회사의 사업기회를 자기 또는 제3자의 이익을 위하여 이용하여서는 아니 된다. 이 경우 이사회의 승인은 이사 3분의 2 이상의 수로써 하여야 한다.
> 1. 직무를 수행하는 과정에서 알게 되거나 회사의 정보를 이용한 사업기회
> 2. 회사가 수행하고 있거나 수행할 사업과 밀접한 관계가 있는 사업기회
>
> ② 제1항을 위반하여 회사에 손해를 발생시킨 이사 및 승인한 이사는 연대하여 손해를 배상할 책임이 있으며 이로 인하여 이사 또는 제3자가 얻은 이익은 손해로 추정한다.

가. 의의

전통적으로 충실의무는 경업금지의무의 연장선상에서 회사기회유용 금지의무도 별도로 인정한다. 즉 회사에서 이미 착수하여 실제로 수행하고 있는 업무가 아닐지라도, 회사에서 장차 수행할 가능성이 있는 사업기회를 이사가 포착하여 개인적으로 영위한다면 이는 회사와의 이해상충으로 인하여 회사에 손해를 주는 결과가 된다.

따라서 이사는 사업기회를 일단 회사에게 제공하여 회사 차원에서 사업진출 여부를 판단하도록 할 충실의무를 부담하며, 이를 **회사기회유용 금지의무**라 한다(§397-2 ①). 경업금지의무와 배타적 관계에 있는 것은 아니기 때문에 경우에 따라서는 두 의무의 요건을 모두 충족하여 동시에 인정되는 것도 가능하다.

나. 대상

회사기회유용 금지의무의 대상은 구체적으로 (i) 이사가 직무를 수행하는 과정에서 알게 된 사업기회 및 회사의 정보를 이용한 사업기회(제1호 사유), (ii) 회사가 수행하고 있거나 수행할 사업과 밀접한 관계가 있는 사업기회(제2호 사유)이 있다.

제1호 사유에 해당하는 사업기회는 회사의 영업부류에 속하는지 불문하고 넓게 인정된다. 예를 들어 회사가 오랫동안 사무실을 임차하여 사용하던 건물의 주인으로부터 다른 층의 사무실을 좋은 조건으로 임차할 수 있는 기회를 제공받은 이사가 회사에 알리지 않은 채 개인적으로 유용하는 사례가 전형적인 제1호 사유에 해당한다.

제2호 사유에 해당하는 사업기회는 회사의 **영업부류**에 속하는 거래뿐 아니라 여기서 **밀접한 관계**에 있는 거래까지 적용범위가 확장된다. 따라서 회사가 사업개시를 결정하여 진출에 착수한 경우뿐 아니라 이와 관련하여 회사가 장차 사업을 확장할 가능성이 있는 상당한 범위의 업무까지 포함한다. 미국 회사법에서는 ① 회사가 사업을 수행할 능력이 있고 ② 진출할 합리적 필요성이 인정되는 경우에, 현재 사업의 연장선상에서 밀접한 관계(in the line of business)를 인정한다.

회사기회유용 금지의무가 인정되기 위해서는 일단 당해 사업기회를 통하여 회사에 이익이 될 가능성이 있어야 한다. **이익가능성 요건**은 구체적으로 상당한 수익성이 예상되어야 한다는 취지가 아니며, 영리추구의 대상으로 삼을 수 있을 정도면 충족된다. 또한 이사의 **이용행위 요건**은 계속적·영업적일 필요가 없으며 1회적이어도 무방하고, 회사기회를 직접 영위하지 않더라도 주주로 참여하는 것도 포함한다.

다. 이사회 승인

회사기회유용 금지의무가 발생하면 이사회의 승인을 얻어야 한다. **판례는 이사회에서 사업기회를 포기하는 것만으로도 회사기회이용에 대한 승인으로 인정한다.** 판례 10-20 이런 해석방식은 이해상충의 가능성에 대한 심사를 부실하게 만들 우려가 있다.

당사자인 이사는 사업기회의 중요한 사항과 이해상충의 가능성을 회사에 공개할 의무가 있다(개시의무). 사업기회의 유형은 정형적이지 않고 사안별로 다양하기 때문에 포괄승인이 불가능하며, 각각의 사업기회에 대한 **개별적 이사회 승인**이 필요하다.

사업기회 이용에 대하여 이사회 승인을 얻었다면 이사는 당해 사업기회를 적법하게 이용할 수 있으며, 이를 승인한 이사회의 결정은 선관의무를 위반하지 않는 한 경영판단으로서 존중된다. 판례 10-20

승인시기에 대한 제한이 없기 때문에 **사후적 추인**이 가능할지 논란이다. 다만 이 경우에도 사후적 추인에 의하여 회사기회유용 금지의무를 위반한 이사의 손해배상책임을 면제할 수는 없다. 따라서 굳이 사후적 추인을 금지할 필요는 없으며 단순히 거래의 하자를 치유하는 효력만 인정된다.

라. 위반의 효과

이사회 승인 과정에서 이사들이 성실하게 심의할 의무를 위반하여 부당한 승인을 한 것이라면, 결의에 찬성한 이사들은 연대하여 회사에 대한 손해배상책임을 부담한다 (§397-2②). 이때 이사회 승인이 명백히 위법·부당하다거나 사업기회를 유용한 이사가 부당 승인 과정에 관여하였다면, 당해 이사도 연대하여 회사에 대한 손해배상책임을 부담하는 것으로 해석한다. §397-2에 의한 손해배상책임은 책임제한이 불가능하다 (§400② 단서).

이사회 승인 없이 사업기회를 유용한 경우 그 거래의 효력에 대해서는 논란이 있다. 즉 (i) 자기거래 금지의무 위반의 경우와 같이 무효라는 견해와 (ii) 경업금지의무 위반의 경우와 같이 유효라는 견해가 있다. 제3자의 거래에 하자가 있는 것은 아니므로 거래 자체는 유효하되 이사의 손해배상책임으로 해결하는 것이 바람직하다. 이 경우 사업기회유용 금지의무를 위반한 이사는 회사에 대하여 손해배상책임을 부담한다 (§397-2②). 충실의무를 위반한 것이므로 경영판단원칙의 적용이 배제되고, 책임제한이 불가능하다(§400② 단서).

CHAPTER

11

이사의 책임 등

Chapter 11

이사의 책임 등

1 이사의 회사에 대한 손해배상책임 ☆☆

> **§399(회사에 대한 책임)**
> ① 이사가 고의 또는 과실로 법령 또는 정관에 위반한 행위를 하거나 그 임무를 게을리한 경우에는 그 이사는 회사에 대하여 연대하여 손해를 배상할 책임이 있다.

가. 의의

이사는 회사에 대하여 법령 · 정관위반 또는 임무해태로 인한 손해배상책임을 부담한다(§399①). 다만 과실책임이므로 이사는 자신의 무과실을 입증하여 책임을 면할 수 있다. 제399조 손해배상책임의 법적 성질에 대하여 (i) **가중된 법정책임**이라는 견해와 (ii) 위임관계로 인한 **채무불이행 책임**이라는 견해가 있다. **판례는 채무불이행책임설을 취한다.** 따라서 제399조에 따른 손해배상채권에는 단기소멸시효가 아닌 일반채무에 대한 10년의 시효가 적용된다. 판례 11-1

제399조 책임은 총주주 동의로 면제(제400조 제1항)할 수 있는데, 이때 면제되는 범위는 채무불이행 책임인 이사의 손해배상책임에 한정되며 이와 경합적으로 인정되는 민법 제750조 불법행위책임은 포함되지 않는다. 판례 11-2

나. 대상

제399조의 적용대상은 ① 고의 · 과실로 법령 · 정관을 위반한 경우 및 ② 선관의무에 위배하여 임무를 해태한 경우이다.

첫째, 이사가 임무를 수행하면서 충실의무 규정과 같은 법령이나 정관을 위반한 때에는 그 행위 자체가 회사에 대하여 채무불이행에 해당한다. 판례 11-3 이사의 책임을 추궁하는 원고가 법령 · 정관위반 사실에 대한 입증책임을 부담한다. 법령위반의 경우에는 경영판단원칙이 적용되지 않는다.

둘째, 선관의무에 위반한 임무해태의 경우에는 경영판단원칙이 적용될 수 있다.

이때 이사의 책임을 추궁하는 원고가 선관의무 위반의 채무불이행 사실에 대한 입증책임을 부담한다. 다만 선관의무에 따른 이사의 채무는 손해의 결과가 전혀 발생하지 않도록 할 결과채무가 아니라 필요하고 적절한 조치를 다할 수단채무이므로, 회사에 손해가 발생하였다는 결과만 가지고 채무불이행 사실을 추정할 수는 없다. 판례 11-4

다. 요건

① 회사의 **손해 발생** 및 ② 손해의 **인과관계**가 인정되어야 한다.

첫째, 이사의 임무해태가 있었더라도 당해 행위의 하자로 무효가 되어서 회사가 채무를 부담하지 않게 되었다면 특별한 사정이 없는 한 회사에 손해가 발생하지 않는다. 전합 11-5 회사의 행위가 법령위반으로 무효가 된 경우에도 회사의 손해가 인정되지 않는다. 판례 11-6

다만 거래가 무효라도 회사에 손해가 발생하는 예외적 상황도 가능하다. 즉 회사의 의무부담이 무효임에도 불구하고 (i) 이미 이행한 뒤 반환받지 못했다거나, (ii) 별도로 사용자책임 등 민사상 손해배상책임이 발생하였거나, (iii) 이미 유통된 어음·수표에 대하여 무인성으로 인한 책임을 부담하는 경우라면 회사의 손해가 인정될 수 있다. 전합 11-5

둘째, 이사는 자신의 법령·정관위반 또는 임무해태와 상당한 인과관계가 있는 손해에 대해서만 책임을 부담한다.

예를 들어, 부실대출이 실행된 후 다행히 변제기에 대출금을 회수할 수 있는 상황임에도 불구하고 다시 변제기한을 연장해 줌으로써 결국 대출금을 회수하지 못하는 손해를 입었다면 변제기 연장을 승인했던 이사들만 회사에 대하여 손해배상책임을 진다. 판례 11-7 반면에 최초 변제기 당시에 이미 채무자가 무자력 상태라서 대출금을 회수할 수 없는 상태였다면, 변제기를 연장한 이사들의 결정은 대출금을 회수하지 못한 손해와 인과관계가 인정되지 않기 때문에 최초의 부실대출을 승인한 이사들만 책임을 부담한다.

또한 회사 임원들이 유상증자 대금을 횡령한 사안에서, 유상증자를 위한 이사회가 개최되지도 않았는데 유상증자 공시가 이루어졌고 유상증자 대금의 사용처가 신고내용과 다르게 공시되었음에도 불구하고 임원들의 전횡에 대한 감시의무를 지속적으로 소홀히 하였다면 횡령으로 인한 회사의 손해는 이사의 임무해태와 상당한 인과관계가 인정된다. 판례 11-8

라. 효과

§399(회사에 대한 책임)
② 전항의 행위가 이사회의 결의에 의한 것인 때에는 그 결의에 찬성한 이사도 전항의 책임이 있다.
③ 전항의 결의에 참가한 이사로서 이의를 한 기재가 의사록에 없는 자는 그 결의에 찬성한 것으로 추정한다.

법령·정관위반 또는 임무해태의 행위가 이사회결의에 의한 것이라면 결의에 찬성한 이사들은 회사에 대하여 연대하여 손해배상책임을 부담한다(§399①).

이때 이사회에서 이의를 제기하였음이 의사록에 기재되었다면 위 책임을 지지 않으나, 의사록에 이의 기재가 없다면 찬성한 것으로 추정된다(§399③).

한편 이사회에 출석하여 결의에 기권하였다고 의사록에 기재된 경우에는 찬성한 것으로 추정할 수 없으므로 회사에 대한 손해배상책임을 지지 않는다. 판례 11-9

2 이사의 회사에 대한 손해배상책임의 제한 ☆

가. 총주주 동의에 의한 면제

§400(회사에 대한 책임의 감면) ① §399에 따른 이사의 책임은 주주 전원의 동의로 면제할 수 있다.

이사가 회사에 대하여 손해배상책임을 부담하게 되었더라도, 회사는 주주 전원의 동의로 이사의 제399조 책임을 면제할 수 있다(§400①). 총주주는 의결권 없는 주주를 포함한다. 주주 100%의 동의가 있어야 하는데, 주주총회결의가 요구되는 것은 아니기 때문에 **개별적·묵시적 동의**도 가능하다.

이사의 손해배상책임을 일부 면제하거나 그런 취지로 화해를 할 때에도 총주주 동의가 필요하다. **총주주 동의로 면제되는 이사의 책임은 채무불이행 책임인 제399조 책임에 국한되며, 불법행위책임까지 소멸되는 것은 아니다.** 판례 11-10

나. 정관 규정에 의한 감면

§400(회사에 대한 책임의 감면) ② 회사는 정관으로 정하는 바에 따라 §399에 따른 이사의 책임을 이사가 그 행위를 한 날 이전 최근 1년간의 보수액의 6배(사외이사 및 §542-8①의 독립이사의 경우는 3배)를 초과하는 금액에 대하여 면제할 수 있다. 다만, 이사가 고의 또는 중대한 과실로 손해를

발생시킨 경우와 §397, §397-2, §398에 해당하는 경우에는 그러하지 아니하다. 〈2025. 7. 개정; 2026. 7. 시행〉

이사가 회사에 대하여 손해배상책임을 부담하게 되었더라도, 책임제한을 할 수 있다. 즉 회사는 이사의 연봉 6배 및 사외이사의 연봉 3배를 초과하는 금액을 면제할 수 있다(§400② 본문). 이때 연봉은 상여금과 주식매수선택권(stock option)의 행사이익을 포함한다.

이를 위해서는 (i) **정관**에 근거규정을 두고 있어야 하며, (ii) 이사의 손해배상책임이 확정된 뒤에 이를 제한하는 **결정**이 별도로 있어야 한다. 결정 주체가 규정되지 않았으나 이사회에서 할 수 있는 것으로 해석한다.

그러나 책임제한이 배제되는 경우가 있다. 즉 (i) 이사의 고의·중과실이 인정되거나 (ii) 충실의무 개별 유형에 위반하면 책임제한이 불가능하다(§400② 단서).

다. 재무제표 승인에 의한 면제

§450(이사, 감사의 책임해제) 정기총회에서 재무제표의 승인을 한 후 2년 내에 다른 결의가 없으면 회사는 이사와 감사의 책임을 해제한 것으로 본다. 그러나 이사 또는 감사의 부정행위에 대하여는 그러하지 아니하다.

이사가 회사에 대하여 손해배상책임을 부담하게 되었더라도, 이사의 책임이 해제될 수 있다. 즉 정기주주총회에서 재무제표를 승인한 후 2년 동안 다른 결의를 하지 않았다면 이사의 책임이 면제된다(§450 본문). 참고로 정관에 의하여 재무제표 승인을 이사회 결정사항으로 정한 회사에서는 문언상 제450조가 적용될 수 없다.

이사 책임의 해제는 재무제표에 그 **책임사유가 기재**되어 주주총회 승인을 얻은 경우에만 가능하다.판례 11-11 판례는 대표이사가 충분한 담보 없이 '동일인 대출 한도 규정'을 위반하여 부실대출한 경우 재무제표를 통하여 알 수 있는 사항이 아니므로 **부실대출 금액이 재무제표에 기재된 것만으로 제450조가 적용되는 것은 아니라고 판시하였다.**판례 11-12

주주총회결의 이후 2년 내에 이사의 책임을 추궁하는 이사회결의 또는 회사의 제소가 있으면 이사의 책임이 해제되지 않는다. 이사 책임의 원인이 부정행위에 의한 것이어도 이사의 책임이 해제되지 않는다(§450 단서).

라. 판례 법리에 의한 감경

그 밖에 이사가 회사에 대하여 손해배상책임을 부담하게 되었더라도, **법원은 손해분담의 공평이라는 손해배상제도의 이념에 비추어 이사의 손해배상책임을 적절한 수**

준으로 제한할 수 있다는 판례 법리를 확립하였다. 나아가 책임 당사자인 이사 등이 여러 명인 경우라면 각자의 기여도에 따라 서로 다른 책임제한비율을 적용한다. 예를 들어 대표이사는 50%, 업무담당이사는 30%, 사외이사는 10% 내외의 수준으로 손해배상책임을 제한할 수 있다.

판례 법리는 이사의 책임을 손해분담의 공평을 위하여 제한할 때 당해 이사의 임무위반의 경위·태양, 회사의 손해범위에 관여된 정도, 회사에 대한 공헌도, 당해 행위로 인한 당해 이사의 이득 등 제반사정을 형량하여 구체적인 제한 수준을 결정한다. 다만 이로 인하여 회사 및 주주가 손해를 배상받지 못하는 것에 대해서는 법리적으로 설득력이 부족하다.

3 이사의 제3자에 대한 손해배상책임 ☆☆

§401(제3자에 대한 책임)
① 이사가 고의 또는 중대한 과실로 그 임무를 게을리한 때에는 그 이사는 제3자에 대하여 연대하여 손해를 배상할 책임이 있다.
② 제399조 제2항, 제3항의 규정은 전항의 경우에 준용한다.

가. 의의

이사가 회사와의 위임관계에서 고의·중과실로 임무를 해태하여 제3자에게 손해를 미쳤다면 그 손해를 배상할 책임을 부담한다(§401①). 이사가 제3자와의 관계에서 직접 불법행위를 한 경우가 아니라 **회사에 대한 임무해태**를 요건으로 한다.

이사의 회사에 대한 손해배상책임에 관한 규정이 모두 준용되지만(§401②), 이사의 제3자에 대한 책임을 당사자도 아닌 회사가 면제할 수는 없기 때문에 제400조는 적용될 수 없다. 이사의 고의·중과실에 관한 입증책임은 이사의 책임을 주장하는 제3자가 부담한다.

나. 법적 성질

제401조 책임의 법적 성질에 관하여 다음과 같은 논의가 있다.

① **불법행위책임설**은 경과실을 배제한 특수한 불법행위책임으로 본다. 소멸시효기간을 3년으로 보며(민법 제766조), 불법행위책임과 경합할 수 없다.

② 통설인 **법정책임설**은 제3자 보호를 위하여 상법이 특별히 인정한 것으로 본다. 소멸시효기간은 일반채권과 같이 10년으로 보며, 불법행위책임과 경합할 수 있다.

③ 판례는 법정책임설을 취한다. 즉 경제현실에서 중요한 지위에 있는 주식회사의 활동이 이사의 직무집행에 의존하는 것을 감안하여, 이사의 임무해태 행위와 상당인과 관계에 있는 제3자의 손해에 대하여 제401조에서 이사의 손해배상책임을 특별히 인정하는 것이라 판시한다.판례 11-13

다. 제3자의 범위

§401①의 책임을 주장할 수 있는 제3자의 범위는 거래 상대방뿐 아니라 회사의 **채권자 및 주주를 포함**한다. 이사의 고의·중과실에 의한 임무해태로 회사가 도산한다면 채권자에게 손해가 발생하는바 이사가 채권자에게 손해배상책임을 부담할 수 있다.

그러나 **단순한 채무불이행**은 회사에 대한 임무해태로 보지 않는다. 회사의 이익을 위해서는 위약금을 물더라도 다른 선택을 하는 것이 합리적일 수 있기 때문이다. **위법성이 있는 채무불이행**이라면 제401조 책임이 발생할 수 있다.판례 11-14 이때 거래 상대방에 대한 채무불이행 과정에서 배임 또는 사기가 인정될 정도의 위법한 사정이 필요하다.

라. 손해의 범위

§401①의 책임을 물을 수 있는 제3자의 손해는 **직접손해와 간접손해를 포함**한다. 판례는 제3자의 손해와 이사의 행위 사이에 직접적인 인과관계가 있을 경우에 직접손해로 판단한다. 즉 회사재산을 횡령한 이사가 부실공시를 하여 회사의 주가가 고평가되고, 그러한 **횡령사실을 알지 못한 채 주식을 취득한 주주가 그 후 횡령사실이 증권시장에 공표되어 주가 하락의 손해를 입은 경우에는 제3자의 직접손해가 인정된다.**판례 11-15

특히 §401①의 책임을 물을 수 있는 제3자의 손해가 '**주주의 간접손해**'를 포함하는지에 관해서는 다음과 같은 논란이 있다.

① **판례는 이사가 회사재산을 횡령하여 회사가 손해를 입고 결과적으로 주주의 경제적 이익이 침해되는 간접손해는 제401조의 손해 개념에 포함되지 않는다고 판시한다.**판례 11-16 이미 주식을 취득한 주주가 주식을 소유한 상태에서 이사가 횡령 및 부실공시를 하였다면 횡령사실이 나중에 공표되어 주가가 하락하였더라도 주가하락분의 손해는 간접손해에 불과하기 때문에 이사에게 손해배상책임을 물을 수 없다.판례 11-15

② **다수설은 (i) 대표소송을 제기하려면 상당한 요건을 갖추어야 하며, (ii) 회사가 도산하거나 합병으로 소멸하는 등 주주의 손해가 회사를 통해 회복될 수 없는 경우도**

있으므로, 제401조 적용범위에서 주주의 간접손해를 완전히 배제하는 것은 부당하다고 본다. 다수설이 타당하다.

4 주주의 이사에 대한 사전적 감독수단: 위법행위 유지청구권

> **§402(유지청구권)** 이사가 법령 또는 정관에 위반한 행위를 하여 이로 인하여 회사에 회복할 수 없는 손해가 생길 염려가 있는 경우에는 감사 또는 발행주식의 총수의 1% 이상에 해당하는 주식을 가진 주주는 회사를 위하여 이사에 대하여 그 행위를 유지할 것을 청구할 수 있다.

이사의 위법행위에 대하여 지분 1%를 소유한 주주는 유지청구권을 행사할 수 있다(제402조). 유지청구의 대상은 이사가 선관의무·충실의무 등의 법령 또는 정관을 위반한 행위를 할 경우이다. 법률행위, 사실행위, 불법행위를 모두 포함한다. 이때 이사의 고의·과실 유무는 무관하다. 또한 이사의 행위로 인하여 회사에 회복할 수 없는 손해가 생길 염려가 있어야 한다. 가처분의 보전필요성과 유사하다.

유지청구권은 단순히 이사에게 의사표시로 행사할 수도 있지만 상대방인 이사가 이에 응할 의무가 발생하는 것은 아니며, 이사가 유지청구를 무시하고 거래를 진행해도 유효하다. 다만 적법한 유지청구에도 불구하고 이사가 거래를 강행하여 회사에 손해가 발생하였다면 이사의 임무해태에 관한 과실이 인정될 가능성이 높다. 한편 유지청구권을 소송상 행사하면서 이사행위를 금지하는 **가처분**을 함께 신청하여 실효적 강제력을 가질 수 있다.

5 주주의 이사에 대한 사후적 감독수단: 대표소송 ☆☆

(1) 일반론

> **§403(주주의 대표소송)**
> ① 발행주식의 총수의 1% 이상에 해당하는 주식을 가진 주주는 회사에 대하여 이사의 책임을 추궁할 소의 제기를 청구할 수 있다.
> ② 제1항의 청구는 그 이유를 기재한 서면으로 하여야 한다.
> ③ 회사가 전항의 청구를 받은 날로부터 30일내에 소를 제기하지 아니한 때에는 제1항의 주주는 즉

시 회사를 위하여 소를 제기할 수 있다.
④ 제3항의 기간의 경과로 인하여 회사에 회복할 수 없는 손해가 생길 염려가 있는 경우에는 전항의 규정에 불구하고 제1항의 주주는 즉시 소를 제기할 수 있다.
⑤ 제3항과 제4항의 소를 제기한 주주의 보유주식이 제소후 발행주식총수의 1% 미만으로 감소한 경우(발행주식을 보유하지 아니하게 된 경우를 제외한다)에도 제소의 효력에는 영향이 없다.

이사의 위법행위로 인하여 회사에 손해가 발생하였다면 주주는 사후적 감독수단을 발동할 수 있다. 이사에 대한 청구권의 행사를 회사에게만 맡겨 놓는다면 내부 임원들의 인적관계로 인하여 적극적인 손해회복이 어려울 수 있기 때문에 주주의 직접관여 수단을 제공함으로써 회사 및 주주의 이익을 충실히 보호하려는 것이다.

이에 제403조는 회사가 이사에게 적극적으로 채권을 행사하기 곤란한 경우에 대처하려는 취지에서 회사에 대한 이사의 책임을 주주가 추궁할 수 있도록 포괄적으로 규정하였다. 따라서 제403조가 적용되는 책임의 범위는 **이사가 회사에 대하여 부담하는 모든 채무**이다(통설). 따라서 이사의 지위와 무관하게 이사가 개인적으로 회사로부터 대여한 채무 등도 포함한다.

소송 형태는 주주가 마치 회사의 대표인 것처럼 원고가 되어서 소송을 수행하는 것이지만, 실질적인 판결의 효력은 회사에게 미치도록 설계된 것이어서 이사는 회사에게 승소 금액을 지급하여야 한다. 따라서 민사소송법상으로는 **제3자의 소송담당**에 해당한다.

(2) 당사자

대표소송을 청구·제기할 수 있는 자는 1% 이상의 지분을 소유한 주주이다(§403①). 판례에 의하면, 회사에 대하여 주주권을 행사할 수 있는 자는 주주명부를 기준으로 판단하기 때문에 명의개서를 경료하지 않은 실질주주는 당사자가 될 수 없다.

대표소송의 원인이 되는 이사의 위법행위 당시에 주주일 필요는 없으며, 청구·제소 시점에 주주로서 명의개서를 경료했으면 된다. 제소한 주주의 보유 지분이 1% 미만으로 감소한 경우에도 제소의 효력은 유지된다(§403⑤). 다만 **주주가 주식을 전혀 소유하지 않게 되었다면 더 이상 주주가 아니기 때문에 원고적격을 상실하고 그가 제기한 부분의 소는 부적법 각하된다.** 판례 11-17 예를 들어 교부금 합병 과정에서 축출된 경우와 같이, 비자발적인 원인으로 지분이 없어졌더라도 원고적격을 상실한다. 판례 11-18

소송절차 중 원고인 주주가 사망하더라도 주주의 권리의무를 포괄승계한 상속인 등이 수계할 수 있으며, 주식 양수인이 승계할 수도 있다.

다음과 같은 특수한 상황에서 회사를 위하여 대표소송을 수행하는 주주의 원고적격이 유지될 수 있는지 문제된다.

① 합병 등으로 회사가 소멸할 수 있다. A회사의 주주 C가 A회사의 이사를 상대로 대표소송을 수행하던 중 A회사가 B회사에 흡수합병되어 소멸할 경우, **존속회사인 B회사는 소멸회사인 A회사의 지위를 승계하는바, B회사의 주주가 된 C는 이미 유효하게 성립된 대표소송의 원고적격을 유지한다.** 판례 11-19 판례 11-20

② 합병 등으로 주주의 지위가 소멸할 수 있다. 외환은행의 소수주주 A가 이사의 책임을 추궁하는 대표소송을 수행하던 중 외환은행과 하나금융지주가 포괄적 주식교환을 완료하면서 하나금융지주가 외환은행의 100% 주주가 되었고 A는 더 이상 외환은행의 주주가 아닌 하나금융지주의 주주로 지위가 변경된 사안에서, A가 수행하던 대표소송은 A의 원고적격 상실로 각하되었다. 판례 11-18 다만 본 판례는 다중대표소송(§406-2)이 입법되기 전의 사안이어서, 현행법에 의한다면 결론이 달라질 가능성이 있다. 즉 위 사안에서 A가 외환은행의 모회사인 하나금융지주의 소수주주로서 다중대표소송의 원고적격을 유지할 수 있는바 소송수행을 계속할 수 있다.

대표소송의 피고는 이사 또는 이사였던 자이다. 업무집행관여자·집행임원에 대한 책임추궁도 대표소송에 의할 수 있다. 즉 회사는 권리귀속주체로서 자신의 권리를 보호하기 위하여 민사소송법상 공동소송참가가 가능하다(§404①). 판례 11-21

(3) 사전절차: 제소청구

주주가 대표소송을 막바로 제기할 수 있는 것은 아니며 법정 사전절차를 거치지 않으면 위법한 대표소송으로서 각하된다. 사전절차로 다음과 같은 **제소청구의 요건**을 갖추어야 한다.

첫째, 주주는 회사에 대하여 '이사의 책임을 추궁하는 소를 제기할 것'을 청구해야 한다. 청구의 대상은 회사로 규정되어 있으나 **법원 실무상 감사 또는 감사위원회에 제소 청구하지 않으면 부적법한 제소청구로 판단하여 대표소송을 부적법 각하한다.** 회사가 이사를 상대로 소를 제기하려면 감사 또는 감사위원회가 회사를 대표하기 때문이다(§394①, §415-2⑦).

다만 제394조는 이사를 상대로 회사가 소송을 수행하는 경우의 대표권에 관한 규정인데, 소송 전 단계에서 제소 청구의 수령에 관한 대표이사의 수동대표권까지 포괄적으로 제한되는 것이 당연하다고 보기는 어렵다. 판례의 논리를 적용한다면 감사위원의 책임을 추궁할 때에는 법원에 회사를 대표할 자를 선임해줄 것을 신청해야 할텐데 (§394②), 판례는 그렇게까지 할 필요는 없다고 판시한다. 각하 사유는 법리적으로 일관성이 있어야 할 것이다.

둘째, 주주의 제소청구는 그 **이유를 기재한 서면**으로 해야 한다(§403②). 이를 위반해도 부적법한 제소청구이다.

이유 기재는 **회사가 제소 여부를 판단할 수 있도록 ① 책임추궁 대상 이사, ② 책임발생 원인사실에 관한 내용이 포함되어야 하는데, 책임추궁 대상 이사의 성명이 기재되어 있지 않거나 책임발생 원인사실이 다소 개략적으로 기재되어 있더라도 회사가 보유 자료 등을 종합하여 이를 구체적으로 특정할 수 있다면 무방하다.** 판례 11-22

제소청구서에 기재된 이유와 다른 내용으로 대표소송을 제기하는 것은 부적법한데, 동일한 사실관계를 기초로 하여 법적 평가만을 달리한 것이라면 무방하다. 판례 11-23

셋째, 주주의 제소청구에도 불구하고 회사가 30일 내에 제소를 하지 않으면 주주는 비로소 대표소송을 제기할 수 있다(§403③).

30일의 대기기간에 대한 예외로 ① 회사가 명시적으로 제소를 거절한 경우, ② 회사에 회복할 수 없는 손해가 생길 염려가 있는 경우에는 주주가 즉시 대표소송을 제기할 수 있다. 예를 들어 이사의 재산처분, 시효완성 등을 생각할 수 있다. 판례 11-24

다만 30일의 대기기간이 경과하기 전에 대표소송을 제기하였더라도 30일의 경과로 하자가 치유될 것인지 관하여 논란이 있으며, 하급심 판례는 결론이 엇갈린다.

(4) 대표소송의 절차 및 효과

대표소송은 회사 본점소재지의 지방법원의 전속관할이다(§403⑦, §186). 일단 주주의 대표소송 청구에 의하여 회사가 이사의 책임을 추궁하는 소가 제기되었거나, 주주의 대표소송이 제기되었다면, 당사자는 소 취하·청구의 포기·인락·화해를 할 수 없으며 이를 위해서는 법원의 허가가 필요하다(§403⑥). 이사는 원고인 주주가 이사에게 책임사유가 없음을 알면서 대표소송을 제기하였다는 점을 소명하여 주주에게 상당한 담보를 제공하도록 법원에 청구할 수 있다(§403⑦, §176③,④).

원고인 주주가 승소한 경우, 회사에 대하여 소송비용 및 소송으로 인하여 지출한 비용 중 상당한 금액을 지급받을 수 있다(§405① 제1문). 이때 주주에게 소송비용을 지급한 회사는 이사에게 구상권을 행사할 수 있다(§405① 제2문).

원고인 주주가 패소한 경우, 주주는 원칙적으로 아무런 책임이 없으나, 이사에게 책임사유가 없음을 알았거나 부적절한 방법으로 소송을 수행하였다면 주주에게 회사에 대한 손해배상책임이 인정될 수 있다(§405②).

(5) 다중대표소송

> **§406-2(다중대표소송)**
> ① 모회사 발행주식총수의 1% 이상에 해당하는 주식을 가진 주주는 자회사에 대하여 자회사 이사의 책임을 추궁할 소의 제기를 청구할 수 있다.
> ② 제1항의 주주는 자회사가 제1항의 청구를 받은 날부터 30일 내에 소를 제기하지 아니한 때에는 즉시 자회사를 위하여 소를 제기할 수 있다.

개정상법은 대표소송의 요건을 완화하여 모회사의 소수주주도 자회사를 위하여 자회사의 이사에게 책임을 추궁할 수 있도록 다중대표소송 방식을 입법하였다(§406-2). 다중대표소송은 대표소송에 관한 규정을 대부분 준용하고 있다(§406-2③). 차이가 나는 부분은 다음과 같다.

적용요건으로서 일단 모자회사 관계가 인정되어야 모회사의 주주가 자회사의 이사에 대한 다중대표소송을 청구·제기할 수 있다. 모자회사 관계는 무한히 연속적으로 인정될 수도 있는바, 모회사의 모회사(...)의 주주가 자회사의 자회사(...)의 이사에 대한 다중대표소송을 청구·제기할 수도 있다. 모자회사 관계는 제소 당시에 충족된 것으로 충분하며, 소송수행 중 모회사의 지분이 50% 이하로 감소하더라도 제소의 효력에는 영향이 없다(§406-2④). 다만 모회사의 자회사에 대한 지분이 완전히 상실된다면(0%) 다중대표소송은 부적법하게 된다(§406-2④).

소수주주권으로서 1% 지분을 보유해야 원고적격이 인정되는 것은 대표소송과 동일하다. 한편 상장회사의 대표소송에서 원고적격은 0.01% 지분을 6개월 이상 보유할 것이 요구되지만(§542-6⑥), 상장회사의 다중대표소송에서는 0.5% 지분을 6개월 이상 보유 요건으로 강화되었다(§542-6⑦).

다중대표소송은 **자회사의 본점소재지 지방법원**의 전속관할이다(§406-2⑤).

6 업무집행지시자 등의 책임

§401-2(업무집행지시자 등의 책임) ① 다음 각 호의 어느 하나에 해당하는 자가 그 지시하거나 집행한 업무에 관하여 §399, §401, §403 §406-2를 적용하는 경우에는 그 자를 "이사"로 본다.
1. 회사에 대한 자신의 영향력을 이용하여 이사에게 업무집행을 지시한 자
2. 이사의 이름으로 직접 업무를 집행한 자
3. 이사가 아니면서 명예회장 · 회장 · 사장 · 부사장 · 전무 · 상무 · 이사 기타 회사의 업무를 집행할 권한이 있는 것으로 인정될 만한 명칭을 사용하여 회사의 업무를 집행한 자

② 제1항의 경우에 회사 또는 제3자에 대하여 손해를 배상할 책임이 있는 이사는 제1항에 규정된 자와 연대하여 그 책임을 진다.

상법상 이사의 직위를 갖지 않더라도 다양한 방식으로 회사 경영에 관여하면서 법적 책임은 부담하지 않는 경우가 많았기 때문에 IMF 금융위기 이후 경영의 투명성과 책임성이 요구되었다. 이에 지배구조 선진화를 위하여 §401-2 등이 도입되었다.

§401-2 규정의 법적 성질에 대하여 ① **법정책임설**은 이사 아닌 자에게 이사의 지위나 의무가 인정될 수는 없으며, 업무집행지시자의 지시를 받은 이사의 임무해태가 인정될 경우에 업무집행지시자도 책임을 지도록 정한 것이라고 본다. 반면에 ② **기관책임설**은 업무집행관여라는 사실로부터 위임관계가 의제되는바 업무집행지시자 등에게 선관의무 · 충실의무가 인정된다고 본다. ③ **판례**에 의하면, **업무집행지시자는 상법에 의하여 이사로 의제되는바 자신이 관여한 업무에 관하여 이사와 같은 선관의무 · 충실의무를 부담**하고 자신의 임무해태에 따른 손해배상책임을 부담하는 것이다. 따라서 민법상 불법행위책임의 단기소멸시효는 적용될 수 없다. 판례 11-1

§401-2① 제1호에서 규정한 '**업무집행지시자**'는 회사에 대한 영향력을 이용하여 이사에게 업무집행을 지시한 자이다. 통상적으로 지배주주가 이에 해당하는 것으로 이해하며, 법인인 지배회사도 포함된다. 판례 11-25

지시를 받는 자는 이사에 제한될 필요가 없으며 회사 임직원에 대하여 지시되었으면 충분하다. 지시의 내용 · 방법 · 형식에 제한이 없으며, **영향력**이란 사실상의 권력을 의미하는바 지시받는 자가 심리적 압박을 받을 정도의 강제성이 요구된다. 하급심 11-26 다만 **지시의 존재**에 대하여 원고가 입증책임을 부담하는바 정부의 강제력이 동원되지 않는 한 회사 외부자가 이를 입증한다는 것은 사실상 기대하기 어렵다.

§401-2① 제2호에서 규정한 '**무권대행자**'는 명목상의 이사가 있는 상태에서 그 이

사의 명의를 이용하되 직접 자신이 업무를 집행한 자이다. 통상적으로 지배주주가 이에 해당하는 것으로 이해한다. 제1호 사유와 마찬가지로 무권대행자는 회사에 대한 **영향력**을 가진 자이어야 한다. 판례 11-27

§401-2① 제3호에서 규정한 **'표현이사'**는 상법상 이사의 지위를 갖지 않으면서도 명목상 이사 등 회사의 업무를 집행할 권한이 있는 것으로 인정될 만한 명칭을 사용한 자이다. 통상적으로 **비등기이사** 등의 업무집행임원이 이에 해당하는 것으로 이해한다. 직명 자체에 이미 업무집행권이 드러나 있기 때문에 그에 더하여 회사에 대한 영향력이 있을 것을 요건으로 하지 않는다. 판례 11-27

참고로 본 조는 표현이사 개인에게 이사와 같은 책임을 부담시키려는 것이므로, §395가 표현대표이사 개념을 통해 회사에게 책임을 부담시키려는 것과는 판이하다.

7 집행임원

특정 업무영역을 전담하는 사내이사는 대표이사의 지휘감독을 받으면서 대표이사에 대한 감독기능도 수행해야 하기 때문에 기능상 충돌이 문제되었다. 이에 2011년 개정상법은 집행임원제도를 신설하면서 업무집행기능은 집행임원이 전담하고, 이사회는 집행임원에 대한 감독기능을 전담하는 방식으로 기능을 분리하여 효율성과 건전성을 함께 제고하고자 하였다.

다만 임의적 제도이므로 정관개정으로 집행임원제도를 도입한 회사(집행임원 설치회사)에 대해서만 적용된다(§408-2①). **집행임원 설치회사는 대표이사를 둘 수 없고 그 대신 이사회에서 대표집행임원을 선임한다**(§408-5). 집행임원 설치회사의 **이사회는 집행임원의 임면 · 감독 · 보수결정 등에 대한 권한을 갖는다**(§408-2③). 집행임원에 대한 감독을 철저히 할 수 있도록 설계되었다.

집행임원의 임기는 정관에 다른 규정이 없으면 2년을 초과하지 못한다(§408-3①). 집행임원에 대해서는 제385조가 준용되지 않기 때문에, 집행임원은 임기 중에 정당한 이유없이 해임되더라도 회사에 대하여 손해배상을 청구할 수 없는 것으로 해석한다.

집행임원은 회사와 사이에 위임관계가 인정된다(§408-2②). 집행임원은 회사의 업무집행 및 위임받은 업무에 관한 의사결정 권한이 있다(§408-4). 집행임원은 이사와 동일하게 선관의무·충실의무(§408-9) 및 손해배상책임을 부담한다(§408-8). 집행임원이 이사를 겸임하는 것은 가능하지만 주식시장의 지배구조 평가에서는 불리한 점수를 받는다. 반면에 자기감사 금지원칙에 의하여 집행임원이 감사를 겸임할 수는 없다.

8 감사·감사위원회

(1) 감사의 지위 ☆

가. 의의

§409(선임) ① 감사는 주주총회에서 선임한다.

감사는 이사의 직무집행에 대한 감독을 주된 임무로 하는 주식회사의 필요적 상설기관이다. 감사는 주주총회 보통결의로 선임한다(§409①). **감사를 선임하는 주주총회결의와 피선임자의 승낙에 의하여 감사의 지위를 취득하는 것이므로, 대표이사와 별도의 선임계약을 체결해야 하는 것은 아니다.** 전함 11-28

나. 선임방법

§409(선임) ② 의결권없는 주식을 제외한 발행주식의 총수의 3%를 초과하는 수의 주식을 가진 주주는 그 초과하는 주식에 관하여 제1항의 감사의 선임에 있어서는 의결권을 행사하지 못한다.

주주는 감사를 선임할 때 지분의 3%까지만 의결권을 행사할 있고 이를 초과하는 의결권은 행사가 제한된다(§409②). 정관에 의하여 의결권 제한기준을 더 낮추어서 지배주주의 영향력 차단을 강화하는 것은 허용된다. 반면에 감사를 해임할 때에는 3% 의결권 제한이 적용되지 않는다.

감사 선임을 전자투표 방식에 의할 경우, 주주총회결의에 일반적으로 요구되는 발행주식총수의 1/4 찬성 요건이 적용되지 않는 것으로 개정하였다(§409③). 주주의사를 충실히 반영할 목적으로 종전의 그림자투표(shadow voting) 방식이 금지되었는데, 현실적으로 발행주식총수의 1/4 찬성 요건을 충족하기 어려운 애로점이 있었다. 이에 편의를 제공하는 한편 전자투표의 보급을 확산시키기 위하여 개정되었다.

상장회사에서는 기본적으로 감사의 선임 및 해임시 3% 의결권 제한이 적용되는데

(단순 3% 제한), 최대주주에 대해서는 특칙이 있다(§542-12⑦). 즉 상장회사의 최대주주는 특수관계인이 보유하는 주식을 합산하여 지분 3%까지만 의결권을 행사할 수 있다(합산 3% 제한). 이때 최대주주 및 특수관계인이 의결권 행사를 위임받은 지분도 함께 합산한다(시행령 §38①).

합산 3% 제한의 규제를 최대주주가 아닌 주주에게 확대적용하는 것은 강행규정인 1주 1의결권 원칙을 위반하는 것이어서, 그러한 내용의 정관 규정이나 주주총회결의는 무효이다. 판례 11-29

다. 임기 및 자격

§410(임기) 감사의 임기는 취임후 3년내의 최종의 결산기에 관한 정기총회의 종결시까지로 한다.

감사의 임기는 확정기간으로 보장된다. 즉 취임후 3년 내에 도래하는 마지막 결산기를 기준으로 당해 결산기에 관한 정기총회 종결시에 임기가 종료한다(§410). 예를 들어, 2023년 3월 20일에 정기총회에서 감사로 선임되었다면 3년 내인 2026년 3월 20일까지 도래할 수 있는 매년 결산기(12/31) 중 최종 결산기인 2025년 12월 31일을 기준일로 하여 2026년에 개최되는 정기총회 종결시에 임기가 종료한다.

감사를 해임하려면 주주총회 특별결의에 의해야 하며 정당한 이유 없이 해임하였다면 회사가 손해배상책임을 부담한다(§415, §385).

감사의 자격에는 제한이 없지만, 상장회사의 상근감사에게는 엄격한 결격사유가 적용된다(§542-10②). 자기감사 금지의 원칙으로 인하여 감사는 직무를 집행하는 업무를 겸할 수 없기 때문에, 당해 회사 및 자회사의 이사·지배인 등 사용인의 직무를 겸직하지 못한다(§411).

겸직금지 제한을 위반한다면, 피선임자가 새로 선임된 지위에 취임할 것을 승낙한 때에 종전의 직을 사임하는 의사를 표시한 것으로 해석한다. 판례 11-30

(2) 감사의 권한과 의무

§412(감사의 직무와 보고요구, 조사의 권한) ① 감사는 이사의 직무의 집행을 감사한다. ② 감사는 언제든지 이사에 대하여 영업에 관한 보고를 요구하거나 회사의 업무와 재산상태를 조사할 수 있다. ③ 감사는 회사의 비용으로 전문가의 도움을 구할 수 있다.

§412-5(자회사의 조사권) ① 모회사의 감사는 그 직무를 수행하기 위하여 필요한 때에는 자회사에 대하여 영업의 보고를 요구할 수 있다.
§413(조사 · 보고의 의무) 감사는 이사가 주주총회에 제출할 의안 및 서류를 조사하여 법령 또는 정관에 위반하거나 현저하게 부당한 사항이 있는지의 여부에 관하여 주주총회에 그 의견을 진술하여야 한다.

감사(監事)는 이사의 직무집행을 감사(監査)할 권한을 갖는다(§412①). 감사의 감사권한은 회계감사까지 포함하는 것으로 본다. 이때 감사의 업무감사권이 적법성 감사 외에 타당성 감사까지 포함하는지에 대하여 논의가 있다. 다수설은 원칙적으로 감사의 권한은 **적법성 감사**에 국한되지만, 예외적으로 현저하게 부당한 사항이 있는지에 대해서는 제413조에 근거하여 **타당성 감사**도 가능하다고 본다.

이러한 업무감사권을 실효적으로 보장하기 위하여 다른 부수적 권한들이 인정된다. 즉 이사에게 영업에 관한 보고를 요구하고 조사할 권한이 있으며(§412②), 감사업무의 수행을 위하여 전문가의 조력이 필요하다면 비용을 지출할 수 있다(§412③). 자회사에 대한 조사권도 있지만 이는 모회사에 대한 감사를 위하여 필요한 범위에서 인정된다(§412-5).

감사는 회사와 위임관계가 인정되므로 선관의무가 인정된다. 비상근 · 무보수의 감사라도 동일한 의무를 부담한다.판례 11-31 **다만 감사는 업무집행을 담당하지 않기 때문에 회사와 당연히 이해상충의 우려가 있다고 볼 수는 없으므로 충실의무를 적용하지는 않는다(통설).**

(3) 감사의 책임 ☆☆

§414(감사의 책임)
① 감사가 그 임무를 해태한 때에는 그 감사는 회사에 대하여 연대하여 손해를 배상할 책임이 있다.
② 감사가 악의 또는 중대한 과실로 인하여 그 임무를 해태한 때에는 그 감사는 제3자에 대하여 연대하여 손해를 배상할 책임이 있다.
③ 감사가 회사 또는 제3자에 대하여 손해를 배상할 책임이 있는 경우에 이사도 그 책임이 있는 때에는 그 감사와 이사는 연대하여 배상할 책임이 있다.

감사는 이사와 마찬가지로 회사 및 제3자에 대하여 손해배상책임을 부담하며, 책임이 제한될 수 있다. 특히 회사가 분식회계를 하여 주주 및 채권자 등의 제3자가 손해를 입은 경우에 **감사의 고의 · 중과실이 인정될 수 있는 판단기준**이 무엇인지에 대하여 다음과 같이 여러 판례가 있다.

① **감사로서 결산업무를 수행하기는 하였으나 분식결산이 다른 임직원들에 의하여**

조직적으로 교묘하게 이루어진 것이어서 감사가 쉽게 발견할 수 없었던 때에는 중과실이 부정된다. 판례 11-32

② 반면에 문제된 분식결산이 쉽게 발견 가능한 것이어서 조금만 주의를 기울였더라면 허위로 작성된 사실을 알아낼 수 있었다면 중과실이 인정된다. 판례 11-32

③ 경리업무담당자의 부정행위 수법이 교묘하게 저질러진 것이 아니어서 간단히 확인했다면 쉽게 발견할 수 있었는데 아무런 조사도 안했다면 중과실이 인정된다. 판례 11-33

④ 감사가 실질적으로 직무를 수행할 의사가 전혀 없으면서 자신의 도장을 이사에게 맡기는 방식으로 이사의 분식회계를 묵인하거나 방치한 경우 중과실이 인정된다. 판례 11-34

⑤ **한편 대규모 상장기업에서 일부 임직원의 전횡이 방치되고 있거나 중요 재무정보에 대한 접근이 조직적 · 지속적으로 차단되고 있다면, 감사의 주의의무는 경감되는 것이 아니라 오히려 현격히 가중된다.** 판례 11-35 따라서 이런 상황에서 감사가 만연히 조사를 포기하고 다른 임직원의 불법행위를 발견하지 못하였다면 중과실이 인정될 수 있으므로, 추가적인 조사를 감행할 필요가 있다.

(4) 감사위원회 ☆

자본금 10억 원 미만의 **소규모회사**는 감사선임이 필요 없지만, 일반적인 **비상장회사**는 적어도 비상근 감사 1명은 필요하다. **상장회사**의 경우 ① 자산총액 1천억 원 미만의 회사는 적어도 비상근 감사 1명을 선임하면 되지만, ② 1천억 원 이상의 회사는 적어도 상근감사 1명을 선임해야 하고, ③ 2조 원 이상의 **대규모회사**는 감사위원회를 설치해야 한다. 이때 대규모회사는 회계 · 재무 전문가 1인을 선임할 필요가 있으며, 감사위원회 대표는 독립이사로 선임할 자격요건이 있다(§542-11②).

비상장회사 및 자산총액 1천억 원 미만의 상장회사는 정관에 의하여 제415조의2 규정에 근거한 감사위원회를 설치할 수 있으며 이 경우에는 감사를 둘 수 없다(§415-2①). 3명의 감사위원 중 2/3가 사외이사여야 한다. 감사위원 해임은 이사회 재적 2/3 찬성으로 한다.

자산총액 1천억 원 이상(2조 원 미만)의 회사는 상근감사 대신 제542조의11 규정에 근거한 감사위원회를 설치할 수 있다. 대규모회사 감사위원회의 지위 및 구성에 대해서는 후술한다.

| 도표 11-1 | 회사 규모별 감사·감사위원회 관련규제 비교

	규모별 구분	감사기구 설치기준	감사위원회를 설치할 경우	감사위원 선임·해임요건
비상장 회사	10억 미만 소규모 회사	불필요(임의)	$\frac{2}{3}$ 이상 사외이사로 구성	<§415-2> 이사회에서 선임 (해임은 재적 2/3 要)
	원칙적 형태	최소한 비상근감사		
상장회사	1천억 미만	최소한 비상근감사		
	1천억 이상	최소한 상근감사	상근감사 결격사유 + §542-11 자격요건	<§542-12> 주주총회 선임시 원칙적 일괄선출 추가적 분리선출, 해임은 특별결의 要
	2조 이상 대규모 회사	감사위원회		

§542-12(감사위원회의 구성 등)
② 감사위원회를 설치한 상장회사는 주주총회에서 이사를 선임한 후 선임된 이사 중에서 감사위원회위원을 선임하여야 한다. 〈일괄선출〉 다만, 감사위원회위원 중 1명은 주주총회결의로 다른 이사들과 분리하여 감사위원회위원이 되는 이사로 선임하여야 한다. 〈분리선출〉
④ 제1항에 따른 감사위원회위원을 선임 또는 해임할 때에는 상장회사의 의결권 없는 주식을 제외한 발행주식총수의 3%를 초과하는 수의 주식을 가진 주주(최대주주인 경우에는 그의 특수관계인, 그 밖에 대통령령으로 정하는 자가 소유하는 주식을 합산한다)는 그 초과하는 주식에 관하여 의결권을 행사하지 못한다. 〈2025. 7. 개정; 2026. 7. 시행〉, 〈합산 3% 제한〉

상장회사 주주총회에서 **감사위원의 선임·해임시 기본적으로 3% 의결권 제한이 적용되는데(단순 3% 제한)**, 최대주주에 대해서는 특칙이 있다((§542-12④). 즉 상장회사의 **최대주주는 감사위원을 선임·해임할 때 특수관계인이 보유하는 주식을 합산하여 지분 3%까지만 의결권을 행사할 수 있다(합산 3% 제한).**

감사위원 선임방법은 (i) 원칙적으로 일괄선출을 하되, (ii) 최소한 1명, 또는 정관에 의해 2명으로 정하여 분리선출에 의한다.

① **일괄선출 방식**은 일단 주주총회에서 이사를 선임하고, 선임된 이사 중에서 다시 주주총회에서 감사위원을 선임하는 것이다(§542-12② 본문). 이 경우 이사를 선임하는 주주총회결의에서는 3% 의결권 제한이 적용되지 않기 때문에 대주주의 영향력을 제

한할 수 없으며, 그렇게 선임된 이사 중에서 감사위원을 선임하는 주주총회에서만 3% 의결권 제한이 적용되기 때문에 실효성이 떨어진다.

② 반면에 **분리선출 방식**은 이사선임 과정에서 감사위원이 될 이사는 별도로 분리하여 선임하는 것이다(§542-12② 단서). 이사 겸 감사위원의 선임 과정에서 3% 의결권 제한이 적용되기 때문에 감사위원 선출과정에서 대주주들의 영향력을 제한할 수 있다. 2020년 개정상법에서 난관을 거쳐 도입되었다.

감사위원의 임기에 대하여 상법에 정해진바 없다. 기본적으로 이사의 지위를 가지므로 이사 지위의 종임으로 감사위원 지위도 종임된다. 한편 주주총회 특별결의로 감사위원을 해임하면 감사위원 및 이사로서의 지위를 모두 상실한다(§542-12③).

감사위원회는 그 결의로 대표위원을 선정하고, 대표위원은 감사위원회의 결정을 집행한다. 감사위원회는 이사회의 하부위원회이지만 감사위원회의 독립성이 보장되어야 하기 때문에 감사위원회의 결정을 이사회가 번복할 수는 없다.

감사위원회의 권한과 의무는 감사의 관련규정을 모두 준용한다. 감사위원회에서 이사 업무의 타당성 감사 권한이 있는지에 대하여 논의가 있지만, 이사회의 감독권이 타당성 감사까지 포함하며 감사위원회는 이사회의 하부위원회라는 점에서 타당성 감사를 허용할 수 있겠다.

| 도표 11-2 | §542-12에 따른 감사위원회 구성 관련 규제 (2025년 개정상법)

<table>
<tr><th>상장회사의
주주총회결의요건</th><th>최대주주가 감사위원
임면에 투표할 경우</th><th>일반주주가 감사위원 임면에
투표할 경우</th></tr>
<tr><td>보통결의에 의한 선임
(일괄선출 및 분리선출)</td><td rowspan="2">합산 3% 의결권 제한</td><td rowspan="2">단순 3% 의결권 제한</td></tr>
<tr><td>특별결의에 의한
해임</td></tr>
</table>

CHAPTER
12

신주발행

Chapter 12

신주발행

1 신주인수권

(1) 의의

§418(신주인수권의 내용) ① 주주는 그가 가진 주식 수에 따라서 신주의 배정을 받을 권리가 있다.

신주인수권(preemptive right)이란 회사가 성립된 이후에 발행하는 신주에 대하여 다른 자에 우선하여 신주를 인수할 수 있는 권리를 의미한다.

회사가 성립된 이후에 무분별하게 신주를 발행한다면 기존주주의 지분비율은 한없이 축소될 것이고(squeeze-out), 지배주주의 지배권이 희석화될 것이다. 이런 결과를 방지할 수 없다면 주식회사에 투자하려는 주주들의 신뢰를 해칠 수 있기 때문에 기존주주에게는 자신의 지분비율을 유지할 수 있는 기회를 우선적으로 보장할 필요가 있다.

이에 상법은 기존주주가 자신이 소유하는 주식의 수에 비례하여 우선적으로 신주의 배정을 받을 신주인수권을 보장한다(§418①).

신주인수권은 법적 성격에 따라서 추상적 신주인수권과 구체적 신주인수권으로 구분된다. §418①에 의하여 인정되는 신주인수권을 **추상적 신주인수권**이라 한다. 이는 주주의 자격에서 당연히 인정되는 것이며, 주주권의 내용을 구성하므로 추상적 신주인수권을 주식과 분리하여 양도·포기할 수 없다.

한편 **구체적 신주인수권**이란 회사가 주주명부상 주주 등에게 신주를 발행하기로 결정함에 따라 그 신주를 청약하여 배정받을 수 있는 권리이다. 이는 회사에 대한 채권적 권리로서 주식과 분리하여 양도·포기할 수 있다. 하급심 12-1

(2) 주주배정 방식 ☆☆

신주발행시 §418①에서 정한 기존주주의 신주인수권에 근거하여 지분에 비례하게 배정하는 방식을 **'주주배정'**이라 한다. 단순히 기존주주에게 배정하는 것으로는 부족하며, **주주가 소유하는 주식의 수에 비례하게 배정해야 주주배정으로 인정된다.**

기존주주는 주주배정에 의하여 종전의 지분을 유지할 수 있으며, 또는 주식대금을 실제로 부담하지 않더라도 구체적 신주인수권을 양도함으로써 주식대금과 주식시가의 차액분을 회수할 수 있다. 따라서 저가발행에 참여하지 않는 기존주주도 이론적으로는 시가차액을 보전받음으로써 실질적으로 보호될 수 있다. 즉 상법은 원칙적으로 기존주주의 지분비율을 보호하려는 입장이다. 다만 이와 별도로 기존주주의 지분비율이 재산권으로 인정되는 것은 아니며, 소유 주식에 대해서만 재산권으로 보호된다.

신주의 발행가액을 저가로 책정하더라도 주주배정 방식에서는 문제되지 않으며, 저가발행을 결정한 이사가 회사의 재산보호의무를 위반한 것으로 보지 않는다. 전합 12-2

주주배정 방식에서 저가발행은 주주 중심주의 관점에 의하여 정당화된다. 즉 주식의 시가에 못 미치는 저가로 발행하여 차액 상당의 손해가 발생한다고 볼 수 있으나 이는 어차피 기존주주에게 귀속될 것이며, 주주배정 방식에 의하여 신주인수권을 보장하는 기존주주는 차액 상당의 이익을 얻을 것인데, 주주 중심주의적 관점에서 회사의 손해가 궁극적으로 기존주주에게 귀속되면서 기존주주의 이익과 상쇄되기 때문이다.

(3) 제3자배정 방식 ☆☆☆

> **§418(신주인수권의 내용)** ② 회사는 제1항의 규정에 불구하고 정관에 정하는 바에 따라 주주 외의 자에게 신주를 배정할 수 있다. 다만, 이 경우에는 신기술의 도입, 재무구조의 개선 등 회사의 경영상 목적을 달성하기 위하여 필요한 경우에 한한다.

회사의 자금조달에서 주주배정 방식만 허용된다면 기존주주의 자력이 부족하거나 추가적인 투자를 지체할 수 있기 때문에 회사가 적시에 자금을 조달하는 것이 곤란할 수 있다. 따라서 기존주주의 신주인수권을 제한하여 신주발행을 하는 것도 가능하도록 허용하되 엄격한 요건을 지키도록 요구하고 있다.

§418②에서는 주주 외의 자에게 신주발행을 할 수 있도록 허용하며, 이를 **'제3자배정'** 방식이라 한다. 이때 기존주주가 소유하는 지분비율을 초과하여 추가적인 신주를 배정받는 경우도 포함한다. 주주배정과 제3자배정을 구별하는 기준은 '회사가 신주발

행시 기존주주에게 지분비율에 따라 우선적으로 인수할 기회를 부여하였는지' 여부에 따라 객관적으로 결정된다. 전합 12-2

제3자배정 방식의 신주발행을 위한 적법 요건은 다음과 같다.

① 기본적으로 **정관**에 제3자배정을 허용하는 근거규정을 두어야 한다(§418② 본문).

다만 정관에 근거규정이 없는 회사에서 주주총회결의로 제3자배정을 실행할 수 있을지 논란이 있는데, (i) 정관변경을 위해 필요한 결의요건 수준인 주주총회 특별결의가 있었다면 굳이 정관변경 없이도 제3자배정이 가능하다는 **긍정설**과 (ii) §418②의 문언 범위를 넘어서는 해석으로 신주인수권을 침해하게 된다는 **부정설**이 대립한다. 차라리 정관을 변경했다면 다음에라도 제3자배정을 실시할 수 있는데, 정관변경을 하지 않고 특정인에게만 제3자배정의 특혜를 주는 것은 공정성을 결여한 것이어서 부정설이 타당하다. 참고로 전환사채에서 주주총회 특별결의로 제3자배정이 가능한 것은 법적근거(§513③)가 있기 때문이다.

② 정관에 근거가 있더라도 이사회는 **경영상 목적**을 달성하기 위하여 필요한 경우에만 제3자배정에 의한 신주발행을 결정할 수 있다(§418② 단서). 신기술 도입이나 재무구조 개선 등 경영의 필요상 부득이한 예외적인 경우로 제한함으로써 기존주주의 신주인수권에 대한 보호를 강화하고자 하는 데 그 취지가 있다.

다만 **회사의 경영권 분쟁이 현실화된 상황에서 경영진의 경영권 내지 지배권 방어라는 목적을 달성하기 위하여 제3자에게 신주를 배정하는 것은 §418②을 위반하여 주주의 신주인수권을 침해하는 것이다.** 판례 12-3 판례 12-4 따라서 **경영권 방어 목적의 제3자배정**은 **부적법**하며, 신주발행 무효사유가 인정된다.

③ 제3자배정을 실시하려는 회사는 주식발행사항을 납입기일의 2주 전까지 주주에게 통지·공고하여야 한다(§418④). 제3자배정으로 신주인수권을 제한당하는 기존주주에게 정보를 제공하여 신주발행이 완료되기 전에 문제를 삼을 수 있는 기회를 부여하는 것이므로, **통지절차**를 흠결하면 신주발행의 무효사유가 될 수 있다.

④ 만약 제3자배정에서 저가발행을 하였다면 발행가액과 시가의 차액 만큼 회사의 자산을 증가시키지 못하게 되는 결과가 발생하므로, **제3자배정 과정에서 저가발행을 결정한 이사들은 선관의무에 위배하여 회사에 시가차액 상당의 손해를 야기한 것에 대하여 민형사상의 책임을 부담한다.** 하급심 12-1

(4) 실권주의 문제 ☆☆

> **§419(신주인수권자에 대한 최고)**
> ① 회사는 신주의 인수권을 가진 자에 대하여 그 인수권을 가지는 주식의 종류 및 수와 일정한 기일까지 주식인수의 청약을 하지 아니하면 그 권리를 잃는다는 뜻을 통지하여야 한다.
> ③ 제1항의 통지에도 불구하고 그 기일까지 주식인수의 청약을 하지 아니한 때에는 신주의 인수권을 가진 자는 그 권리를 잃는다.
> **§423(주주가 되는 시기, 납입해태의 효과)** ② 신주의 인수인이 납입기일에 납입 또는 현물출자의 이행을 하지 아니한 때에는 그 권리를 잃는다.

가. 의의

주주배정 절차에서는 청약 안내를 받은 기존주주가 주식의 인수를 포기하거나 납입을 하지 않으면 그 권리를 잃는바, 이러한 주식을 '**실권주**'라 한다. 모집설립의 경우에는 납입을 하지 않는 인수인에게 실권예고부 최고 등 실권절차가 요구되는 것(§307)과 달리, 신주발행에서는 바로 실권한다(§423②). 실무상 주식인수의 청약을 받으면서 발행가액 100%를 청약증거금으로 예납받기 때문에 납입 단계에서 실권주가 발생하는 경우는 거의 없는바, 제3자배정에서 문제되는 경우는 별로 없다.

나. 실권주의 처리

실권주의 처리방식에 있어서 회사는 상당한 재량을 갖는다. 즉 ① 실권주가 아예 발행되지 않은 것으로 처리하여 방치할 수도 있고, ② 이사회결의로 제3자에게 새로 배정할 수도 있다.

판례는 이처럼 **주주배정 절차에서 발생한 실권주를 제3자에게 배정하는 것은 제418조 제2항에 따른 '제3자배정'에 해당하지 않으며 정관의 근거규정은 필요없다고 판시한다.** 판례 12-5 즉 여전히 주주배정 절차의 연장선상에 있는 것으로 파악한다.

다. 저가배정으로 인한 책임

저가로 실권주를 제3자에게 배정한 경우에도 판례는 주주배정의 법리를 그대로 적용할 수 있으므로 저가발행에 따른 손해배상책임의 문제가 발생하지 않는다고 본다. 즉 실권주의 발행조건을 변경하여 발행할 여지가 없기 때문에 **주주배정과 동일한 발행조건을 유지한 것이라면 실권주를 저가로 발행하였더라도 이사의 임무위배는 없다고 판시하였다.** 전합 12-2 따라서 시가차액 상당의 일실손해는 회사가 부담해야 하며, 기존주주로부터 신규주주에게 부가 이전되는 현상(wealth transfer)도 규제되지 않는다.

그러나 이는 실질적으로 제3자에게 신주를 발행한 것과 동일한 효과를 가져올뿐 아니라, 저가발행이 주주 중심주의적 관점에서 정당화되지 않는다. 주주배정의 저가발행이 문제되지 않는 것은 기존주주에게 저가발행에 따른 손해와 이익이 귀속되면서 상쇄되었기 때문이다. 실권주를 제3자에게 배정할 경우 저가발행의 손해는 기존주주에게, 이익은 신규주주에게 귀속되기 때문에 손익이 상쇄되지 않는다.

이에 실권주를 제3자에게 저가로 배정한 이사회는 선관의무 내지 충실의무 위반의 책임을 부담해야 한다는 비판이 있다. 참고로 상장회사는 실권주가 발생할 경우 원칙적으로 발행을 철회하도록 입법적인 보완이 이루어졌다(자본시장법 §165-6②).

라. 실권 결정으로 인한 책임

주주배정 절차에서 저가발행임에도 불구하고 실권한 기존주주가 회사인 경우에는, 성실하게 심의하지 않고서 실권을 결정한 회사의 이사회에서 찬성한 이사들이 선관의무 위반의 책임을 부담한다. 다만 경영판단원칙이 적용될 수는 있다.

(5) 그 밖에 신주인수권이 제한되는 경우 ☆

§418② 규정에 의한 제3자배정 방식 이외에도 기존주주의 지분에 비례하지 않고 제3자에 대한 신주발행이 허용되는 경우가 있다.

첫째, 상장회사는 정관 규정에 의하여 불특정 다수인을 상대로 **일반공모 증자**를 할 수 있는데, 이 경우 제418조 제1항 및 제2항을 명시적으로 배제한다(자본시장법 §165-6④). 기존주주 역시 다른 불특정 다수인과 마찬가지로 시장에서 청약과 배정이 가능하기 때문에 기존주주의 신주인수권이 문제되지 않는 것으로 파악한다.

다만 기존주주에게 동등한 참여 기회가 있는 것은 맞지만 일반공모 과정에서 실제로 지분에 비례하여 배정받을지는 미지수며 지배력에 변동이 발생할 수 있기 때문에 소수주주의 신주인수권에 대한 보호에 허점이 발생할 수 있다.

둘째, **현물출자자에게 발행하는 신주에 대해서는 기존주주의 신주인수권이 미치지 않는다.** 판례 12-6 따라서 현물출자 상황에서는 §418①에서 보장하는 신주인수권을 제한하는 문제가 발생하지 않는 것으로 파악한다. 본 판례의 설득력이 약하고, 이후 동일한 취지의 판시가 반복되지 않았음에도 불구하고 이미 실무적으로는 본 판결에 기초하여 자금조달 구조를 설계하고 있다.

신주인수권을 제한하지 않으므로 **§418② 본문**은 적용될 여지가 없다. 즉 제3자배정을 허용하는 정관 근거규정은 필요없으며, 현물출자로 납입하는 제3자에게 적법하게 신주발행을 할 수 있다.

그러나 §418② 단서도 배제되는지에 대해서는 논란이 있다. 즉, (i) 현물출자에 의하여 특정재산을 회사가 보유할 수 있으므로 신주인수권을 배제하는 취지에 비추어 경영상 목적 요건도 필요없다는 견해도 있으나, (ii) 당해 특정재산을 회사가 취득하면서 신주를 발행할 합리성·상당성이 있어야 할 것이므로 §418② 단서에 의한 경영상 목적이 요구된다고 보아야 할 것이다(독일판례).

셋째, 회사가 보유한 자기주식을 제3자에게 처분하는 경우에도 기존주주의 신주인수권이 미치지 않는다. 판례는 **자기주식 처분은 신주발행과 법적 형식을 달리 하기 때문에 §418②을 유추적용하지 않는다.**

다만 이는 실질적으로 회사가 자기주식을 소각한 뒤에 제3자에게 신주발행을 해주는 것과 동일한 결과를 가져오는 거래구조이기 때문에 제3자배정에 관한 §418②이 유추적용되어야 한다는 비판이 많다.

경영권 분쟁 상황에서 경영권 방어 목적으로 자기주식을 우호적 제3자(백기사)에게 매각한다면 대표권 남용이 문제될 수 있다. 판례 12-7 참고로 이사 등이 사실상의 경영권을 빼앗기지 않기 위한 참호효과(entrenchment)를 누릴 목적으로 경영권 방어행위를 할 경우 미국 판례법리는 이사에게 신인의무 위반으로 인정한다.

(6) 구체적 신주인수권의 양도 ☆

> **§416(발행사항의 결정)** 회사가 그 성립 후에 주식을 발행하는 경우에는 다음의 사항으로서 정관에 규정이 없는 것은 이사회가 결정한다.
> 5. 주주가 가지는 신주인수권을 양도할 수 있는 것에 관한 사항
> 6. 주주의 청구가 있는 때에만 신주인수권증서를 발행한다는 것과 그 청구기간
>
> **§420-2(신주인수권증서의 발행)**
> ① 회사는 §416 제6호의 정함이 있는 때에는 그 정함에 따라, 그 정함이 없는 때에는 §419①의 기일의 2주간 전에 신주인수권증서를 발행하여야 한다.
>
> **§420-3(신주인수권의 양도)** ① 신주인수권의 양도는 신주인수권증서의 교부에 의하여서만 이를 행한다.

이사회에서 기존주주의 **추상적 신주인수권**(§418①)에 근거하여 신주를 발행하기로 결정하였다면 기존주주는 회사에 대한 채권적 권리로서 **구체적 신주인수권**을 가지며, 이를 양도할 수 있다(§416(v)).

제3자배정에 의하여 신주발행을 하는 경우에 제3자인 주식인수인이 취득한 구체적 신주인수권을 양도할 수 있는지에 대한 논의가 있으나, 다수설은 제3자배정의 특성상 주식인수인에게 특별히 인정된 권리이기 때문에 양도할 수 없는 것으로 본다.

구체적 신주인수권의 양도를 위한 요건은 다음과 같다.

① '구체적 신수인수권을 양도할 수 있음'을 정관에서 정하였거나, 그렇지 않다면 신주발행을 위한 이사회결의에서 주식발행사항 중 하나로 정해야 한다(§416(v)).

만약 정관 또는 이사회에서 그러한 정함을 하지 않았다면 구체적 신주인수권의 양도가 가능한지에 대하여 논의가 있는데, (i) 다수설은 법률 문언의 해석범위를 넘어서기 때문에 양도가 불가능하다고 보지만, (ii) **판례는 신주인수권의 양도성을 제한하는 것은 회사 측의 업무상 편의를 위한 것이므로 회사가 구체적 신주인수권의 양도를 승낙하면 유효하다고 판시한다.** 판례 12-8

② 신주발행의 이사회결의에서 '주주의 청구가 있는 때에만 신주인수권증서를 발행한다'고 정한 경우에는 그 결정사항에 따라서 신주인수권증서를 발행하면 된다. 그런 결정이 없는 경우에는 청약기일 2주 전까지 모든 주주에게 신주인수권증서를 발행해야 한다(§420-2①).

③ 구체적 신주인수권을 양도할 때에는 위와 같이 발행받은 신주인수권증서의 교부에 의하면 된다(§420-3①). 신주인수권증서를 점유한 자는 적법한 소지인으로 추정되며, 선의취득도 가능하다(§420-3②, §336②).

만약 정관이나 이사회결의에서 '구체적 신수인수권을 양도할 수 있음'을 정하지 않았는데, 회사에서 구체적 신주인수권의 양도를 승낙할 경우에는 지명채권 양도방법에 의하면 된다. 판례 12-8

2 신주발행

(1) 의의

회사가 성립된 이후에는 이사회 결의에 의하여 수시로 신주를 발행할 수 있다. **통상의 신주발행**은 주식인수인이 주식인수대금을 납입함으로써 회사의 순자산 및 자본금이 증가하는 유상증자이며, 제416조 이하에서 정한 절차를 따른다.

한편 **특수한 신주발행**은 일반적인 자금조달 외의 목적으로 이루어진다. 즉 (i) 주식분할(§329-2) · 주식병합(§440) 및 주식배당(§462-2) · 준비금의 자본금전입(§461) 등의 무상증자, (ii) 주식매수선택권의 행사(§340-2, §542-3) · 전환주식의 전환(§346) · 전환사채의 전환(§513) · 신주인수권부사채의 신주인수권 행사(§516-2)에 의한 신주발행, (iii) 합병 · 분할 · 분할합병 · 주식교환 · 주식이전 등의 구조조정에 따른 합병신주 등의 발행은 통상의 신주발행과 달리 절차와 효력발생시기가 개별적으로 규정되어 있다.

(2) 액면미달발행

> **§417(액면미달의 발행)** ① 회사가 성립한 날로부터 2년을 경과한 후에 주식을 발행하는 경우에는 회사는 주주총회 특별결의와 법원의 인가를 얻어서 주식을 액면미달의 가액으로 발행할 수 있다.

신주를 액면에 미달하는 가액으로 발행하는 것은 자본충실의 원칙상 엄격하게 금지된다. 예외적으로 ① 회사 설립시점부터 2년이 경과한 후에 ② 주주총회 특별결의를 얻고 ③ 법원의 인가를 얻어서 ④ 법원의 인가를 얻은 날로부터 1월 내에는 **액면미달발행**이 가능하다(§417①,④).

상장회사도 위와 같은 요건을 갖춰야 하지만 액면미달발행을 위한 법원의 인가는 필요없다. **무액면주식**의 경우에는 액면금액이 없기 때문에 액면미달이라는 개념이 아예 없다.

(3) 발행절차

| 도표 12-1 | 신주발행 관련 스케줄

Time Line		신주배정일		청약기일	배정	납입기일	다음 날
행위요건 및 효과	2주전 공고	주주 확정의 기준일	2주전 통지	청약 안하면 실권	주식 인수 계약 성립	주식대금 납입완료	신주 효력 발생
규정취지	주주에게 2주 동안 명의개서 하라는 것		주주에게 2주 동안 청약을 하라는 것				

신주를 발행하려는 회사는 **신주배정일**을 정하여 그 2주 전에 주주에게 공고를 해야 한다(§418③). 이때 신주배정일은 기준일의 효력을 가지는바 이 날을 기준으로 주주명부에 기재된 주주에게 구체적 신주인수권이 부여된다. 이후 회사는 **청약기일**을 정하여 그 2주 전에 신주인수권자에게 청약기일까지 청약을 하지 않으면 실권된다는 통지

를 해야 한다(§419①,②).

신주인수권자는 이사가 작성한 주식청약서(§420)의 공란을 채우고 서명날인하여 **청약**을 한다(§425, §302①). 만약 신주인수권증서가 발행되었다면 신주인수권증서에 의하여 청약을 한다(§420-5①). 신주인수권자의 청약에 대하여 대표이사가 신주를 **배정**함으로써 주식인수계약이 성립한다. 이는 입사계약에 해당한다.

신주인수인은 **납입기일**까지 인수가액의 전액을 납입해야 한다(§421①). 금전납입이 원칙이지만, 회사의 동의가 있다면 신주인수인은 회사에 대한 채권으로 납입채무와 상계할 수 있다(§421②). 일방적인 상계는 무효이다.

(4) 효력

> **§423(주주가 되는 시기, 납입해태의 효과)** ① 신주의 인수인은 납입 또는 현물출자의 이행을 한 때에는 납입기일의 다음 날로부터 주주의 권리의무가 있다.
> **§428(이사의 인수담보책임)** ① 신주의 발행으로 인한 변경등기가 있은 후에 아직 인수하지 아니한 주식이 있거나 주식인수의 청약이 취소된 때에는 이사가 이를 공동으로 인수한 것으로 본다.

신주발행의 납입기일 다음 날 신주의 효력이 발생한다(§423①). 납입이 이루어지지 않은 주식은 실권된다(§423②).

신주발행의 효력이 발생하면 **변경등기**를 경료해야 한다.

인수가 되지 않았거나, 인수의 청약이 취소되었거나, 납입이 되지 않아서 인수의 효력이 소멸하였으면, 당해 주식은 실권주이기 때문에 별도로 인수·납입되지 않았다면 변경등기의 대상이 아니다.

그럼에도 불구하고 마치 적법하게 인수·납입된 것처럼 변경등기가 경료되었다면 이사가 **인수담보책임**을 부담한다, 즉 이를 이사가 공동으로 인수한 것으로 본다(§428①). 이는 무과실책임이며 총주주의 동의로 면책할 수 없다.

3 신주발행의 하자와 책임

> **§424(유지청구권)** 회사가 법령 또는 정관에 위반하거나 현저하게 불공정한 방법에 의하여 주식을 발행함으로써 주주가 불이익을 받을 염려가 있는 경우에는 그 주주는 회사에 대하여 그 발행을 유지할 것을 청구할 수 있다.

(1) 주주의 신주발행 유지청구권

회사가 법령 · 정관에 위반하거나 현저하게 불공정한 방법으로 신주발행을 함으로써 불이익을 받을 염려가 있는 주주는 회사의 신주발행에 대하여 유지청구를 할 수 있다(§424).

단독주주권에 해당한다. 청구권자인 특정주주가 불이익을 받을 염려가 있어야 한다. 주주의 간접손해는 회사의 손해로 파악하여 제424조가 아닌 제402조의 유지청구권을 행사해야 한다는 견해도 있다.

신주발행의 효력이 발생한 이후에는 신주발행 무효소송에 의해서만 다툴 수 있기 때문에, 효력 발생 전인 **납입기일까지만** 유지청구권을 행사할 수 있다. 유지청구의 방법은 ① 의사표시로 하거나, ② 소송을 제기하거나, ③ 위 소를 본안으로 하는 가처분을 신청할 수 있다.

소송 또는 가처분에 의하여 이루어진 법원의 유지결정을 위반한 신주발행은 무효이다. 그러나 의사표시에 의한 유지청구는 구속력이 없으며, 추후 이사에게 선관의무 위반의 책임을 물을 수 있을 뿐이다.

(2) 불공정한 가액으로 인수한 자의 책임 ☆

§424-2(불공정한 가액으로 주식을 인수한 자의 책임) ① 이사와 통모하여 현저하게 불공정한 발행가액으로 주식을 인수한 자는 회사에 대하여 공정한 발행가액과의 차액에 상당한 금액을 지급할 의무가 있다.

제3자배정에 의한 주식인수인과 이사가 통모하여 현저하게 불공정한 저가발행을 하였다면 통모인수인은 공정한 발행가액과의 차액을 회사에 지급할 의무가 있다(§424-2①). **주주배정에서는 주주중심주의에 의하여 저가발행이 정당화되기 때문에 제424조의2 책임이 적용되지 않는다.** 전합 12-2

통모인수인의 책임은 **불법행위에 대한 손해배상책임**의 성격도 있지만, 회사에 대한 **추가적인 출자의무**의 성격도 갖는다. 이를 주주유한책임의 원칙에 대한 예외로 이해하는 견해도 있다. 따라서 회사가 이를 면제할 수 없다.

(3) 신주발행 무효소송 ☆☆

> **§429(신주발행무효의 소)** 신주발행의 무효는 주주 · 이사 또는 감사에 한하여 신주를 발행한 날로부터 6월내에 소만으로 이를 주장할 수 있다.
> **§430(준용규정)** §§186-189조, §190 본문, §191, §192, §377조의 규정은 §429의 소에 관하여 이를 준용한다.
> **§431(신주발행무효판결의 효력)** ① 신주발행무효의 판결이 확정된 때에는 신주는 장래에 대하여 그 효력을 잃는다.
> **§432(무효판결과 주주에의 환급)** ① 신주발행무효의 판결이 확정된 때에는 회사는 신주의 주주에 대하여 그 납입한 금액을 반환하여야 한다.

가. 의의 및 절차

신주발행의 효력이 발생한 뒤에는 오직 신주발행 무효소송에 의해서만 신주발행의 하자를 다툴 수 있다(§429). 이는 단독주주권이며, **형성소송**의 성격을 가진다.

신주발행으로 인하여 발생할 수 있는 복잡한 법률관계를 조기에 확정하기 위하여 6개월의 **제소기간**이 적용된다. 따라서 제소기간이 경과한 이후에 새로운 무효원인을 추가하는 것도 허용되지 않는다. 판례 12-9

나. 무효사유의 판단

신주발행의 무효원인에 대하여 상법에서 별도로 정하지는 않았으나, 판례는 거래의 안전과 법적 안정성을 해할 우려가 큰 점을 고려할 때 무효원인을 엄격하게 해석한다.

만약 신주발행의 이사회결의에 하자가 있어서 당해 이사회결의는 무효일지라도 일단 신주의 효력이 발생한 뒤에는 그 하자를 신주발행 무효소송에 의해서만 다툴 수 있다. 이때 이사회결의에 하자가 있다는 사정만으로 신주발행이 무효로 되는 것은 아니다. 판례 12-10

법원은 제반 하자사유를 종합적으로 평가하여 거래의 안전과 비교형량한 뒤에 무효 여부를 판단한다. 즉 **판례는 ① 신주발행에 법령 · 정관의 위반이 있고 ② 그것이 회사법의 기본원칙에 반하거나 기존주주의 이익과 회사 경영권에 중대한 영향을 미치는 경우로서, ③ 거래안전, 주주 기타 이해관계인의 이익을 고려하더라도 도저히 묵과할 수 없는 정도라면, 무효라고 판시한다.** 판례 12-4

예를 들어, 신주발행을 결의한 갑 회사의 이사회에 참여한 이사들이 하자 있는 주주총회에서 선임된 이사들이어서, 그 후 이사 선임에 관한 주주총회결의가 확정판결로 취소되었고, 위와 같은 하자를 지적한 신주발행금지가처분이 발령되었음에도 위 이사

들 측에서 신주를 인수한 사안에서 위와 같은 기준에 의하여 신주발행의 무효를 인정하였다. 판례 12-11

다. 효과

무효판결이 나더라도 소급효가 없고 **장래효**만 인정된다(§431①). 따라서 신주발행 이후 당해 신주에 근거하여 이루어진 이익배당 및 의결권 행사 등은 유효하며, 당해 신주의 주주에게만 주식대금을 반환하면 된다(§432①). 제190조 본문만 준용하는 제430조의 입법태도와 어긋나기 때문에 입법착오로 보이지만 명시적인 규정이 있기 때문에 이를 존중한다.

Manhattan

CHAPTER 13

사채발행

1. 사채 일반론
2. 전환사채
3. 신주인수권부사채

Chapter 13

사채발행

1 사채 일반론

(1) 의의

사채 또는 **회사채**란 회사가 자금조달을 위하여 증권화된 채권을 발행하는 형식으로 부담하게 되는 채무를 의미한다. 주식회사 이외의 회사는 사채를 발행하지 못한다.

변제기를 3년으로 정하는 경우가 많으며, 유형별로는 **무기명 · 무담보 · 무보증사채**가 가장 일반적이다. 즉 채권자를 특정하지 않고 별도의 담보 없이 회사의 신용으로만 발행하는 것이다. 또한 대부분 현물로 발행하지 않고 전자등록기관에 등록하는 **등록사채**이다.

회사가 자금조달을 할 때 주식발행과 사채발행 중에서 선택하므로 실질적으로 투자금이 유입된다는 점에서는 동일하지만, 회사와의 관계에서 법적 취급은 완전히 다르다.

즉 ① **주식**을 소유한 주주는 회사의 배당가능이익 범위 내에서 이익배당을 받음으로써 투자금을 회수하지만, **사채**를 소유한 채권자는 정해진 원리금을 상환받음으로써 투자금을 회수한다. ② 회사가 도산하는 상황에서도 **채권자**는 선순위로서 배당받지만, **주주**는 모든 변제를 마치고 최종적으로 남은 재산에 대해서만 잔여재산분배권을 갖는다. ③ 회사가 **자기주식**을 취득하는 것은 배당가능이익 범위 내로 제한되지만, **자기사채**를 취득할 때에는 특별한 사정이 없는 한 제한이 없다.

종전에는 전환사채와 신주인수권부사채만 인정되었으나, 개정상법은 사채의 종류를 열거주의에서 포괄주의로 전환하여 다양한 종류를 고안할 수 있게 되었다.

예를 들어 (i) 원리금 이외에 이익배당에도 참가할 수 있는 이익참가부사채, (ii) 회사가 보유하는 주식이나 유가증권으로 교환 또는 상환할 수 있는 교환사채 · 상환사채, (iii) 기초자산이나 지수의 변동과 연계되는 파생결합사채도 발행할 수 있다(§469

②). 이 중 교환사채는 사채권자가 교환을 청구할 수 있고(시행령 §22), 상환사채는 회사가 상환을 결정할 수 있다(시행령 §23)는 차이가 있다.

다만 지금도 주식을 발행받을 수 있는 전환사채 및 신주인수권부사채가 가장 중요하게 다루어진다.

(2) 절차와 효과

사채발행은 이사회 권한사항이다(§469①). 다만 정관에 의하여 이사회는 대표이사에게 사채금액과 종류를 정하여 1년 내에 사채를 발행할 수 있는 권한을 위임할 수 있다(§469④).

사채발행이 결정되면 투자자의 청약과 회사의 배정으로 사채계약이 성립한다. 신주발행과 달리 **상계**가 금지되지 않으며, 전액납입이 요구되지 않는바 **분할납입**도 가능한데 적어도 1회차 납입은 필요하다(§476①).

사채권자가 납입을 해태하는 경우에도 실권하는 것은 아니며, 사채전액의 납입을 완료한 후에 채권을 발행받을 수 있다(§478①). 다만 회사 스스로 이익을 포기할 수 있으므로 이를 위반하여 납입 완료 전에 발행된 채권도 유효한 것으로 본다.

(3) 사채권자집회 및 사채관리회사

사채권자들이 의결과정을 통해 집단적 의사를 결정하는 기구를 '**사채권자집회**'라 하며, 사채권자의 이익을 위하여 사채에 관한 관리행위를 집행하는 기구를 '**사채관리회사**'라 한다. 주주의 경우에 비유하자면 사채권자집회 및 사채관리회사는 주주총회 및 이사회와 각각 유사한 역할을 한다.

사채권자는 사채권자집회에서 본인이 소유한 **사채의 미상환액에 비례하는 의결권**을 가진다(§492①). 사채권자집회의 결의요건은 주주총회 특별결의를 준용하여 **출석의결권의 2/3 및 총 의결권의 1/3 찬성**에 의한다(§495①).

사채권자집회의 결의는 결의일로부터 1주일 내에 **법원의 인가**를 청구해야 하며(§496). 만장일치 결의가 아니라면 법원이 인가함으로써 효력이 발생한다(§498①). 사채권자집회의 결의는 사채관리회사가 집행한다(§501 본문). 다만 사채권자집회에서 결의에 의하여 집행자를 별도로 정할 수도 있다(§501 단서).

사채관리회사를 지정하는 권한을 사채권자가 아닌 사채를 발행한 회사가 갖는다는 점이 특이하다(§480-2). 사채관리회사는 금융기관으로 자격이 제한된다(§480-3). 사채관리회사의 사임은 사채권자집회의 동의 또는 법원의 허가가 있어야 허용된다(§481). 사채관리회사는 사채권자와 계약관계가 없음에도 불구하고 선관의무 및 손해배상책임을 부담하도록 규정되었는바(§484-2), 법정책임으로 파악한다.

사채관리회사는 사채권자를 위하여 회사와의 관계에서 ① 지급을 청구하고, ② 변제를 수령하며, ③ 채권 보전을 위한 재판상·재판외의 모든 행위를 할 권한이 있다(§484①,③). 사채관리회사가 회사의 변제를 받았다면 지체없이 사채권자에게 통지·공고해야 하고, 사채권자는 사채관리회사에게 상환액 지급을 청구해야 한다(§484③). 또한 사채권자집회에서 사채 전부에 대한 지급유예·책임면제를 결의한다면, 사채관리회사에서 이를 집행할 수 있다.

2 전환사채 ☆

(1) 의의

전환사채(convertible bond; CB)란 발행회사의 주식으로 전환할 수 있는 사채이다. 전환사채의 전환에 의하여 신주를 발행해주는 경우가 일반적이다.

한편 회사의 자기주식을 이전해주는 방식은 교환사채인 것으로 구분한다. 전환주식에서는 회사 및 주주 모두 전환권을 가질 수 있지만, 전환사채는 **채권자가 전환권을 행사**하는 경우에 대해서만 규정되어 있다(§515①).

전환사채는 주식으로 전환될 수 있기 때문에 **신주인수권을 침해**할 소지가 있다. 따라서 전환사채를 기존주주에게 지분에 비례하여 배정하지 않고 제3자배정 방식을 취한다면 다음의 요건이 필요하다.

① 전환사채의 제3자배정을 허용하는 **정관 규정** 또는 **주주총회 특별결의**가 있어야 한다(§513③ 제1문). 정관 규정에서 전환조건 등에 대하여 상당한 정도로 특정해 놓지 않았다면 제3자배정 방식의 발행은 무효이므로 추가적인 주총특별결의가 필요하다. 다만 전환조건을 구체적인 경제사정에 맞추어 신축적으로 결정할 필요도 있으므로 정관에는 일응의 기준만 정해 놓고 구체적인 전환조건은 발행시 이사회에서 결정하도록 위임하는 것(예: "전환가액은 주식의 액면금액 또는 그 이상의 가액으로 사채발행시 이사회가 정한다")도 허용된다. 판례 13-1

② 제418조 제2항 단서가 준용되므로, 회사의 **경영상 목적**을 달성하기 위하여 필요한 경우에 한하여 전환사채의 제3자배정을 할 수 있다(§513③ 제2문).

경영권 방어는 본 조의 경영상 목적으로 인정되지 않는다. 판례 13-2

(2) 절차

전환사채의 발행사항이 정관에 규정되어 있지 않다면 이사회에서 결정한다(§513②). 정관에 의하여 주주총회 권한사항으로 변경하는 것도 가능하다.

다만 판례는 전환사채 발행 역시 장차 주식으로 전환될 수 있는 것이기 때문에 사실상 신주발행에 해당한다는 취지에서 신주발행을 정관에 의하여 주주총회 권한으로 정한 회사는 전환사채 발행도 그와 동일한 절차가 필요하다고 판시한다. 판례 13-3

따라서 **정관에서 전환사채 발행을 주주총회 권한사항으로 변경하지 않았더라도, 신주발행에 주주총회 특별결의가 필요하다고 규정하였다면, 전환사채 발행도 주주총회 특별결의가 필요하다.**

사채권자는 전환청구기간 내에 회사에 전환을 청구할 수 있다(§515).

전환청구권은 **형성권**이며 전환 청구시점에 효력이 발생하므로, 이때 사채권자의 지위가 소멸하고 주주의 지위를 취득한다(§516②, §350①). 회사의 승낙도 필요 없고, 주금납입도 필요 없다.

전환사채는 사실상 신주발행과 유사한 효력을 갖기 때문에 발행과 전환에 등기가 필요하다(§514-2).

(3) 전환가액

§516(준용규정) ② §348, §350의 규정은 사채의 전환의 경우에 이를 준용한다. **§348(전환으로 인하여 발행하는 주식의 발행가액)** 전환으로 인하여 신주식을 발행하는 경우에는 전환전의 주식의 발행가액을 신주식의 발행가액으로 한다.

전환에 의해 발행되는 신주의 발행가액 총액은 전환사채의 발행가액 총액과 같아야 한다(§516②, §348). 즉 발행가액 총액을 유지해야 하기 때문에, 전환 후 신주식의 수가 너무 많아지면 1주당 발행가액이 액면 이하로 미달될 우려가 있다. 따라서 액면미달발행이 되지 않도록 전환가액(1주로 전환되는 사채액면)은 적어도 주식의 액면가액 이상으로 설정할 필요가 있다.

전환가액은 전환조건이므로 전환사채 발행 당시부터 미리 정해진다. 다만 전환기간까지 수 년을 기다려야 하기 때문에 그동안 많은 사정변경이 있을 수 있는데 애초의 전환가액 그대로 유지하는 것이 부당한 경우가 발생할 수 있다. 이에 반희석화 조항(anti-dilution provision)과 리픽싱 조항(refixing option)이 활용된다. 양자는 별개의 사유에 의하여 독립적으로 적용되기 때문에 **반희석화 조항의 적용에 의한 조정이 이루어진 이후에 다시 리픽싱 조항의 적용에 의한 조정이 유효하게 이루어질 수 있다.** 판례 13-4

첫째, **'반희석화 조항'**은 회사의 자본구조에 변동이 발생하여 전환사채권자의 이익에 영향을 미치는 사정이 발생하면, 공평의 견지에서 전환사채권자에게 기대되었던 경제적 가치가 그대로 유지되도록 전환가액을 조정하려는 약정을 의미한다.

전환사채 발행 이후 회사에서 주식배당·주식분할·주식병합 등 무상증자를 실시하면 **주식 수 증가로 인하여 주식가치가 희석되기 때문에 이후 전환사채권자가 전환으로 신주를 받을 때 그만큼 손실을 입는 대신 기존주주가 그만큼 이익을 얻는다.** 이런 부당한 결과를 방치한다면 전환사채 제도가 외면당할 것이어서 통상 전환사채 계약을 체결할 때 전환가액을 조정할 수 있게 정하여 전환사채권자의 이익을 보호한다.

예를 들어 무상증자로 주식 수가 2배로 늘어났지만 회사의 자산은 그대로라서 주식 가치는 1/2로 줄어든다. 그런데 전환 시점에 종전의 전환가액에 의하여 주식 가치가 절반으로 떨어진 신주를 발행받는다면 전환사채권자가 50%의 손해를 보는 셈이다. 따라서 애초에 전환가액이 1천 원으로 설정되어 사채액면 1천 원 당 1주로 전환할 수 있었던 것을, 전환가액 5백 원으로 조정하면 사채액면 5백 원 당 1주로 전환할 수 있으므로 전환사채권자가 부여받을 주식 수가 2배로 늘어나서 전환사채권자의 이익이 실질적으로 보호된다.

둘째, **'리픽싱 조항'**은 전환사채계약 체결 당시의 투자액 가치 그 자체를 보장하는 것으로서 전환사채권자가 주가 하락으로 인하여 입을 수 있는 투자위험을 제거하기 위해 조정하는 약정을 의미한다. 실무적으로 절반 이상의 전환사채계약에서 주가하락에 따른 전환가액 하향조정(리픽싱)이 가능하도록 규정한다.

예를 들어 회사의 실적부진 또는 임직원횡령 등으로 회사재산이 1/2로 감소하여 주식 시가가 1/2로 떨어진 경우에 전환을 한다면 위와 동일한 사정에 의하여 전환사채권자가 50%의 손해를 입는다. 따라서 전환사채권자의 전환가액을 리픽싱 조항에 의하여 조정할 필요가 있다.

다만 기존주주도 이미 50%의 손실을 입었고, 전환사채권자의 손해가 기존주주에게 이익으로 돌아오는 것은 아니다. 이런 상황에서 전환사채권자에게 전환가액을 1천 원에서 5백 원으로 조정하게 해준다면 전환사채권자는 아무런 손해를 입지 않고 실질적인 이익을 보장받을 수 있지만, 이 과정에서 전환사채권자에게 예정된 수량보다 더 많은 주식을 발행해주어야 하기 때문에 이미 손실을 입은 기존주주가 추가적인 손실을 더 입게 된다.

리픽싱 조항 자체는 유효한 것으로 인정되는데, 조정 수준을 어떻게 결정할지에 따라서 기존주주와 전환사채권자의 이해가 상반된다. 통상 전환사채계약 체결시점에 회사의 협상력이 어느 정도인지에 따라 조정 비율이 달라진다. 상장회사에서는 특별한 사정이 없는 한 조정하더라도 전환가액의 70% 이상이 되어야 한다(증권의 발행 및 공시 등에 관한 규정 §5-23 제2호 가목).

참고로 주가 하락에 의하여 리픽싱 규정이 발동되고 전환가액을 하향조정한 이후에 다시 주가가 상승하였음에도 불구하고 전환가액을 상향조정하지 않으면 전환사채권자에게 이익이 될 수 있는 반면에 기존주주에게 손해가 될 수 있다. 이런 부당한 결과를 방지하기 위하여, **상장회사**에서 제3자배정 방식으로 전환사채를 발행하는 경우 '전환가액 하향조정'의 리픽싱 규정을 두었다면 '전환가액 상향조정'의 리픽싱 규정도 함께 규정해야 한다(증권의 발행 및 공시 등에 관한 규정 §5-23 제1호 나목).

(4) 전환사채 발행의 하자

전환사채의 발행절차에 법령·정관 위반 또는 현저하게 불공정한 사유가 있다면 **유지청구**를 할 수 있으며, **통모인수인**에 대하여 차액반환을 청구할 수도 있다(§516①).

다만 전환사채 발행과 관련하여 무효소송을 제기할 수 있을지 상법에 규정이 없다. 이와 관련하여 **판례는 전환사채 발행의 경우에도 사실상 신주를 발행하는 것과 유사하므로 신주발행 무효소송에 관한 제429조가 유추적용된다고 판시하였다.** 판례 13-1 이에 따라 전환사채발행 무효소송을 제기할 수 있다.

참고로 전환사채 발행의 실체가 없음에도 불구하고 전환사채 발행의 등기가 되어 있는 외관이 존재하는 경우 이를 제거하기 위한 **전환사채발행 부존재확인의 소**를 제기하는 것은 민사 일반원칙에 의하여 가능한 것이며, 이 경우에는 제소기간이 적용되지 않는다. 판례 13-1

3 신주인수권부사채 ☆

(1) 의의

신주인수권부사채(bond with warrant; BW)란 사채권자에게 구체적 신주인수권이 함께 부여되는 형태의 사채이다. 따라서 사채권자는 회사에 대하여 구체적 신주인수권을 행사하여 신주를 발행받을 수 있다.

신주인수권부사채는 구체적 신주인수권을 사채와 별도로 양도할 수 있는지 여부에 따라서 분리형 BW와 비분리형 BW로 구분한다. **비분리형** BW가 일반적인 형태이며, **분리형** BW를 발행하려면 '구체적 신주인수권만을 양도할 수 있다'는 점을 사채발행의 이사회결의 또는 정관에서 정해야 한다(§516-2②(iv)). 다만 상장회사에서 사모 방식으로 신주인수권부사채를 발행할 경우에는 분리형으로 발행하는 것이 금지된다(자본시장법 §165-10②).

분리형 BW로 발행할 경우 회사는 사채와 별도로 구체적 신주인수권을 표창하는 **신주인수권증권**을 발행해야 한다(§516-5①). 이는 무기명증권이므로 교부 방식에 의한 양도가 가능하고, 점유에 의하여 적법한 소지인으로 추정된다(§516-6).

(2) 절차와 효과

비분리형 BW의 사채권자 또는 분리형 BW의 신주인수권증권 소지인은 신주인수권의 **행사기간** 동안 언제든지 신주인수권을 행사할 수 있다(§516-9①).

이때 신주의 발행가액 전액을 납입해야 하는데, 실제로 납입하지 않고 신주인수권부사채로 대신 납입할 수 있다(§516-2②(v)). 이러한 **대용납입**은 신주인수권부사채에 의한 사채권자의 상환청구권과 회사의 주식대금 납입청구권을 상계하는 것으로 이해하며, 사채권자의 청구에 의하여 대용납입이 이루어진다.

신주인수권을 적법하게 행사한 자는 주식대금의 납입을 완료함으로써 주주의 지위를 취득한다(§516-10). 형성권이므로 회사의 승낙이 필요 없다.

신주인수권부사채의 발행과 관련하여 무효소송을 제기할 수 있을지 상법상 규정은 없으나, 판례는 전환사채의 경우와 마찬가지로 신주발행 무효소송에 관한 제429조를 유추적용하여 신주인수권부사채발행 무효의 소를 인정한다. 판례 13-5

(3) 발행가액

> **§516-2(신주인수권부사채의 발행)** ③ 각 신주인수권부사채에 부여된 신주인수권의 행사로 인하여 발행할 주식의 발행가액의 합계액은 각 신주인수권부사채의 금액을 초과할 수 없다.

전환사채 · 전환주식에서 총 발행가액이 동일하게 유지되도록 규제하는 것과 달리, 신주인수권부사채에서 신주인수권을 행사할 경우에는 신주의 총 발행가액이 사채의 총 발행가액을 초과할 수 없는 것으로 규정되어 있다(§516-2③). 신주발행 절차를 거치지 않고 사채의 총 발행가액보다 많은 신주를 발행하는 것은 금지된다.

[대법원 2022. 10. 27. 선고 2021다201054 판결; 대법원 2022. 11. 17. 선고 2021다205650 판결] ☆

① 회사가 대주주 등의 경영권이나 지배권 방어 목적으로 제3자에게 CB/BW를 발행하였다면 CB/BW의 발행은 무효가 될 수 있고, 이런 사유는 그 발행일로부터 6월의 제소기간 내에 CB/BW 발행무효의 소로써 다툴 수 있다.
② 대주주 등이 위와 같은 경위로 발행된 CB/BW를 양수한 다음 그 발행일로부터 6월의 제소기간이 경과한 후 전환권/신주인수권을 행사하여 신주를 취득하였다면, 이는 실질적으로 회사가 경영상 목적없이 대주주 등에게 신주를 발행한 것과 동일하므로 전환권/신주인수권 행사의 무효사유나 그에 따른 신주발행에 고유한 무효사유에 준하여 신주발행 무효소송을 제기할 수 있다. 이때 제소기간은 신주발행일로부터 기산한다.
③ 반면 애초에 대주주가 아니면서 CB/BW를 발행받은 자가 그대로 전환권/신주인수권을 행사하였다면, 신주발행에 고유한 무효사유에 준하는 것으로 볼 수 없으므로 CB/BW 발행무효의 소로만 다툴 수 있다.

<해설> 회사가 CB/BW를 제3자배정 방식으로 발행하면서 '대주주의 경영권 방어를 목적으로 한 것이라면' 사채발행 무효소송의 대상이 된다. 나아가 이런 상황에서는 CB/BW 발행일로부터 6개월의 제소기간이 경과하였더라도, 그 뒤에 이루어진 신주발행 절차에서도 독자적인 무효사유가 인정될 수 있으므로 신주발행일로부터 6개월 내에 신주발행 무효소송을 별도로 제기할 수 있다.

"When you put it like that, it makes complete sense."

CHAPTER 14

회계 · 재무

Chapter 14

회계 · 재무

1 기업회계

(1) 재무제표의 작성 · 승인

§446-2(회계의 원칙) 회사의 회계는 이 법과 대통령령으로 규정한 것을 제외하고는 일반적으로 공정하고 타당한 회계관행에 따른다.
§447(재무제표의 작성) ① 이사는 결산기마다 다음 각 호의 서류와 그 부속명세서를 작성하여 이사회의 승인을 받아야 한다.
1. 대차대조표
2. 손익계산서
3. 그 밖에 회사의 재무상태와 경영성과를 표시하는 것으로서 대통령령으로 정하는 서류

§447-2(영업보고서의 작성)
① 이사는 매결산기에 영업보고서를 작성하여 이사회의 승인을 얻어야 한다.
② 영업보고서에는 대통령령이 정하는 바에 의하여 영업에 관한 중요한 사항을 기재하여야 한다.

대부분의 회사는 결산기 말일을 12월 31로 정하는바, 이 때를 기준으로 매년 이사는 **재무제표**와 **영업보고서**를 작성하여 이사회 승인을 얻고(§447, §447-2), 정기주주총회 6주 전에 감사에게 제출하여 감사보고서를 작성하도록 한다(§447-3). 감사는 4주 내에 **감사보고서**를 작성하여 이사회에 제출한다(§447-4). 이사는 재무제표와 영업보고서를 정기주주총회에 제출해야 한다(§449). 주주총회의 승인이 있으면 이를 공고하고(§449③), 2년 내에 다른 결의가 없으면 이사 · 감사의 책임이 해제된다(§450).

주주총회에서 재무제표와 영업보고서를 승인하면 이에 기초하여 이익배당을 한다. 주주총회의 승인권한은 정관에 의하여 이사회 권한사항으로 변경할 수 있으며(§449-2 ①), 이 경우 이익배당 역시 자동적으로 이사회 권한사항으로 된다(§462② 단서). 참고로 정관에 의하여 이익배당을 이사회 권한사항으로 변경하면 자기주식취득 역시 자동적으로 이사회 권한사항으로 된다(§341② 단서).

(2) 준비금과 무상증자

§458(이익준비금) 회사는 그 자본금의 2분의 1이 될 때까지 매 결산기 이익배당액의 10분의 1 이상을 이익준비금으로 적립하여야 한다. 다만, 주식배당의 경우에는 그러하지 아니하다. §459(자본준비금) ① 회사는 자본거래에서 발생한 잉여금을 대통령령으로 정하는 바에 따라 자본준비금으로 적립하여야 한다.

회사는 순재산액에서 자본금을 공제한 금액 중 일부를 **법정준비금**으로 적립해야 하며, 이는 배당가능이익에서 제외된다. 법정준비금에는 이익준비금과 자본준비금이 있다. 그 밖에 의무적으로 적립할 필요는 없지만 회사가 정관 또는 주주총회결의로 적립하는 것(임의준비금)도 가능하다.

① **이익준비금**은 이익배당을 할 때마다 배당액의 10%에 해당하는 금원을 별도로 적립하는 것이다. 이익준비금은 자본금의 50%에 이를 때까지 적립해야 한다(§458).

② 신주의 발행가액을 액면금액보다 높게 할증발행하여 발생한 차액과 같이, 자본거래에서 발생한 잉여금을 **자본준비금**으로 적립한다. 자본준비금은 제한없이 계속 적립해야 한다(§459①).

'**준비금을 자본금에 전입**'하는 방식으로 처분하면 무상증자가 된다. 즉 준비금이 자본금으로 전입되면서 자본금이 증가하는 만큼 신주가 발행되는데(§461), 이미 준비금으로 출자가 완료되어서 주주의 출자가 필요없기 때문에 무상증자라고 한다.

무상증자에 의하여 발행된 **신주의 효력발생일**은 경우를 나누어 판단한다. 즉 (i) 준비금의 자본전입이 이사회 권한사항이면 이사회에서 신주의 효력발생일을 정하며(§461③), (ii) 정관으로 주주총회 권한사항으로 정하였다면 주주총회결의일에 신주의 효력이 발생한다(§461④).

법정준비금은 회사에 누적된 결손을 보전할 목적으로 위와 같이 자본금에 전입하는 무상증자 방식으로만 처분할 수 있었지만(§460), 예외적으로 자본금의 1.5배를 초과하는 금액은 주주총회결의에 의해 배당할 수 있게 되었다(§461-2).

2 이익배당

(1) 의의

영리 목적의 주식회사에서 주주에게 이익을 배당하는 것은 회사의 본질에 해당하는 영리성이자 주주권의 본질적 내용에 해당한다. 주주의 자격에서 인정되는 법률상 당연히 인정되는 **추상적 이익배당청구권**은 주주권과 분리·양도가 불가능하지만, 이익배당을 결정하였을 때 개별 주주에게 발생하는 **구체적 이익배당청구권**은 회사에 대한 채권적 청구권이므로 주식과 분리하여 양도·압류 등이 가능하다.

정관에서 회사에 배당의무를 부과하면서 배당금의 지급 조건이나 배당금액을 산정하는 방식 등을 구체적으로 정하고 있어 그에 따라 개별 주주에게 배당할 금액이 일의적으로 산정되고 달리 판단할 여지가 없다면, 이익배당에 관한 주주총회결의가 없더라도 정관에서 정한 지급조건이 갖추어지는 때에 주주에게 구체적이고 확정적인 배당금 지급청구권이 인정된다. 판례 14-1

일단 배당금 지급청구권이 구체적으로 확정된 이상 그 구체적 청구권의 내용을 수정·변경하는 내용의 이사회결의는 허용되지 않는다. 판례 14-2

(2) 요건 및 효과

§462(이익의 배당) ① 회사는 대차대조표의 순자산액으로부터 다음의 금액을 공제한 액을 한도로 하여 이익배당을 할 수 있다.
1. 자본금의 액
2. 그 결산기까지 적립된 자본준비금과 이익준비금의 합계액
3. 그 결산기에 적립하여야 할 이익준비금의 액
4. 대통령령으로 정하는 미실현이익

이익배당은 **배당가능이익** 범위 내에서만 허용되며, 배당가능이익의 계산식은 제462조에 정해져 있다. 즉 대차대조표의 순자산액 항목에서 ① 자본금, ② 법정준비금, ③ 미실현이익을 공제한 금액이 배당가능이익이다.

특히 부동산이나 주식의 가치는 수시로 등락하는데 취득원가보다 현재 시가가 많이 올랐다고 하더라도 아직 매각하지 않았기 때문에 현실화되지 않은 **미실현이익**에 불과하다. 미실현이익은 나중에 시가가 다시 떨어질 수도 있으므로 배당가능이익에서 공제한다. 다만 회사가 파생결합증권 및 파생상품에 투자한 경우에는 미실현이익과 미실

현손실을 상계할 수 있다(시행령 §19②). 개별 투자상품의 등락이 다를 수 있기 때문에 배당가능이익이 너무 축소되지 않도록 하였다.

이익배당의 결정은 주주총회에서 하며, 정관에 의하여 이사회 권한사항으로 변경할 수 있다(§462②). 이익배당의 방법은 **주주평등의 원칙**을 준수하면서 주주의 지분에 비례하여 이루어져야 한다(§464). 전년도 중반에 주식을 취득하여 보유기간이 1년 미만이라도 일할배당을 할 수 없으며 다른 주주와 동등하게 **동액배당**을 한다.

참고로 '의결권을 행사할 자'와 '배당받을 자'를 정하는 주주명부 기준일은 분리하여 정할 수 있으므로(§354①), 배당결의를 위한 주주총회일 이후의 날짜에 배당기준일을 지정하는 것도 허용된다. 즉 배당액을 먼저 확정하고, 투자자는 이를 감안하여 주식을 취득하고 배당을 받는 것이 가능하다. 다만 회사는 이익배당을 결정한 날로부터 1개월 내에 배당금을 지급해야 한다(§464-2①). 위 1개월의 이행기가 경과한 때로부터 5년이 지나면 배당금 지급청구권의 **소멸시효**가 완성된다(§464-2②).

(3) 중간배당과 현물배당

영업연도의 결산기가 아닌 중간에도 1회에 한하여 **중간배당**을 하는 것이 가능하다(§462-3①). 중간배당을 하려면 일단 정관에 근거규정을 두어야 하고, 이사회에서 중간배당을 결정해야 한다. 상장회사는 3월/6월/9월에 **분기배당**을 할 수도 있다(자본시장법 §165-12①).

다만 결산기에 배당가능이익이 없을 것으로 우려된다면 중간배당·분기배당은 허용되지 않는다(§462-3③, 자본시장법 §165-12⑤). 그럼에도 불구하고 이를 강행하였다면 이사는 무과실을 입증하지 못하는 한 회사에 대한 손해배상책임을 부담한다(§462-3④, 자본시장법 §165-12⑥).

배당을 금전으로 하지 않고 회사의 자산으로 하는 **현물배당**도 가능하다(§462-4). 현물배당을 하려면 일단 정관에 근거규정을 두어야 하고, 이익배당 결정권자인 주주총회나 이사회에서 현물배당을 결정해야 한다.

(4) 위법배당의 효과 ☆

§462(이익의 배당)

③ 제1항[배당가능이익]을 위반하여 이익을 배당한 경우에 회사채권자는 배당한 이익을 회사에 반환할 것을 청구할 수 있다.

④ 제3항의 청구에 관한 소에 대하여는 제186조를 준용한다.

배당가능이익의 범위 내에서만 이익배당이 가능함에도 불구하고, 이를 위반하여 위법배당을 결정한 주주총회결의 또는 이사회결의는 무효이므로, **확인소송**의 특성상 다른 소송에서 공격방어방법으로 주장할 수 있다. 따라서 주주총회결의 또는 이사회결의에 대한 무효확인 소송을 제기할 필요없이 회사는 위법배당의 무효를 주장하면서 이익배당을 받은 주주에게 **부당이득반환청구**를 할 수 있다.

같은 취지에서 회사의 **채권자 역시 제462조 제3항에 근거하여 반환청구권을 행사할 수 있다.** 이때 채권자는 회사의 권리를 대위행사하는 것이 아니며 자신의 권리를 독자적으로 행사할 수 있다. 다만 채권자는 위법배당된 금액을 자신에게 반환할 것을 청구하는 것이 아니라 회사에게 반환할 것을 청구해야 한다.

위법배당에 찬성한 이사는 법령위반 행위로 회사에 손해를 미쳤으므로 회사 및 제3자에게 손해배상책임을 질 수 있다(§399, §401). 판례는 분식회계에 의하여 배당가능이익이 있는 것처럼 재무제표를 허위작성하여 이익배당을 하였다면 회사는 분식회계로 말미암아 지출하지 않아도 될 이익배당금을 지출하는 손해를 입었는바, 이에 대하여 이사의 책임을 인정하였다. 판례 14-3

(5) 주식배당

§462-2(주식배당)

① 회사는 주주총회의 결의에 의하여 이익의 배당을 새로이 발행하는 주식으로써 할 수 있다. 그러나 주식에 의한 배당은 이익배당총액의 2분의 1에 상당하는 금액을 초과하지 못한다.

④ 주식으로 배당을 받은 주주는 제1항의 결의가 있는 주주총회가 종결한 때부터 신주의 주주가 된다.

금전 대신 신주발행에 의하여 배당을 하는 **주식배당**도 가능하다(§462-2①). 신주발행이 아닌 회사의 자기주식을 이전해주는 방식은 현물배당에 해당한다. 주식배당은 이익배당 총액의 절반까지만 가능하다. 다만 상장회사는 이익배당 총액을 주식배당으로 할 수도 있다. 주식배당에 의하여 지급받은 주식의 효력은 주주총회의 종결 시점에 발생하며, 이때 주주의 지위를 취득한다(§462-2④).

CHAPTER

15

기업구조조정

Chapter 15

기업구조조정

1 합병

(1) 일반론

회사는 **합병**을 할 수 있다(§174). 합명회사·합자회사·유한책임회사는 총 사원의 동의로 합병을 결정하며, 주식회사·유한회사는 주주총회·사원총회의 특별결의로 합병을 결정한다.

회사는 다음과 같이 **채권자 보호절차**를 거쳐야 한다. 즉, 합병 결의일로부터 2주일 내에 회사의 채권자에게 이의가 있으면 일정한 기간 동안 제출하도록 최고해야 한다(§232①). 이의기간은 1월 이상이어야 하며, 이 기간 내에 이의가 제출되지 않는다면 합병을 승인한 것으로 보지만 이의를 제출한 채권자에게는 변제하거나 상당한 담보를 제공해야 한다(§232②,③).

회사가 합병을 한 때에는 **등기**를 경료해야 하며(§233), 등기를 함으로써 **합병의 효력**이 발생한다(§234). 이에 따라 합병으로 소멸하는 회사의 일체의 권리의무는 존속회사 또는 신설회사에게 **포괄적으로 승계**된다(§235). 따라서 피합병회사의 권리의무는 그 성질상 이전이 허용되지 않는 것을 제외하고는, 사법상의 관계 및 공법상의 관계 모두 존속회사 또는 신설회사에 승계된다. 판례 15-1 이때 소멸회사는 별도의 청산절차를 거치지 않고 해산한다.

합병 당사 회사 중 하나의 회사가 존속하면서 다른 소멸회사를 흡수하는 경우를 **흡수합병**이라 하며, 합병 당사 회사가 모두 소멸하면서 신설회사에게 흡수되는 경우를 **신설합병**이라 한다. 흡수합병이 가장 일반적이므로 이를 전제로 설명한다.

| **도표 15-1** | 일반적인 흡수합병의 흐름도

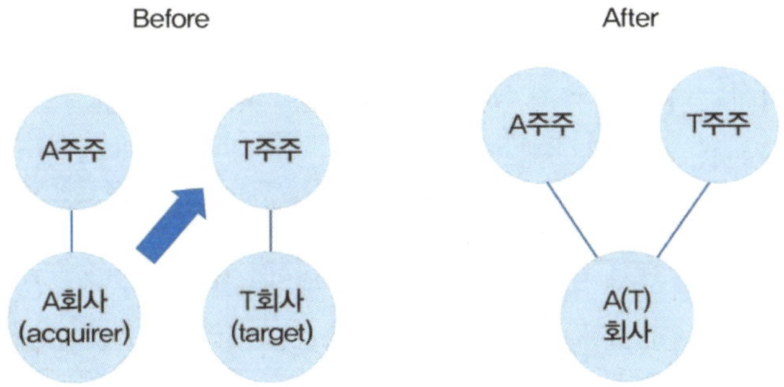

흡수합병 과정에서 **존속회사**(Acquirer)는 **소멸회사**(Target company)의 주주에게 **합병대가**로서 신주를 발행해주거나, 자기주식을 지급하거나, 교부금을 지급한다. 신주를 발행해주는 방식이 가장 일반적이며 이를 **합병신주**라 한다. 소멸회사의 주주는 합병신주를 발행받음으로써 존속회사의 주주로 지위가 변동된다.

| **도표 15-2** | 참고: M&A에서 변호사의 역할

합병 당사자는 서로 상대방 회사에 대한 사업실사(Business Due Diligence), 재무실사(Financial Due Diligence), 법률실사(Legal Due Diligence) 등을 통하여 현재의 기업가치를 산정한 뒤 적정 합병비율을 협의에 의하여 결정한다.

이때 변호사는 법률실사를 담당하면서 상대방 회사의 모든 자료를 법적 관점에서 검토하고 관련 담당자를 인터뷰할 수 있다. 특히 ① 상대방 회사가 유효하게 존속하는 회사인지, ② 합병계약을 체결할 대표자의 대표권이 유효한지, ③ 회사자산에 담보권 등 법적 장애가 존재하는지, ④ 아직 발생하지 않았지만 향후 우발채무로 성립하여 책임질 가능성이 있는 법률관계의 유무, ⑤ 예상가능한 행정제재의 처벌수위, ⑥ 현재 진행 중이거나 제소 가능성이 있는 송사의 패소가능성 등을 법적으로 검토한다. 또한 실사과정에서 서로 취득하는 영업비밀의 누설을 금지시켜야 한다(Non-Disclosure Agrement).

궁극적으로 상대방 회사의 기업가치 산정시 반영되지 않은 법적 리스크에 대하여 상대방 측에서 상당한 수준의 담보책임을 부담하도록 진술보장조항(representation and warranties clause)을 마련하여 합병계약의 협상을 진행한다.

(2) 합병의 절차

특히 주식회사에서 합병을 진행하는 절차는 다음과 같다.

① 실사가 종결된 후 합병비율이 결정되었다면 합병을 하려는 회사는 합병의 조건과 내용을 구체화하는 합병계약을 체결해야 하는데, **합병계약서**에 기재할 사항은 법정되어 있다(§523, §524).

② 합병계약서를 작성하여 **주주총회 특별결의**에 의한 승인을 얻어야 한다(§522). 합병계약서에 정관변경 사항 및 이사·감사 선임에 관하여 기재되어 있다면, 주주총회의 합병승인에 의하여 존속회사는 정관변경의 효력이 발생하고 신설합병회사는 이사·감사가 선임된다. 판례 15-2 다만 간이합병과 소규모합병의 경우에는 이사회결의로 주주총회결의를 대체할 수 있다.

③ 합병에 반대하는 주주는 **주식매수청구권**을 행사할 수 있다(§522-3).

④ 회사는 주주총회 승인결의로부터 2주 내에 **채권자 보호절차**를 실시해야 한다(§527-5).

⑤ 채권자 보호절차가 종료한 뒤에는 주주총회를 소집하여 **합병보고**를 하거나 이사회에서 합병공고를 실시한다(§526). 통상 이 날을 '합병을 할 날(D-day)'로 정하여 소멸회사 주주에게 합병신주를 발행하고 소멸회사의 재산권 이전을 위한 부수적 절차를 완료한다.

⑥ 합병 보고일·공고일로부터 2주 내에 본점소재지에서 **합병등기**를 경료해야 한다(§528).

합병과정에서 존속회사의 주식과 소멸회사의 주식을 각각 어떻게 처리할지 문제된다.

① '존속회사 A가 소유하던 자기주식'은 합병의 영향을 받지 않으므로 계속 소유하면 된다.

② '존속회사 A가 소유하던 소멸회사 B의 주식'을 **포합주식**이라 부르는데, 특히 유의할 필요가 있다. 존속회사는 소멸회사의 주주에게 합병신주를 발행하는 것이 원칙인데, 포합주식에 대하여 존속회사 A가 합병신주를 발행하면 자기주식을 취득하는 것이기 때문이다. 이에 대하여 (i) 다수설은 포합주식에 합병신주를 배정하는 것도 유효하다는 입장이며, (ii) **판례는 포합주식에 대하여 합병신주를 배정할지 여부는 자유롭게 정할 수 있다**는 전제하에, 합병신주를 배정하기로 하였다면 공정한 합병비율에 의해야 하며 임의로 적게 배정한다면 부당행위로서 법인세법 위반으로 판시하였다. 판례 15-3

다만 상장회사가 포함된 합병에서는 포합주식에 대한 합병신주 배정이 금지된다(자본시장법 시행령 §176-5⑭).

③ '소멸회사 B가 소유하던 존속회사 A의 주식'은 합병으로 인한 포괄적 승계에 의하여 존속회사 A가 소유하게 된다. 이는 제341조의2 제1호에서 허용하는 특정목적에 의한 자기주식의 취득에 해당한다.

④ '소멸회사 B가 소유하던 자기주식'은 B의 해산으로 당연 소멸한다. 소멸회사의 주주에게 합병신주를 발행하는 것이 원칙이지만, 소멸회사 B의 주주가 B인 상황이므로 소멸하는 B에게 합병신주를 발행할 필요도 없다.

(3) 합병비율

소멸회사의 주주가 보유하던 '소멸회사 주식 1주에 대하여 존속회사에서 발행하는 합병신주'가 몇 주에 해당하는지가 **합병비율** 또는 **합병신주의 배정비율**에 해당한다. 합병비율은 합병계약에서 가장 중요한 요소이다. **합병비율이 현저하게 불공정하다면 합병 무효사유에 해당한다(통설 · 판례).**

참고로 상장회사는 법령상 산식이 규정된 기준시가의 30% 범위에서 할증·할인할 수 있으며, 특히 계열사간 합병이라면 할증·할인 폭이 10%로 제한된다(자본시장법 시행령 §176-5①(i)). 상장회사와 비상장회사가 합병할 때 비상장회사는 자산가치와 수익가치를 가중산술평균(1:1.5)한 가액에 의하여 합병비율을 계산한다(동항(ii)). 이러한 법령상의 기준을 준수하였다면 산정과정에서 허위의 자료에 의한 것이라거나 터무니없는 예상수치에 근거한 것이라는 등의 특별한 사정이 없는한 적법한 합병비율로 본다. 판례 15-4

판례는 국민연금공단 기금운용본부장 겸 투자위원회 위원장이 합병 안건을 반대의결하거나 전문위원회에 부의하는 등 **합병비율 개선**이 이루어질 수 있도록 하지 않고, 투자위원회 위원들에게 조작된 합병시너지 수치로 설명받도록 하면서 찬성의결을 유도하는 등, 국민연금공단의 캐스팅보트를 적극 활용하여 추가적으로 얻을 수 있었던 이익을 상실하는 손해를 야기한 것에 대하여 선관의무 위반을 인정하였다. 판례 15-5

| 도표 15-3 | 참고: 비상장주식의 가치평가

상장주식은 거래소 시가에 기초하면 되지만, 거래 자체가 별로 없는 비상장주식의 가치평가는 어려운 문제이다. 탈세·배임 등이 문제될 수 있고, 합병비율의 불공정으로 무효가 될 수도 있다. 자본시장법과 상속세 및 증여세법에서 비상장주식의 평가방법을 정하고 있지만, 이는 특별한 목적을 위해서 고안된 방식이기 때문에 보편적으로 활용하기에는 법적 리스크가 있다. 판례는 기업현황을 고려한 합리적 평가방법을 모색하지 않고 만연히 상증세법의 평가방법만을 따라서 적정가격보다 낮은 합병가액을 결정하였다면 회사의 손해를 묵인한 것으로서 이사의 임무해태를 인정하였다(대법원 2005. 10. 28. 선고 2003다69638 판결).

비상장주식의 가치평가를 할 경우 실무적으로 미래현금흐름할인법(discounted cash flow: DCF)을 많이 활용한다. 다만 이는 미래 수익을 예측하고 그에 내재된 위험을 반영하여 할인하는 방식인데 일련의 과정에서 평가자의 자의가 개입될 여지가 크다는 이유로 DCF 방법을 만연히 선택한 이사의 임무해태를 인정한 하급심 판례가 다수 있다.

대법원은 어느 하나의 평가방법이 항상 적용되어야 한다고 할 수는 없고, 객관적인 교환가치가 적정하게 반영된 정상거래의 가격을 시가로 보거나 거래 당시의 상황을 종합적으로 고려하여 합리적으로 평가해야 한다고 판시한다(대법원 2005. 4. 29. 선고 2005도856 판결). 결국 가장 합리적인 평가방법을 찾기 위해 성실히 노력해야 책임을 면할 수 있다.

(4) 합병의 무효 및 책임 ☆

합병 무효소송은 **형성소송**의 성격을 갖는다. 합병등기로부터 6개월의 **제소기간**이 적용된다(§236②). 합병 등의 무효소송에서는 무효사유가 인정되더라도 법원은 **재량기각**을 결정할 수 있다(§189, §240).

무효원인에 대하여 상법이 정하고 있지는 않으나 합병 과정에서 합병신주가 발행되므로 신주발행 무효소송에서와 같이 엄격한 기준이 적용될 것으로 본다. 즉 법령·정관의 위반 사유가 매우 중대하고, 거래의 안전과 비교형량 하더라도 도저히 묵과할 수 없는 정도라면 무효가 될 수 있다.

판례는 현저하게 불공정한 합병비율을 정한 합병계약은 사법관계를 지배하는 신의성실의 원칙이나 공평의 원칙 등에 비추어 무효라고 판시하였다. 판례 15-4 판례 15-6

합병을 결정한 주주총회결의에 하자가 있더라도 **흡수설**에 의하여 합병 무효소송에서만 다툴 수 있다. 이때 주주총회결의의 하자는 다른 무효사유와 함께 종합적인 비교형량을 통해 검토된다.

소송에 의하여 합병이 무효가 될 것인지와 별개로, '**불공정한 합병비율을 결정한 이사의 책임**'이 문제될 수 있다.

① 부당한 합병비율 때문에 **존속회사 주주에게 불리한 경우**라면, 존속회사의 가치를 평가절하하여 소멸회사 주주에게 적정 수준 이상으로 더 많은 신주를 발행해준 것이어서 차액 상당의 주식대금 납입을 상실한 회사의 손해에 대하여 책임을 부담한다. 또는 개정상법(§382-3) 하에서 기존주주는 주식가치 하락에 대하여 이사에게 직접적인 손해배상책임을 물을 수도 있을 것이다.

② 부당한 합병비율 때문에 **소멸회사 주주에게 불리한 경우**라면, 소멸회사의 가치를 평가절하한 것과 관련하여 회사는 이미 소멸하였으므로 책임을 문제삼지 못하겠지만, 개정상법(§382-3) 하에서 이사는 소멸회사의 주주에게 직접 손해배상 책임을 부담한다.

2 합병의 종류

| 도표 15-4 | 참고: 합병의 경제적 목적과 호환성

합병대상 회사(Target company)의 영업 또는 핵심자산(공장시설, 판매망 내지는 특허권, 인허가권 등)을 취득하여 경영을 확장하기 위해 합병을 한다. 합병에 의해서만 이러한 목적을 달성할 수 있는 것은 아니며, 실무적으로 영업양수·자산양수, 또는 Target company의 지분을 취득하는 주식양수 방식을 함께 고려할 수 있다. 반대로 Target company의 입장에서는 합병 방식 이외에 영업양도·자산양도를, Target company의 주주 입장에서는 Target company의 주식을 양도하는 방식 또는 Target company의 특정영업 부문을 분할하여 그 분할된 회사만 분할합병시키거나, 분할된 회사의 주식을 양도할 수도 있다. 따라서 합병을 고려하는 당사자의 입장에서는 영업양수도, 자산양수도, 주식양수도, 분할, 분할합병의 방식을 모두 비교하여 가장 적합하고 효율적인 방법을 선택한다.

(1) 간이합병 ☆

§527-2(간이합병) ① 합병할 회사의 일방이 합병후 존속하는 경우에 합병으로 인하여 소멸하는 회사의 총주주의 동의가 있거나 그 회사의 발행주식총수의 90% 이상을 합병후 존속하는 회사가 소유하고 있는 때에는 합병으로 인하여 소멸하는 회사의 주주총회의 승인은 이를 이사회의 승인으로 갈음할 수 있다.

간이합병이란, 흡수합병의 상황에서 ① 소멸회사의 주주전원이 합병에 동의하였거나, ② 소멸회사의 지분 90% 이상을 존속회사가 소유하는 경우에 적용되는 약식절차를 의미한다. 이 경우 소멸회사의 합병 결정은 주주총회 특별결의 대신 이사회 승인으로 갈음할 수 있다(§527-2①).

간이합병에 의할 경우, 주주총회 승인을 얻지 않고 합병을 한다는 취지를 주주에게 통지·공고해야 하며(§527-2②), 이 날로부터 2주 내에 반대의사를 통지한 주주는 2주가 경과한 날로부터 20일 이내에 회사에 대하여 주식매수청구권을 행사할 수 있다(§522-3②).

간이합병은 **소멸회사**에 대해서만 특별한 효과가 인정되는 것이어서, **존속회사** 입장에서는 간이합병에 의하더라도 아무런 차이가 없으므로 일반적인 합병 절차를 진행하면 된다.

(2) 소규모합병 ☆

> **§527-3(소규모합병)**
> ① 합병 후 존속하는 회사가 합병으로 인하여 발행하는 신주 및 이전하는 자기주식의 총수가 그 회사의 발행주식총수의 10%를 초과하지 아니하는 경우에는 그 존속하는 회사의 주주총회의 승인은 이를 이사회의 승인으로 갈음할 수 있다. 다만, 합병으로 인하여 소멸하는 회사의 주주에게 제공할 금전이나 그 밖의 재산을 정한 경우에 그 금액 및 그 밖의 재산의 가액이 존속하는 회사의 최종 대차대조표상으로 현존하는 순자산액의 5%를 초과하는 경우에는 그러하지 아니하다.
> ④ 합병후 존속하는 회사의 발행주식총수의 20% 이상에 해당하는 주식을 소유한 주주가 제3항의 규정에 의한 공고 또는 통지를 한 날부터 2주내에 회사에 대하여 서면으로 제1항의 합병에 반대하는 의사를 통지한 때에는 제1항 본문의 규정에 의한 합병을 할 수 없다.

소규모합병이란, 흡수합병의 상황에서 존속회사가 소멸회사의 주주에게 ① 새롭게 발행하는 합병신주와 ② 이전하는 자기주식을 합한 총 주식수가 존속회사 발행주식총수의 10% 이하일 경우에 적용되는 약식절차를 의미한다. 이 경우 존속회사의 합병 결정은 주주총회 특별결의 대신 이사회 승인으로 갈음할 수 있다(§527-3① 본문).

존속회사에 중대한 영향을 주는 상황이 아니기 때문에 반대주주의 주식매수청구권이 인정되지 않는다. 다만 존속회사가 소멸회사의 주식을 많이 소유하고 있는 경우, 포합주식에 신주배정을 하지 않는 방식으로 합병신주의 비중을 줄여서 소규모합병을 적용받을 수도 있겠으나, 제도남용이라는 지적이 있다.

소규모합병은 존속회사에 대해서만 특별한 효과가 인정되는 것이어서, **소멸회사**

입장에서는 소규모합병에 의하더라도 아무런 차이가 없으며 일반적인 합병 절차를 진행하면 된다.

반면에, (i) 합병신주·자기주식 이외에 존속회사가 소멸회사 주주에게 지급하는 금전·재산(합병교부금)의 규모가 존속회사 순자산의 5%를 초과하거나, (ii) 존속회사의 20% 이상 주식을 소유한 주주가 반대할 경우에는 이사회 승인으로 갈음할 수 없으며, 원칙대로 주주총회 특별결의가 필요하다(§527-3① 단서, ④). 위 (i)의 경우에 합병교부금이란 합병결의에 의하여 실제로 소멸회사의 주주에게 지급하는 금전을 말하는 것이므로, 합병기일 이전에 존속회사가 소멸회사의 주식을 매수하면서 지급한 매매대금은 합병교부금에 포함되지 않는다. 판례 15-7

(3) 교부금합병

| 도표 15-5 | 교부금합병의 흐름도

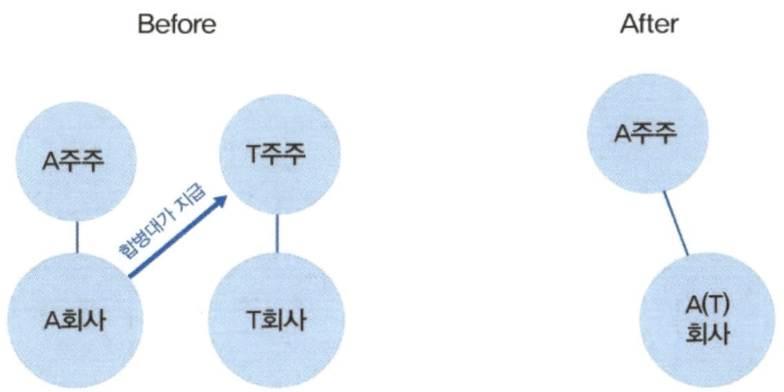

존속회사는 소멸회사 주주에게 합병신주를 발행해주는 것이 일반적이지만, 그 대신 합병대가로 금전·재산을 지급하는 것도 가능하다(§523(iv)). 이를 **교부금합병**이라 한다. 합병과정에서 소수주주에게 교부금을 지급하는 방식을 활용함으로써 지배주주의 매도청구권(§360-24)과 유사하게 지배구조에서 소수주주를 축출하는 결과를 가져올 수 있다(squeeze-out). 적어도 공정한 합병비율에 의한 교부금을 지급하여 합리적 보상이 이루어져야 한다.

(4) 삼각합병

| 도표 15-6 | 삼각합병의 흐름도

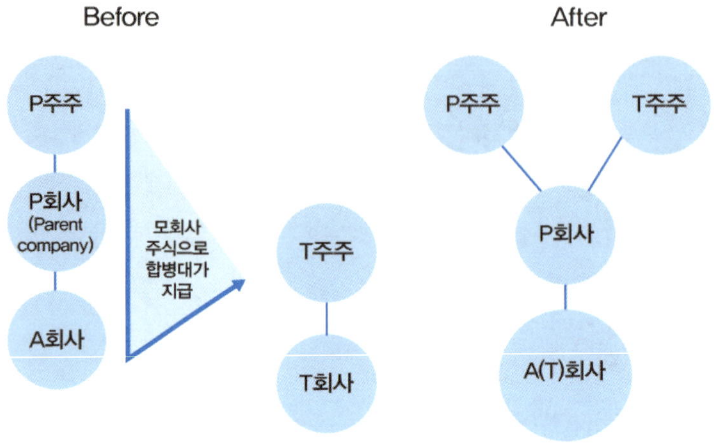

삼각합병(triangular merger)은 교부금합병의 일종이다. 즉 존속회사가 소멸회사 주주에게 합병대가로 재산을 지급할 수 있는데, 이때 존속회사가 자신의 모회사 주식을 취득하여 합병대가로 지급하는 방식이 삼각합병이다.

합병대가로 사용되는 모회사 주식을 취득하는 것은 예외적으로 허용된다(§523-2①). 이렇게 취득한 모회사 주식을 합병대가로 지급하지 않았다면 합병 등기일로부터 6개월 내에 처분해야 한다(§523-2②).

(5) 주식의 포괄적 이전 및 포괄적 교환 ☆

신설회사를 설립하여 자신의 100% 모회사로 만들려는 회사는 **주식의 포괄적 이전**을 한다(§360-15①). 즉 주식이전 방식을 활용함으로써 A회사는 T회사를 설립함과 동시에 B회사는 A회사의 완전모회사가 된다. 그 과정에서 A회사의 주주들은 주식 100%를 T회사에게 이전시키고 그 대신 T회사로부터 합병신주를 발행받음으로써 T회사의 주주로 지위가 변동된다(§360-15②).

주식의 포괄적 이전은 주주총회 특별결의에 의한다(§360-16①,②). 반대주주는 주식매수청구권을 행사할 수 있다(§360-22). 다만 주식이전의 당사자인 회사들은 채권자 보호절차가 필요 없다. 주식이전에 의하여 법인격 자체에 변화가 있는 것은 아니며 모자회사 관계가 형성되는 것에 불과하기 때문이다.

| 도표 15-7 | 주식이전의 흐름도

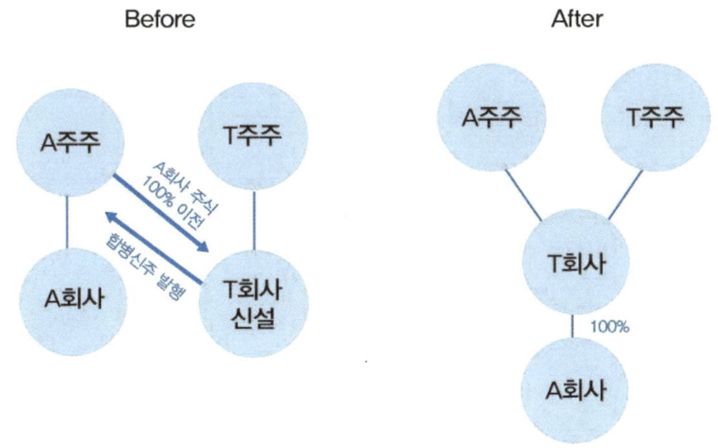

| 도표 15-8 | 주식교환의 흐름도

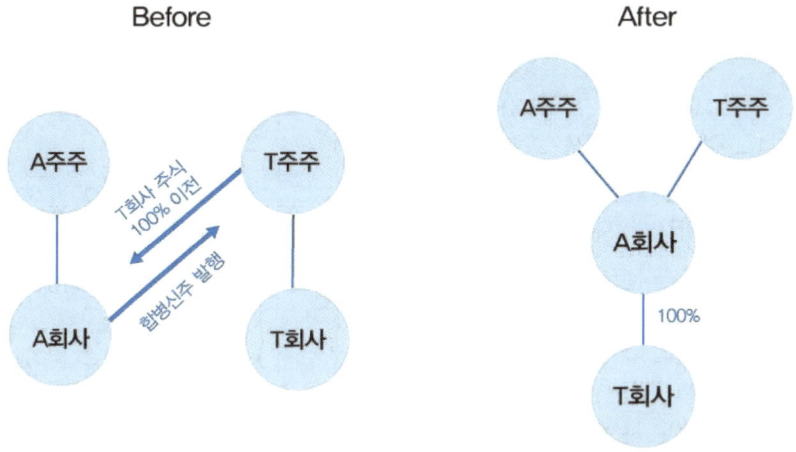

주식의 포괄적 교환을 하는 A회사는 상대방 T회사를 자신의 100% 자회사로 만들 수 있다(§360-2①). 즉 주식교환 방식을 활용함으로써 A회사는 T회사의 완전모회사가 된다. 그 과정에서 T회사의 주주들은 주식 100%를 A회사에게 이전시키고 그 대신 A회사로부터 합병신주를 발행받음으로써 A회사의 주주로 지위가 변동된다(§360-2②).

주식의 포괄적 교환은 주주총회 특별결의에 의한다(§360-3①,②). 반대주주는 주식매수청구권을 행사할 수 있다(§360-5). 주식교환에 의하여 모자회사 관계가 형성되는 것에 불과하기 때문에 주식교환의 당사자인 회사들은 채권자 보호절차가 요구되지 않는다. 간이합병 및 소규모합병과 마찬가지로 간이주식교환(§360-9) 및 소규모주식교환(§360-10) 방식이 허용된다.

(6) 삼각주식교환 및 역삼각합병

| 도표 15-9 | 삼각주식교환 및 역삼각합병의 흐름도

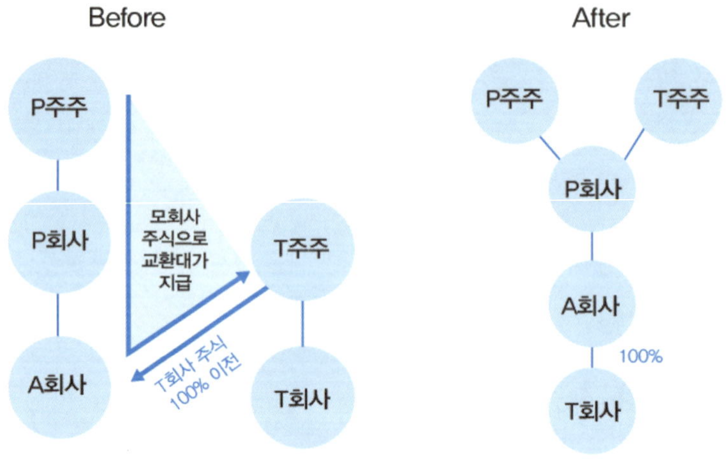

주식의 포괄적 교환을 하는 A회사는 상대방 T회사의 주주에게 대가를 지급해야 하는데, 이때 A회사의 모회사인 P회사의 주식을 취득하여 주식교환의 대가로 지급하는 것도 가능하다. 이를 '**삼각주식교환**'이라 한다. 그 결과 T회사는 A회사의 완전자회사가 되며(주식교환의 효과), T회사의 주주들은 A회사의 모회사인 P회사의 주주로 지위가 변동된다(삼각합병의 효과).

이처럼 P회사의 자회사인 A회사가 T회사의 완전모회사로 된 1단계 상태에서 한 걸음 더 나아가, T회사가 A회사를 흡수합병(reverse take-over)하면 P회사가 T회사의 모회사인 형태로 지배구조가 간결해진다. 이러한 2단계 결과까지 이르는 것을 **역삼각합병**(reverse triangular merger)이라 한다. 엘론 머스크가 트위터를 인수할 때 이 기법을 활용하였다.

(7) 삼각분할합병

A회사가 상대방 T회사의 X영업부문을 취득하길 원한다면 직접 분할합병을 할 수

| 도표 15-10 | 삼각분할합병의 흐름도

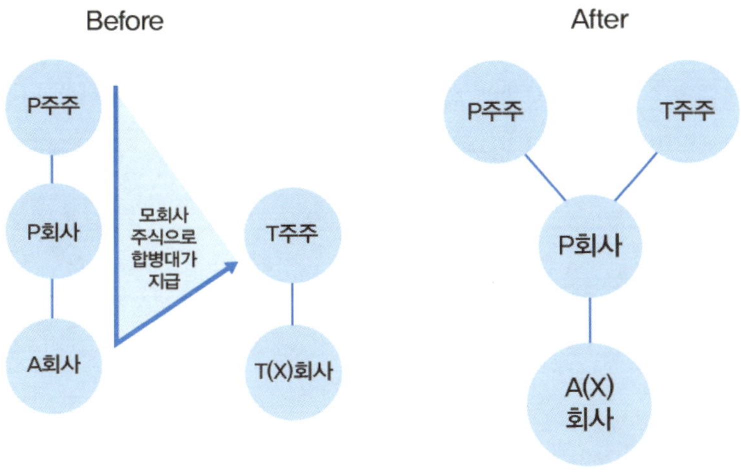

도 있겠으나, 합병대가로 모회사인 P회사의 주식을 취득하여 지급할 수도 있다. 이 과정에서 상대방 T회사의 주주들은 A회사의 모회사인 P회사의 주주로 지위가 변동되며, T회사는 X영업부문을 분할하여 A회사에게 이전시킴으로써 A회사는 X영업부문을 분할합병할 수 있다. 이를 **삼각분할합병**이라 한다.

(8) 차입매수(LBO)

LBO란 Target Company를 인수하려는 자가 Target Company의 자산·현금흐름을 활용하여 금융기관에서 차입한 자금으로 인수하는 경영기법이다. 저평가된 기업에 대한 효과적인 구조조정 수단이어서 영미에서는 많이 활용되지만, Target Company에게 과도한 부채를 유발시키는 문제도 있다. **대법원은 금융기관 자금을 차입하는 주주가 회사에게 아무런 반대급부를 제공하지 않고 임의로 회사의 재산을 금융기관에 담보로 제공하도록 하였다면 담보제공을 결정한 이사에게 배임죄가 성립한다고 판시하였으며, 이러한 결론은 당해 주주가 지분 100%를 소유한 경우라도 동일하다.** 판례 15-8

위 **담보제공형** LBO가 실패한 뒤에는 불법성이 인정되지 않는 기법이 개발되었다.

① **합병형** LBO: 인수자가 페이퍼 컴퍼니(SPC)를 설립하여 SPC가 금융기관으로부터 차입한 자금으로 상대방 회사의 주식을 취득한다. 그 뒤에 SPC가 상대방 회사를 흡수합병하면 상대방 회사의 자산으로 기존 차입금 채무를 상환하는 방식이다. 이 경우 대법원은 "피인수회사의 자산을 직접 담보로 제공하고 기업을

인수하는 방식과 다르고, 합병의 실질이나 절차에 하자가 없다"면서 회사의 손해를 인정하지 않았다. 판례 15-9

② **배당형 LBO**: 인수회사가 금융기관으로부터 인수자금을 차입하여 상대방 회사의 주식을 인수한 다음 상대방 회사의 이익배당을 받아서 인수회사 자신의 대출금을 변제하는 방식이다. 이 경우에도 대법원은 회사의 손해를 인정하지 않았다. 판례 15-10

3 분할

(1) 일반론

회사의 분할이란 회사의 일부를 쪼개서 그 일부를 포괄적으로 승계하는 새로운 회사를 설립하거나(단순분할), 다른 회사의 일부로 합병시키는 것을 의미한다(분할합병). 이때 분할되는 회사를 '**분할회사**'라 하며, 분할에 의하여 새롭게 설립되는 회사를 '**분할신설회사**'라 한다. 분할에 의하여 분리된 영업에 관한 권리의무는 분할신설회사에게 포괄적으로 승계된다. 이러한 분할제도는 주식회사에 대해서만 적용된다.

특히 분할신설회사 중에서도, (i) 단순분할에 의하여 신설된 분할신설회사를 '**단순분할신설회사**' (ii) 분할합병을 통하여 다른 회사와 신설합병된 분할신설회사를 '**분할합병신설회사**' (iii) 분할합병을 통하여 분할된 일부를 흡수합병하는 존속회사를 '**분할승계회사**'라 한다. 한편 분할합병 방식에 있어서 분할된 일부의 합병을 실시하는 기존의 다른 회사를 '**분할합병의 상대방 회사**'라 한다. 참고로 상장회사의 인적분할·분할합병시 분할회사의 자기주식에 대한 분할신주 배정은 금지된다(자본시장법 시행령 §176-6④).

한편 분할을 하면서 분할신설회사를 분할회사의 완전자회사로 설립하는 경우가 있다. 이를 **물적 분할**이라고 하는데, 분할에 관한 모든 규정을 물적 분할에 준용하는 단 1개의 조문만 두고 있다(§530-12). 이러한 물적 분할에 대비하여 일반적인 분할을 **인적 분할**이라고 부른다. 인적 분할을 단순분할 방식으로 할 경우에는 분할회사의 주주들이 종전과 동일한 지분 비율을 유지하면서 단순분할신설회사의 지분을 취득한다.

(2) 절차와 효과

분할신설회사가 구체적으로 승계하는 권리의무의 범위는 **분할계획서** 또는 **분할합병계약서**에 정해진 바에 따른다(§530-10). 따라서 이전되는 권리와 의무의 범위는 일률적이지 않으며, 분할회사에게 남겨놓는 권리·의무 및 분할신설회사에게 이전시키는 권리·의무를 자유롭게 조정할 수 있다. 만약 분할회사가 남아있지 않을 정도로 완전히 분할하였다면 청산절차 없이 해산한다(§517(i)-(ii)).

단순분할에서는 반대주주의 주식매수청구권이 인정되지 않지만, 분할합병에서는 반대주주의 주식매수청구권이 인정된다(§530-11②, §522-3).

(3) 채권자의 보호 ☆

가. 원칙

분할회사와 분할신설회사 사이에 채무 부담부분을 어떻게 분배하였는지와 무관하게 채권자 보호를 위하여 기존의 일체의 채무에 대하여 함께 부진정 연대책임을 부담하는 것이 원칙이다(§530-9①). 분할등기를 경료하기 전에 채무가 발생하였다면 변제기가 아직 도래하지 않았더라도 연대책임의 대상이 되는 '기존 채무'의 범위에 포함된다. 판례 15-11

나. 예외

위와 같은 원칙은 회사분할제도의 활용을 저해할 수 있기 때문에, **분할회사는 주주총회 특별결의 및 채권자 보호절차를 거쳐서 분할신설회사가 분할계획서 또는 분할합병계약서에서 정한 범위의 채무에 대해서만 책임을 부담하기로 정할 수 있고, 이 경우 연대책임이 배제된다**(§530-9).

그러나 **채권자 보호절차를 위반하여 분할회사에서 이미 알고 있는 채권자에 대하여 개별적인 최고절차를 누락하였다면 그 채권자에 대해서는 분할채무관계의 효력이 발생할 수 없고, 다시 원칙으로 돌아가 분할회사 및 단순분할신설회사는 연대책임을 부담한다.** 판례 15-12 이때 '회사가 알고 있는 채권자'란 대표이사 개인이 알고 있는 채권자도 포함한다. 판례 15-13

다만 판례는 **채권자가 회사분할에 관여하였기에 회사분할을 미리 알고 있는 지위에 있으며 사전에 회사분할에 대한 이의제기를 포기하였다고 볼만한 사정이 있다면, 예측하지 못한 손해를 입을 우려가 없으므로 개별적인 최고를 누락하였더라도 그 채권자에 대하여 연대책임이 되살아난다고 할 수 없다**고 판시하였다. 판례 15-14

다. 분할합병

분할합병에서는 연대책임 배제여부와 무관하게 반드시 채권자 보호절차를 거쳐야 하므로(§530-11②, §527-5), 이를 위반하였다면 무효사유가 된다.

판례색인

Chapter 1.

판례1－1: 대법원 2008.9.11. 선고 2007다90982 판결
판례1－2: 대법원 2008.9.11. 선고 2007다90982 판결
판례1－3: 대법원 2023.2.2. 선고 2022다276703 판결
판례1－4: 대법원 2021.4.15. 선고 2019다293449 판결
판례1－5: 대법원 1966. 9. 20. 선고 66다1187, 1188 판결
판례1－6: 대법원 1976. 4. 13. 선고 74다1755 판결
판례1－7: 대법원 1976. 5. 11. 선고 73다52 판결
판례1－8: 대법원 1976. 5. 11. 선고 73다52 판결
판례1－9: 대법원 2017. 10. 12. 선고 2017다22056; 대법원 2017. 10. 31. 선고 2017다246593 판결; 대법원 2018. 2. 28. 선고 2015다50439 판결
판례1－10: 대법원 1992. 3. 31. 선고 91다16310 판결
판례1－11: 대법원 1989. 1. 31. 선고 87누760 판결
판례1－12: 대법원 1983. 12. 13. 선고 83도2330 판결; 대법원 1995. 3. 14. 선고 95도59 판결
판례1－13: 대법원 2006. 11. 9. 선고 2004도7027판결; 대법원 2008. 2. 28. 선고 2007도5987판결
판례1－14: 대법원 2009. 12. 10. 선고 2009다63236 판결
판례1－15: 대법원 1975. 12. 23. 선고 75다1479판결
판례1－16: 대법원 2005. 5. 27. 선고 2005다480판결
판례1－17: 대법원 1987. 9. 8. 선고 86다카1349판결

Chapter 2.

판례2－1: 대법원 1970. 8. 31. 선고 70다1357 판결
판례2－2: 대법원 2000. 11. 24. 선고 99다12437 판결
판례2－3: 대법원 2004. 2. 13. 선고 2002두7005 판결
판례2－4: 대법원 1983. 5. 24. 선고 82누522 판결
판례2－5: 대법원 1985. 1. 29. 선고 84다카1823 판결
판례2－6: 대법원 2004. 6. 17. 선고 2003도7645 판결
판례2－7: 대법원 1998. 5. 12. 선고 97다56020 판결
판례2－8: 대법원 2001. 1. 28. 선고 99다35737 판결
판례2－9: 대법원 1994. 1. 28. 선고 93다50215 판결

Chapter 3.

판례3－1: 대법원 2020. 11. 26. 선고 2018다283315 판결

Chapter 4.

판례4－1: 대법원 2017. 12. 5. 선고 2016다265351 판결
전합4－2: 대법원 2017. 3. 23. 선고 2015다248342 전원합의체 판결
판례4－3: 대법원 2020. 6. 11. 선고 2017다278385, 278392 판결
판례4－4: 대법원 2024. 7. 11. 선고 2020다258824 판결
판례4－5: 대법원 2020. 8. 13. 선고 2018다236241 판결
판례4－6: 대법원 2023. 7. 27. 선고 2022다290778 판결

판례4 – 7: 대법원 2018. 9. 13. 선고 2018다9920, 9937 판결
판례4 – 8: 대법원 2000. 1. 28. 선고 98다17183 판결
판례4 – 9: 대법원 2010. 10. 14. 선고 2009다89665 판결
판례4 – 10: 대법원 1995. 7. 28. 선고 94다25735 판결
판례4 – 11: 대법원 2019. 8. 14. 선고 2017다231980 판결; 대법원 2024. 6. 13. 선고 2018다261322 판결
판례4 – 12: 대법원 2019. 5. 16. 선고 2016다240338 판결
판례4 – 13: 대법원 2013. 2. 14. 선고 2011다109708 판결
판례4 – 14: 대법원 2020. 6. 11. 선고 2017다278385, 278392 판결
판례4 – 15: 대법원 2018. 10. 12. 선고 2017다221501 판결
판례4 – 16: 대법원 2022. 7. 28. 선고 2020마5054 판결
판례4 – 17: 대법원 2000. 9. 26. 선고 99다48429 판결
판례4 – 18: 대법원 2022. 3. 31. 선고 2019다274639 판결
판례4 – 19: 대법원 1965. 12. 7. 선고 65다2069 판결
판례4 – 20: 대법원 2012. 2. 8. 선고 2011다62076, 62083 판결
판례4 – 21: 대법원 1987. 5. 26. 선고 86다카982, 983 판결
판례4 – 22: 대법원 1982. 9. 28. 선고 82다카21 판결
판례4 – 23: 대법원 2021. 7. 29. 선고 2017다3222, 3239 판결
판례4 – 24: 대법원 2016. 3. 24. 선고 2015다71795 판결
판례4 – 25: 대법원 2006. 9. 14. 선고 2005다45537 판결
판례4 – 26: 대법원 2010. 4. 29. 선고 20098다88631 판결
판례4 – 27: 대법원 2014. 4. 30. 선고 2013다99942 판결
판례4 – 28: 대법원 2012. 11. 29. 선고 2012다38780 판결
판례4 – 29: 대법원 2006. 9. 14. 선고 2005다45537 판결
판례4 – 30: 대법원 2002. 9. 10. 선고 2002다29411 판결
판례4 – 31: 대법원 2022. 5. 26. 선고 2020다239366 판결

Chapter 5.

판례5 – 1: 대법원 2003. 5. 16. 선고 2001다44109 판결
판례5 – 2: 대법원 2021. 10. 28. 선고 2020다208058 판결
판례5 – 3: 대법원 2021. 7. 29. 선고 2017두63337 판결
판례5 – 4: 대법원 1996. 6. 25. 선고 96다12726 판결
판례5 – 5: 대법원 2011. 4. 28. 선고 2009다23610 판결
판례5 – 6: 대법원 2009. 1. 30. 선고 2006다31269 판결
판례5 – 7: 대법원 2001. 5. 15. 선고 2001다12973 판결
판례5 – 8: 대법원 2020. 6. 11. 선고 2018다224699 판결
판례5 – 9: 대법원 2017. 7. 14.자 2016마230 결정
판례5 – 10: 대법원 2020. 6. 11.자 2020마5263 결정
판례5 – 11: 대법원 1995. 7. 28. 선고 93다61338 판결
판례5 – 12: 대법원 2000. 8. 16.자 99그1 결정

Chapter 6.

판례6 – 1: 대법원 2013. 2. 28. 선고 2010다58223 판결
판례6 – 2: 대법원 2022. 4. 19.자 2022그501 결정
판례6 – 3: 대법원 2006. 1. 27. 선고 2004다44575, 44582 판결

판례6－4: 대법원 1989. 2. 14. 선고 87다카3200 판결
판례6－5: 대법원 2018. 3. 15. 선고 2016다275679 판결
판례6－6: 대법원 2022. 9. 7.자 2022마5372 결정
판례6－7: 대법원 2009. 3. 26. 선고 2007도8195 판결
판례6－8: 대법원 2007. 2. 22. 선고 2005다73020 판결
판례6－9: 대법원 2009. 11. 26. 선고 2009다51820 판결
판례6－10: 대법원 2007. 9. 6. 선고 2007다40000 판결
판례6－11: 대법원 2009. 4. 23. 선고 2005다22701, 22718 판결
판례6－12: 대법원 1969. 7. 8. 선고 69다688 판결
판례6－13: 대법원 2014. 1. 23. 선고 2013다56839 판결
판례6－14: 대법원 2004. 4. 27. 선고 2003다29616 판결
판례6－15: 대법원 1995. 2. 28. 선고 94다34579 판결
판례6－16: 대법원 2014. 7. 11.자 2013마2397 결정
판례6－17: 대법원 2018. 2. 8. 선고 2015도7397 판결
판례6－18: 대법원 2010. 7. 22. 선고 2008다37193 판결
판례6－19: 대법원 2023. 5. 23.자 2022마6500 결정
판례6－20: 대법원 2017. 11. 9. 선고 2015다252037 판결
판례6－21: 대법원 2001. 10. 26. 선고 99다58051 판결
판례6－22: 대법원 1999. 12. 21. 선고 99다137 판결
판례6－23: 대법원 2022. 5. 13. 선고 2019다270163 판결
판례6－24: 대법원 2018. 2. 28. 선고 2017다270916 판결
판례6－25: 대법원 2014. 7. 21.자 2013마657 결정

Chapter 7.

판례7－1: 대법원 1989. 2. 14. 선고 87다카3200 판결
판례7－2: 대법원 2014. 10. 15. 선고 2013다38633 판결
판례7－3: 대법원 2018. 4. 26. 선고 288757 판결
판례7－4: 대법원 1998. 3. 24. 선고 95다6885 판결
판례7－5: 대법원 1992. 8. 18. 선고 91다14369 판결
판례7－6: 대법원 2003. 3. 28. 선고 2001다14085 판결
판례7－7: 대법원 2016. 8. 17. 선고 2016다222996 판결
판례7－8: 대법원 2007. 5. 10. 선고 2005다60147 판결
판례7－9: 대법원 2022. 7. 14. 선고 2019다271661 판결
판례7－10: 대법원 2012. 3. 30.자 2012마11 결정
판례7－11: 대법원 2011 4. 28. 선고 2010다94953 판결
판례7－12: 대법원 2018. 2. 28. 선고 2017다270916 판결
판례7－13: 대법원 1980. 10. 27. 선고 79다1264 판결
판례7－14: 대법원 1993. 9. 10. 선고 93도698 판결
판례7－15: 대법원 2009. 5. 28. 선고 2008다85147 판결
판례7－16: 대법원 1993. 1. 26. 선고 92다11008 판결
판례7－17: 대법원 1981. 7. 28. 선고 80다2745, 2746 판결
판례7－18: 대법원 1987. 4. 28. 선고 86다카553 판결
판례7－19: 대법원 2003. 7. 11. 선고 2001다45584 판결
전합7－20: 대법원 2017. 3. 23. 선고 2015다248342 전원합의체 판결
판례7－21: 대법원 1983. 8. 23. 선고 83도748 판결
판례7－22: 대법원 2001. 12. 28. 선고 2001다49111 판결

판례7－23: 대법원 2014. 7. 11. 선고 2013마2397 판결
판례7－24: 대법원 1977. 9. 28. 선고 76다2386 판결
판례7－25: 대법원 2001. 5. 15. 선고 2001다12973 판결
판례7－26: 대법원 1996. 12. 20. 선고 96다39998 판결
판례7－27: 대법원 2009. 4. 23. 선고 2005다22701, 22718 판결
판례7－28: 대법원 2009. 11. 26. 선고 2009다51820 판결
판례7－29: 대법원 1996. 12. 23. 선고 96다32768, 32775, 32782 판결
판례7－30: 대법원 1978. 11. 14. 선고 78다1269 판결
판례7－31: 대법원 2010. 6. 24. 선고 2010다13541 판결
판례7－32: 대법원 1973. 6. 29. 선고 72다2611 판결
판례7－33: 대법원 1993. 10. 12. 선고 92다28235 판결
판례7－34: 대법원 2007. 2. 22. 선고 2005다73020 판결
판례7－35: 대법원 2010. 3. 11. 선고 2007다51505 판결
판례7－36: 대법원 2003. 7. 11. 선고 2001다45584 판결
판례7－37: 대법원 2011. 6. 24. 선고 2009다35033 판결
판례7－38: 대법원 2003. 7. 11. 선고 2001다45584 판결
판례7－39: 대법원 1979. 3. 27. 선고 79다19 판결
전합7－40: 대법원 1983. 3. 22. 선고 82다카1810 전원합의체 판결
판례7－41: 대법원 1995. 12. 12. 선고 95다31348 판결
판례7－42: 대법원 1982. 12. 14. 선고 82다카957 판결
판례7－43: 대법원 1995. 2. 24. 선고 94다50427 판결
판례7－44: 대법원 1995. 7. 28. 선고 93다61338 판결
판례7－45: 대법원 1991. 12. 13. 선고 90다카1158 판결
판례7－46: 대법원 2003. 7. 11. 선고 2001다45584 판결
판례7－47: 대법원 2004. 9. 24. 선고 2004다28047 판결
판례7－48: 대법원 2004. 8. 20. 선고 2003다20060 판결
판례7－49: 대법원 1993. 5. 27. 선고 92누14908 판결
판례7－50: 대법원 2010. 2. 11. 선고 2009다83599 판결

Chapter 8.

판례8－1: 대법원 2003. 9. 26. 선고 2002다64681 판결
판례8－2: 대법원 2001. 6. 15. 선고 2001다23928 판결
판례8－3: 대법원 2017. 1. 12. 선고 2016다217741 판결
판례8－4: 대법원 2017. 3. 23. 선고 2016다251215 판결
판례8－5: 대법원 2021. 8. 19. 선고 2020다285406 판결
판례8－6: 대법원 2001. 6. 15. 선고 2001다23928 판결
판례8－7: 대법원 2013. 9. 26. 선고 2011다42348 판결
판례8－8: 대법원 2023. 8. 31. 선고 2023다220639 판결
판례8－9: 대법원 2006. 11. 23. 선고 2004다49570 판결
판례8－10: 대법원 2000. 11. 17.자 2000마5632 결정
판례8－11: 대법원 1982. 2. 9. 선고 80다2424 판결
판례8－12: 대법원 2009. 10. 29.자 2009마1311 결정
판례8－13: 대법원 2014. 3. 27. 선고 2013다39551 판결
판례8－14: 대법원 2008. 5. 29. 선고 2008다4537 판결
판례8－15: 대법원 1992. 5. 12. 선고 92다5638 판결
판례8－16: 대법원 2019. 7. 4. 선고 2017다17436 판결

판례8-17: 대법원 1997. 9. 9. 선고 97다12167 판결
판례8-18: 대법원 1991. 12. 24. 선고 91다4355 판결
판례8-19: 대법원 2007. 6. 28. 선고 2006다62362 판결
판례8-20: 대법원 2014. 5. 29. 선고 2012다98720 판결
판례8-21: 대법원 1977. 11. 22. 선고 77다1742 판결
판례8-22: 대법원 2022. 7. 28. 선고 2022다223273 판결
판례8-23: 대법원 2006. 5. 25. 선고 2003다16092 판결
판례8-24: 대법원 2004. 12. 10. 선고 2004다25123 판결
판례8-25: 대법원 2020. 6. 4. 선고 2016다241515, 241522 판결
판례8-26: 대법원 2015. 9. 10. 선고 2015다213308 판결
판례8-27: 대법원 2016. 1. 28. 선고 2014다11888 판결
판례8-28: 대법원 2011. 3. 24. 선고 2010다85027 판결
판례8-29: 대법원 2018. 7. 26. 선고 2016다237714 판결
판례8-30: 대법원 2011. 4. 28. 선고 2009다47791 판결
전합8-31: 대법원 2021. 2. 18. 선고 2015다45451 전원합의체 판결
판례8-32: 대법원 2016. 7. 14. 2014다213684 판결
판례8-33: 대법원 2011. 6. 24. 선고 2009다35033 판결
판례8-34: 대법원 1982. 7. 13. 선고 80다2441 판결
판례8-35: 대법원 1991. 5. 28. 선고 90다20084 판결
판례8-36: 대법원 1992. 4. 14. 선고 90다카22698 판결
판례8-37: 대법원 2018. 9. 13. 선고 2016도20954 판결

Chapter 9.

전합9-1: 대법원 2021. 2. 18. 선고 2015다45451 전원합의체 판결
판례9-2: 대법원 2004. 12. 10. 선고 2004다25123 판결
판례9-3: 대법원 2024. 9. 13. 선고 2020다24552 판결
판례9-4: 대법원 1997. 6. 13. 선고 96다48282 판결
판례9-5: 대법원 2002. 3. 15. 선고 2000다9086 판결; 대법원 2013. 9. 9.자 2013마1273 결정
판례9-6: 대법원 1990. 5. 11. 선고 89다카15199 판결
판례9-7: 대법원 2009. 3. 26. 선고 2006다47677 판결
판례9-8: 대법원 2007. 2. 22. 선고 2005다77060, 77077 판결
판례9-9: 대법원 2016. 8. 24. 선고 2016다222453 판결
판례9-10: 대법원 1987. 10. 13. 선고 86다카1522 판결
판례9-11: 대법원 1993. 6. 25. 선고 93다13391 판결
판례9-12: 대법원 1990. 3. 13. 선고 89다카24360 판결
판례9-13: 대법원 1987. 10. 13. 선고 86다카1522 판결
판례9-14: 대법원 1999. 3. 9. 선고 97다7721, 7738 판결
전합9-15: 대법원 2017. 7. 20. 선고 2014도1104 전원합의체 판결
판례9-16: 대법원 1989. 5. 23. 89다카3677 판결
판례9-17: 대법원 2021. 4. 8. 선고 2020다284496, 284052 판결
판례9-18: 대법원 1992. 10. 27. 선고 92다19033 판결
판례9-19: 대법원 1979. 2. 13. 선고 77다2436 판결
판례9-20: 대법원 2003. 2. 11 선고 2002다62029 판결
판례9-21: 대법원 1998. 3. 27. 선고 97다34709 판결
판례9-22: 대법원 2005. 9. 9. 선고 2004다17702 판결
판례9-23: 대법원 1995. 11. 21. 선고 94다50908 판결

판례9－24: 대법원 1992. 9. 22. 선고 91다5365 판결
판례9－25: 대법원 2003. 9. 26. 선고 2002다65073 판결
판례9－26: 대법원 1999. 11. 12. 선고 99다19797 판결
판례9－27: 대법원 1971. 6. 29. 선고 71다946 판결
판례9－28: 대법원 2013. 7. 11. 선고 2013다5091 판결
판례9－29: 대법원 1992. 7. 28. 선고 91다35816 판결
판례9－30: 대법원 2009. 3. 12. 선고 2007다60455 판결; 대법원 2013. 7. 25. 선고 2011다30574 판결
판례9－31: 대법원 2003. 7. 22. 선고 2002다40432 판결
판례9－32: 대법원 1979. 2. 13. 선고 77다2436 판결
판례9－33: 대법원 1999. 11. 12. 선고 99다19797 판결

Chapter 10.

판례10－1: 대법원 2017. 3. 23. 선고 2016다251215 판결
판례10－2: 대법원 2008. 12. 11. 선고 2005다51471 판결
판례10－3: 대법원 2008. 9. 11. 선고 2007다31518 판결
판례10－4: 대법원 2002. 3. 15. 선고 2000다9086 판결
전합10－5: 대법원 2013. 9. 26. 선고 2011다53683, 53690 전원합의체 판결; 대법원 2013. 9. 26. 선고 2012다1146, 1153 전원합의체 판결; 대법원 2013. 9. 26. 선고 2012다13637 전원합의체 판결; 대법원 2013. 9. 26. 선고 2013다26746 전원합의체 판결
판례10－6: 대법원 2023. 3. 30. 선고 2019다280481 판결
판례10－7: 대법원 2006. 11. 9. 선고 2004다41651, 41668 판결
판례10－8: 대법원 2005. 10. 28. 선고 2003다69638 판결
판례10－9: 대법원 2007. 12. 13. 선고 2007다60080 판결
판례10－10: 대법원 1989. 10. 13. 선고 89도1012 판결
판례10－11: 대법원 2004. 5. 14. 선고 2001도4857 판결
판례10－12: 대법원 2022. 5. 12. 선고 2021다279347 판결
판례10－13: 대법원 2004. 12. 10. 선고 2002다60467, 60474 판결
판례10－14: 대법원 2022. 7. 28. 선고 2019다202146 판결
판례10－15: 대법원 2021. 11. 11. 선고 2017다222368 판결
판례10－16: 대법원 2017. 11. 9. 선고 2015도12633 판결
판례10－17: 대법원 2015. 1. 28. 선고 2014다11888 판결
판례10－18: 대법원 2016. 8. 24. 선고 2016다222453 판결
판례10－19: 대법원 1993. 4. 9. 선고 92다53583 판결
판례10－20: 대법원 2013. 9. 12. 선고 2011다57869 판결
판례10－21: 대법원 1988. 9. 13. 선고 88다카9098 판결
판례10－22: 대법원 1996. 5. 28. 선고 95다12101, 12118 판결
판례10－23: 대법원 2010. 1. 14. 선고 2009다55808 판결
판례10－24: 대법원 1984. 12. 11. 선고 84다카1591 판결
판례10－25: 대법원 2005. 5. 27. 선고 2005다480 판결
판례10－26: 대법원 2007. 5. 10. 선고 2005다4284 판결
판례10－27: 대법원 1992. 3. 31. 선고 91다16310 판결
판례10－28: 대법원 2017. 9. 12. 선고 2015다70044 판결
판례10－29: 대법원 1989. 1. 31. 선고 87누760 판결
판례10－30: 대법원 2023. 6. 29. 선고 2021다291712 판결
판례10－31: 대법원 2012. 12. 27. 선고 2011다67651 판결

판례10－32: 대법원 2021. 4. 29. 선고 2017다261943 판결
판례10－33: 대법원 2004. 5. 13. 선고 2002도7340 판결

Chapter 11.

판례11－1: 대법원 2023. 10. 26. 선고 2020다236848 판결
판례11－2: 대법원 1996. 4. 9. 선고 95다56316 판결
판례11－3: 대법원 2007. 9. 20. 선고 2007다25865 판결
판례11－4: 대법원 1996. 12. 23. 선고 96다30465, 30472 판결
전합11－5: 대법원 2017. 7. 20. 선고 2014도1104 전원합의체 판결
판례11－6: 대법원 2010. 9. 30. 선고 2010도6490 판결
판례11－7: 대법원 2007. 5. 31. 선고 2005다56995 판결
판례11－8: 대법원 2019. 11. 28. 선고 2017다244115 판결
판례11－9: 대법원 2019. 5. 16. 선고 2016다260455 판결
판례11－10: 대법원 1989. 1. 31. 선고 87다760 판결
판례11－11: 대법원 2007. 12. 13. 선고 2007다60080 판결
판례11－12: 대법원 2002. 2. 26. 선고 2001다76854 판결
판례11－13: 대법원 1985. 11. 12. 선고 84다카2490 판결
판례11－14: 대법원 2006. 8. 25. 선고 2004다26119 판결; 대법원 2002. 3. 29. 선고 2000다47316 판결
판례11－15: 대법원 2012. 12. 13. 선고 2010다77743 판결
판례11－16: 대법원 2003. 10. 24. 선고 2003다29661 판결
판례11－17: 대법원 2013. 9. 12. 선고 2011다57869 판결
판례11－18: 대법원 2018. 11. 29. 선고 2017다35717 판결
판례11－19: 대법원 2021. 11. 11. 선고 2017다222368 판결
판례11－20: 대법원 2021. 1. 14. 선고 2017다245279 판결
판례11－21: 대법원 2002. 3. 15. 선고 2000다9086 판결
판례11－22: 대법원 2021. 5. 13. 선고 2019다291399 판결
판례11－23: 대법원 2021. 7. 15. 선고 2018다298744 판결
판례11－24: 대법원 2010. 4. 15. 선고 2009다98058 판결
판례11－25: 대법원 2006. 8. 25. 선고 2004다26119 판결
하급심11－26: 서울고등법원 2019. 10. 30. 선고 2015나2056305 판결
판례11－27: 대법원 2009. 11. 26. 선고 2009다39240 판결
전합11－28: 대법원 2017. 3. 23. 선고 2016다251215 전원합의체 판결
판례11－29: 대법원 2009. 11. 26. 선고 2009다51820 판결
판례11－30: 대법원 2007. 12. 13. 선고 2007다60080 판결
판례11－31: 대법원 2004. 3. 25. 선고 2003다18838 판결
판례11－32: 대법원 2008. 2. 14. 선고 2006다82601 판결
판례11－33: 대법원 1988. 10. 25. 선고 87다카1370 판결
판례11－34: 대법원 2008. 7. 24. 선고 2008다18376 판결
판례11－35: 대법원 2008. 9. 11. 선고 2006다68636 판결

Chapter 12.

하급심12－1: 서울고등법원 2011. 11. 3. 선고 2011누19828 판결
전합12－2: 대법원 2009. 5. 29. 선고 2007도4949 전원합의체 판결
판례12－3: 대법원 2009. 1. 30. 선고 2008다50776 판결

판례12－4: 대법원 2019. 4. 3. 선고 2018다289542 판결
판례12－5: 대법원 2012. 11. 15. 선고 2010다49380 판결
판례12－6: 대법원 1989. 3. 14. 선고 88누889 판결
판례12－7: 대법원 2014. 7. 10. 선고 2012다29373 판결
판례12－8: 대법원 1995. 5. 23. 선고 94다36421 판결
판례12－9: 대법원 2004 6. 25. 선고 2000다37326 판결
판례12－10: 대법원 2007. 2. 22. 선고 2005다77060, 77077 판결
판례12－11: 대법원 2010. 4. 29. 선고 2008다65860 판결

Chapter 13.

판례13－1: 대법원 2004. 6. 25. 선고 2000다37326 판결
판례13－2: 대법원 2019. 4. 3. 선고 2018다289542 판결
판례13－3: 대법원 1999. 6. 25. 선고 99다18435 판결
판례13－4: 대법원 2014. 9. 4. 선고 2013다40858 판결
판례13－5: 대법원 2015. 12. 10. 선고 2015다202919 판결

Chapter 14.

판례14－1: 대법원 2022. 8. 19. 선고 2020다263574 판결
판례14－2: 대법원 2022. 9. 7. 선고 2022다223778 판결
판례14－3: 대법원 2007. 11. 30. 선고 2006다19603 판결

Chapter 15.

판례15－1: 대법원 2022. 5. 12. 선고 2022두31433 판결
판례15－2: 대법원 2009. 4. 23. 선고 2005다22701 판결
판례15－3: 대법원 2021. 9. 30. 선고 2017두66244 판결
판례15－4: 대법원 2008. 1. 10. 선고 2007다64136 판결
판례15－5: 대법원 2022. 4. 14. 선고 2017도19635 판결
판례15－6: 대법원 2009. 4. 23. 선고 2005다22701 판결
판례15－7: 대법원 2004. 12. 9. 선고 2003다69355 판결
판례15－8: 대법원 2006. 11. 9. 선고 2004도7027 판결; 대법원 2008. 2. 28. 선고 2007도5987 판결
판례15－9: 대법원 2010. 4. 15. 선고 2009도6634 판결
판례15－10: 대법원 2013. 6. 13. 선고 2011도524 판결
판례15－11: 대법원 2008. 2. 14. 선고 2007다73321 판결
판례15－12: 대법원 2004. 8. 30. 선고 2003다25973 판결
판례15－13: 대법원 2011. 9. 29. 선고 2011다38516 판결
판례15－14: 대법원 2010. 2. 25. 선고 2008다74963 판결

사항색인

ㅈ

저자 약력

신현탁(申鉉卓)

고려대학교 법과대학 학사, 석사
U.C. Berkeley 로스쿨 LLM, JSD
제42회 사법고시 합격(사법연수원 제32기 수료)
법무법인 충정 증권금융팀 구성원 변호사
대한변호사협회 상사·금융분야 전문변호사 등록
법무부 제4회 변호사시험위원
(현재) 고려대학교 법학전문대학원 교수

제2판
회사법 강의

초판발행 2023년 7월 31일
제2판발행 2025년 8월 30일

지은이 신현탁
펴낸이 안종만 · 안상준

편 집 장유나
기획/마케팅 김한유
표지디자인 이영경
제 작 고철민 · 김원표

펴낸곳 (주) 박영사
서울특별시 금천구 가산디지털2로 53, 210호(가산동, 한라시그마밸리)
등록 1959. 3. 11. 제300-1959-1호(倫)
전 화 02)733-6771
f a x 02)736-4818
e-mail pys@pybook.co.kr
homepage www.pybook.co.kr
ISBN 979-11-303-2483-8 93360

정 가 21,000원